话说中国海洋
HUASHUO ZHONGGUO HAIYANG

文化系列

司徒尚纪 主编

古代中国的港口

——经济、文化与空间嬗变

李燕 著

SPM
南方出版传媒
广东经济出版社
·广州·

图书在版编目（CIP）数据

古代中国的港口—经济、文化与空间嬗变/李燕著. —广州：广东经济出版社，2014.10
（话说中国海洋文化系列）
ISBN 978-7-5454-3525-2

Ⅰ.①古… Ⅱ.①李… Ⅲ.①港口经济-经济史-中国 Ⅳ.①F552.9

中国版本图书馆 CIP 数据核字(2014)第 162157 号

出版发行	广东经济出版社(广州市环市东路水荫路 11 号 11～12 楼)
经销	全国新华书店
印刷	广州市岭美彩印有限公司
	(广州市荔湾区芳村花地大道南,海南工商贸易区 A 幢)
开本	730 毫米×1020 毫米 1/16
印张	16 2 插页
字数	225 000 字
版次	2014 年 10 月第 1 版
印次	2014 年 10 月第 1 次
印数	1～5 000 册
书号	ISBN 978-7-5454-3525-2
定价	48.00 元

如发现印装质量问题，影响阅读，请与承印厂联系调换。
发行部地址：广州市环市东路水荫路 11 号 11 楼
电话：（020）38306055 38306107 邮政编码：510075
邮购地址：广州市环市东路水荫路 11 号 11 楼
电话：（020）37601950 营销网址：**http://www.gebook.com**
广东经济出版社新浪官方微博：**http://e.weibo.com/gebook**
广东经济出版社常年法律顾问：何剑桥律师

《话说中国海洋》丛书编委会

总序

Zong Xu

林　雄

自古以来，在华夏文明的辞典中，就不乏“海国”一词。华夏民族，并不从一开始就是闭关锁国的，而是有着大海一般宽阔的胸怀。正是大海，一直激发着我们这个有着五千年历史的文明古国的想象力和创造力。一部中国海洋文化的历史是波澜壮阔的历史，让后人壮怀激烈，意气风发。

金轮乍涌三更日，宝气遥腾百粤山。

影聚帆樯通累译，祥开海国放欢颜。

古人寥寥几行诗，便把广东遍被海洋文明之华泽，充分地展现了出来。两千多年的海上丝绸之路，就是从广东起锚，不仅令广东无负“天之南库”之盛名，更留下千古传诵的“合浦珠还”等众多的神话传说。而指南针的发明，造船业的兴盛，尤其是航海牵星术，更令中国之为海国，赢得了全世界的声望。唐代广州的“通海夷道”、南汉的“笼海得法”、宋代的市舶司制度，充分显示了我们作为海洋大国的强势地位。明代郑和七下西洋，更创造了古代对外贸易、和平外交的出色典范。尽管自元代开始，有了禁海的反复，但明清“十三行”在推动开海贸易上功不可没，并带来了大航海时代先进的人文与科学思潮，也为中国近代革命作出长期的铺垫，成为两千多年海上丝绸之路上的华彩乐段。新中国的广交会，可以说是“十三行”的延续，为打破列强的海上封锁，更为今日走向全面的对外开放，功高至伟。改革开放之初，以粤商为主体的国际华商，成为中国来自海外投资最早的，也是最大的份额。这也证实了中国民主革命的先驱孙中山先生所说的，国力强弱在海不在陆。海权优胜，则国力优胜。他的海洋实力计划，更在《建国方略》中一一加以了阐述。进入21世纪，中国制定了《全国海洋经济发展规划纲要》，提出了要把我国建设成为海洋强国的宏伟目标。海洋强则国家强，海业兴则民族兴。曾经有着辉煌的海洋文明的中国历史和现实充分印证了这一点。

正是在这个意义上，国家的强盛，历史之进步，无不与海洋相关。今日改革开放之所以取得如此巨大的成功，包含了当日海洋文化传统得以发扬光大的成果。在经济腾飞的今天，文化在综合竞争力中的地位已日益突出。而作为华夏文化的重要组成部分之一 —— 海洋文化，更早早显示出其强劲的势头。当我们致力于提高文化的创新力、辐射力、影响力与形象力之际，更应当从海洋文化中吸取取之不竭、用之不尽的活力源泉。

为此，我们出版《话说中国海洋》丛书，给海洋文化建设添加一汪活水，为推动广东乃至全国的海洋经济建设，使我国在更高层次、更宽领域参与国际合作与竞争，发挥一份力量。丛书亦可进一步增强国民的海洋意识，让国民认识海洋，了解海洋，普及海洋知识，激发开发海洋、维护海权的热情。这在当前，是一件很有现实意义的事情。

历经千年不息的海上丝路，来往的何止是数不胜数的宝舶，奔腾而来的更是始终推动世界文明进步的海洋文化。灿烂的东方海洋文化走到今天，当有更辉煌的乐章，从展开部推向高潮部，愈加丰富多彩，愈加激动人心。《话说中国海洋》丛书的出版，当为这一高潮部增色，令高亢、激越的乐曲久久回荡在无边的大海之上，永不止歇！

是为序。

（作者系中共广东省委常委、宣传部部长）

目录 mu lu

第一章

先秦（公元前770—公元前221年）：诸侯争霸与最早的海港

航海是一项十分古老的活动。据古史《竹书纪年》记载，早在夏朝，帝芒就曾经“东狩于海，获大鱼”。春秋时期，齐景公（公元前547—公元前490年）循海东游，巡游的路线是“欲观于转附、朝舞，遵海而南，至于琅玡”[1]，相当于从今天的烟台到青岛南部附近，几乎环绕山东半岛一圈。而且，齐景公在海上过得很舒服，“游于海上而乐之，六月不归”[2]。一国之主不会轻易涉险，可见，当时齐国的航海技术已经成熟到可以充分掌控国境以内的近海航行。公元前472年，越国从会稽（今浙江绍兴）迁都到琅玡（今山东青岛胶南市西南）[3]，“使楼船卒二千八百人，伐松柏以为桴”，同时配备“死士八千人，戈船三百艘”[4]，如此规模庞大的船队，可以想见在当时是一次多么惊心动魄的远距离海上大迁徙。这也再次证明，

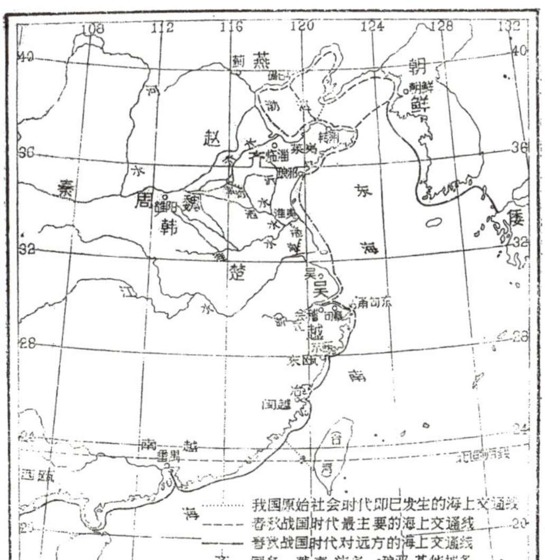

图1.1 战国时代的海港

[1] 《晏子春秋》卷4，《内篇·问第四》。
[2] 《说苑》卷9，《正谏篇》。
[3] 迁都琅玡说并未成定论，迄今在史学界仍然存在争议。
[4] 《越绝书》卷8。

远在春秋战国时期，古人的航海技术之强大，可能远超现代人之想象。

当航海成为一种惯性，海港就必然适时地发展起来。无论多么强大的船队，都需要一个可以停泊、整修、补给甚至躲避风浪的港湾。隔着茫茫的历史长河，我们无从探察最早的海港发轫于何时何地。不过，至少在春秋战国时代，海港的出现，已经得到不少史料记载的证实。按章巽所述，春秋战国时代的海港，多为一国的通海门户或都邑所在地。

关于战国时代我国沿海交通线上的重要港口，见于史籍的，渤海西北有碣石（在今河北昌黎县境），是燕国通海的门户；山东半岛北面有转附（即今山东烟台芝罘半岛，自春秋时代就是海上港口），南面有琅邪；长江口附近有吴（即今苏州市，古代长江口在今崇明岛以西入海，吴很近海）；更南有会稽和句章（今浙江宁波市西），是越国的海港。再往南，东瓯、冶、番禺等各族越人的都邑也都是比较重要的港口[1]。

这些海港的出现，自然是融合了天时地利，而且必然有其特定的功能和服务对象。这就有必要了解当时的天下大势，譬如各诸侯国之间的关系，人口的分布和构成，以及各国社会经济和文化发展的基本情况等。

东部沿海的政治地理

众所周知，春秋战国是一个逐鹿中原、群雄争霸的时代。即便远在东海之滨，也不可能置身事外。其时，东部沿海一带的诸侯国主要有四个，自北向南分别是：燕国、齐国、吴国和越国。齐国、吴国和越国都是历史上比较有名的海上强国。

齐国占据着富饶的山东半岛，是三个海上强国中海岸线最长的国家，以富有“鱼盐之利”而著称。但最早周武王封吕尚（姜太公）于齐，是在今山东省淄博市临淄一带方圆百里的地盘。《孟子·告子》记载，“太公之封于齐也，亦为方百里也”。也就是说，齐国初建时，并没有通达山东半岛东部沿海。其时，真正控制山东半岛沿海地区的是莱夷人所建的莱国。莱夷人是古东夷族的一支，西周时并未臣服于周王朝的统治。在早期以富饶的关中地区为中心的天下观中，东夷和北狄、西戎、南蛮并称四夷。除了莱夷，最早生活和繁衍在东部沿海地区的，还有其他各族夷人和南方的百越人（百越被认为是南蛮族系的一支）。

[1] 章巽：《我国古代的海上交通》，商务印书馆，1986年版，第8页。

中华文明历来以中原文明为正统，内河文明较为发达，从北方向南方延伸，由中央向四周扩展。东部沿海地区的发展，就其地位相对而言，在历史早期就显得十分“边缘”。生活在东部沿海一带的夷人和百越人通常被视为不知礼节、未开化的土著。如齐国最早曾与莱夷“通商工之业，便鱼盐之利”[1]，但是在“因其俗，简其礼”的基础上进行的。各族夷人和越人的分布各有其势力范围。自北向南，山东半岛东部的叫莱夷，淮水下游一带的叫徐夷和淮夷。领有相当于今江苏省南部太湖以东一带的吴国，虽然统治者出自中原的周族，但其居民是当地的荆蛮。越国的主要活动范围在今浙江会稽一带，其百姓是百越人的一支。越人似乎很早就善于航海，视行汪洋如走平地。《越绝书》形容越人，“水行山处，以舟为车，以楫为马，往若飘风，去则难从”，似乎颇有武林高手的意境。

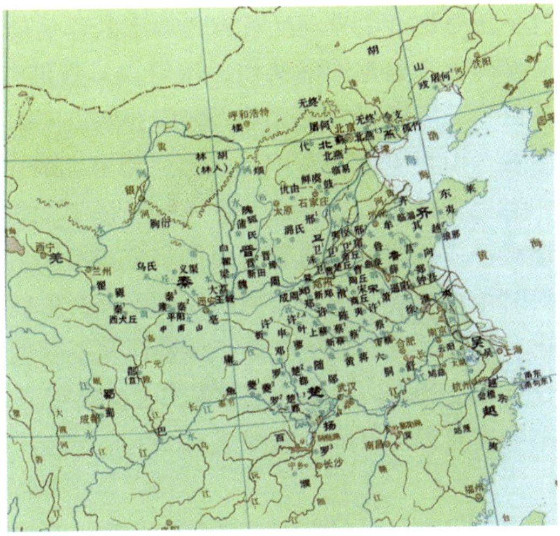

图1.2　春秋时期全图

自今浙江省以南，直至福建、广东沿海一带的广大地区泛称百越。百越人各族之间的联系，多依靠海上交通。其中，在东欧（今温州市）一带的称为瓯越，在冶（今福州市）一带的叫闽越。《山海经·海内南经》说，“瓯，居海中。闽，在海中”。可见，这两个名字是多么生动地反映了越人的生活习俗。东瓯和闽越两族还可合称为东越。继续往南，在番禺（今广州市）及广东沿海的是南越，也称扬越；在今广西南部及越南北部沿海一带的为西瓯，也叫骆越。吴人和越人都有一种特别的外貌特征，即“文身断发”。据后汉人应劭的解释，这种特别现象与海洋文明密切相关，因为他们“常在水中，故断其发。文其身，以象龙子，故不见伤害”。

北方和江浙一带的夷人和越人后来逐渐为中原文明所同化，先后成为齐、吴、越、楚国的属民。南方的百越人，则是在整个春秋战国时期，始终保持了神秘的原生态色彩，尽管也有零星记载称其属于楚的势力范围，但也仅此而

[1]　《史记·齐太公世家》。

已，历史记载中先秦的百越所留下的几乎就是大段的空白。

山东半岛东部的莱夷，尽管很早就拥有发达的渔业和盐业，但公元前567年终为齐国所灭，正式并入齐国版图。齐国自此成为“东有琅玡、即墨之饶，南有泰山之固，西有浊河之限，北有渤海之利，地方二千里，持戟百万”[1]的“海之王国”。这种强大除了体现在鱼盐之富以外，齐国的海上军事力量也不遑多让。齐国以南的吴国，是一个“不能一日而废舟楫之用”的国家，拥有在当时领先的造船技术。吴国的水军因而可以配备各种类型的船只，如大翼、小翼、突冒、楼舡、桥舡等，分别对应不同的阵法训练。然而，这样强大的水军在公元前485年从海上进攻齐国时，仍然未入其境就大败而归。这也是文字记载中我国历史上第一次海战。

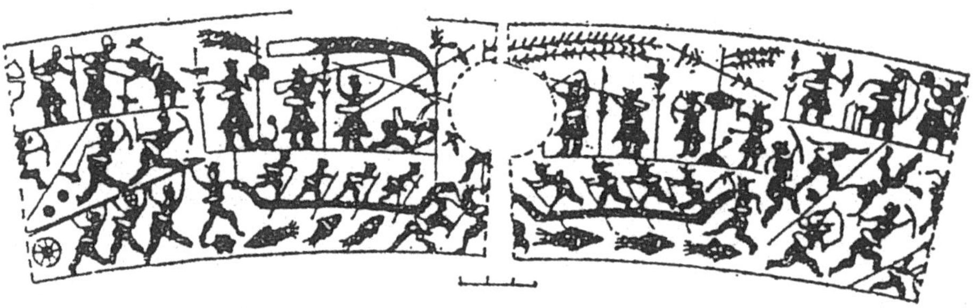

图1.3　水陆攻战铜釜纹饰

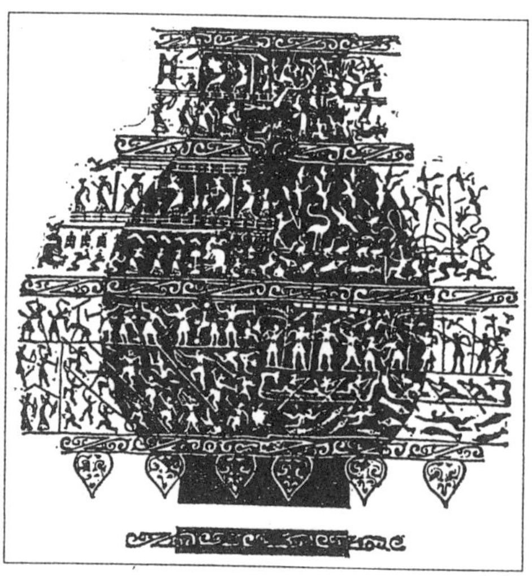

图1.4　宴乐渔猎攻战铜壶纹饰

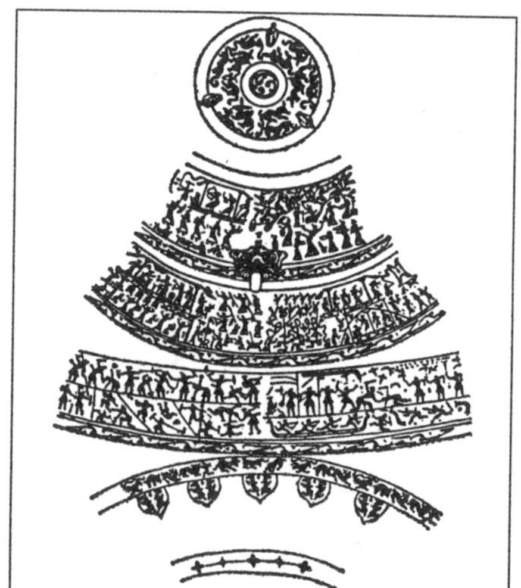

图1.5　嵌错金铜壶水陆攻战纹饰

[1] 《汉书·高帝纪下》。

齐国南面，有一对生死冤家——吴国和越国。吴越为了争霸，多年征战不休。直到公元前473年，在经历了历史上著名的“卧薪尝胆”之后，越王勾践最终伐吴成功，成为春秋最后一位霸主。然而，到了战国时，强大的越国又为楚国所灭（公元前323年）。山东半岛以南乃至浙江北部的沿海区域就在这几个诸侯国之间的混战中不断更替归属权。

齐国的北面是燕国。春秋时燕国比较弱小，常常遭受来自北方游牧民族的攻击，齐国则经常从海上和陆上给予军事援助。战国时，燕国渐渐开始由弱变强，齐、燕之间的关系就变得复杂起来。同盟时联合抗秦，冲突时互相攻伐。特别是燕昭王时期，乐毅伐齐，曾一举攻占齐国七十余城，连都城临淄都被占领，齐国只剩下即墨和莒两座城池以及宣布中立的孟尝君封地薛城。幸而楚国出兵援齐，并从长江口出发，通过海路运送物资到即墨城，齐国才能坚持抗战六年并一举复国。这个故事也证明，当时的远距离海上运输似乎已经不是问题。

由上所述，春秋战国时期，诸侯国之间的海上军事活动，俨然是我国东部海洋上的一条主旋律。其时，商贸业并不发达，又有诸侯国之间的阻断，民间的海上贸易即使有，也不可能规模很大，与海外的交通往来就更加寥寥。在此基础上发展起来的海港，尽管因年代久远史料不足难以考证，但可以推想，其主要功能应当是服务于诸侯国之间的军事和外交。

早期海港的功能

渤海西北的碣石，是燕国通海的门户。其时，与燕国有海上联系的只有齐国。从碣石往南到对面齐国的港口转附的海上交通线已经建立。碣石以北的区域，在后世就是秦长城和明长城的所在，著名的山海关就在其附近。由于碣石以北的地域经常在历史上处于分裂状态，所以碣石古港及其衰落后代之而起的码头庄港、秦皇岛港，在历史上的大部分时间内，就一直是为北部驻防提供服务，作为军事运输性质的海港而存在。秦始皇、汉武帝以及魏武帝等都曾巡游到此。三国时，曹操登临碣石古港附近的碣石山，写下了著名的《观沧海》：

东临碣石，以观沧海。水何澹澹，山岛竦峙。树木丛生，百草丰茂。秋风萧瑟，洪波涌起。日月之行，若出其中。星汉灿烂，若出其里。幸甚至哉，歌以咏志。

与碣石隔渤海湾相望，山东半岛北部的转附，是齐国重要的出海口。齐桓公涉海援燕，齐宣王遣五都之兵攻燕，甚至燕国乐毅伐齐，转附都是海上用兵最可能的起点或终点。由于山东半岛北部沿海，在交通运输和海防军事上都处于战略要冲的位置，所以转附以及后来兴起的古登州港、古莱州港，历史上也都是著名的军港，贸易性质相对次要。

山东半岛的南部的琅玡（琅邪），扼南北海道之要冲，地理位置也很优越，春秋时就是齐国重要的海港。按日本学者的考证，琅玡似乎也是史书记载中我国最早的海港（“为海港而载于史乘者，以琅玡为始”[1]）。史书中每谈及齐之强盛，必言其南有泰山，东有琅玡，琅玡对齐国的重要性可见一斑。齐桓公和齐景公都曾东巡至此。不过，正是因为琅玡地位重要，所以它也是各诸侯国必争之地。勾践二十五年（公元前472年），吴越北上争雄，琅玡成为越国的都城（此琅玡是否齐之琅玡，至今仍存有争议）。至公元前379年，越国迁都于吴，琅玡作为越的都城也有93年的历史。

由山东半岛往南，长江口的吴，东濒大海，西通太湖，吴王阖闾在此建都城。据称“城厚而崇，地广以深，水陆八门，舟车并便”[2]。除了直通海路之外，吴还有以太湖为中心兼众多人工运河共同组成的内河水道网，水路四通八达。其时，无论是内河航运，还是海运，都是以军事运输为主。当时的军运航线就是以吴为中心沿着纵横交错的水网向四方辐射。所以，除了海港的定位，吴更重要的功能是作为吴国的国都和水运交通枢纽。不过，吴国与北方的交通，当时并不是通过内河水道进行，而是取道于海上。《尚书·禹贡》有记载，“沿于江海，达于淮泗”，即浮江而下，从苏北沿海北上，进入淮河，溯淮而上，转入泗水，然后抵达黄河流域。即使后来吴王夫差开凿邗沟，沟通了江淮，但据清代学者的考证[3]，吴国对北方的主要水路交通，仍然取道于海上。吴与越国都城会稽之间的主要通道，也是从东路古松江（今吴淞江）出海，横渡杭州湾，然后直抵会稽。公元前482年，越王勾践趁吴王北上与晋会盟之际，大举入侵，就是从这条路线发兵直捣吴都，“焚其姑苏，徙其大舟”[4]，大胜而归。秦汉之后，吴继续发展成为江南地区的经济中心和水运中心，如司马迁所说，“吴，东有海盐之饶，章山之铜，三江五湖之利，亦江东一都会也”[5]。

会稽和句章都是越国的海港。相传，夏少康五十二年，封庶子无余于会稽，建越国[6]。也就是说，会稽的开发是与越建国同时开始的，很早以前会稽就是越的都城。公元前494年，吴越在会稽进行了一场大战，吴国打败了越

[1] 藤田丰八：《中国南海古代交通从考》，商务印书馆，1936年版，第524页。
[2] 《吴越春秋·阖闾内传》。
[3] 《禹贡锥指》卷6。
[4] 《国语·吴语》。
[5] 《史记》卷129，《货殖列传》。
[6] 《史记·夏本纪》，罗濬《宝庆四明志》卷1，《沿革》。

国，越王勾践被俘，从此开始“卧薪尝胆”的艰苦历程。句章的出现相对较晚。公元前473年，勾践灭吴后，为发展水师，增辟通海门户，于是在句余之地开拓建城，称名句章，是为句章古港之始[1]。所以，句章的开辟，主要是为了政治和军事上的考量。其时，会稽和句章共用一个出海口，但会稽位于狭长出海口的最里端，在它东面靠外的句章，出海相对要便捷许多，所以句章实为会稽的海上门户。越灭吴后，越国就占据了从山东半岛南部一直到浙江北部的大片狭长区域。由于海岸线变长，对海上力量的要求势必进一步强化。不论是军事上的机动性，还是南北物资的调配，海上运输的作用都显得愈发关键。在这样的情势下，句章古港的建立，其必要性和重要性不言自明。

至于南方百越人的港口，如东瓯、冶、番禺等，因为在先秦时期历来被视为蛮荒之地，所以留下的记载甚少。值得一提的是，据《淮南子·人间训》的记载，秦始皇经略岭南，部分原因是为了“利越之犀角、象齿、翡翠、珠玑”，而这些物品，在后世的记载中几乎都是来自南洋的舶来品。所以，早在春秋战国时期，南方的百越人是否已经与海外有了贸易接触，也许这是一个永远的谜题。

战国时期的这些海港，分布于渤海湾、长江口、闽浙和广东沿海一带，基本构成后世港口分布格局的雏形。只是这一时期，北方文明发展较快，南方相对蛮荒，所以北方的港口，尤其是渤海湾的港口似乎表现最为突出。从动态的发展眼光来看，有些港口如番禺，可以历千年而不衰，在后世焕发更明亮的光彩；有些港口如碣石、句章、会稽、琅玡等，或者由于海岸线的东移，或者因为河道变迁或淤塞，在后世逐渐衰亡或者转型。但在其附近，也就是前述的大区域内部，必然有新的海港取而代之，此起彼伏，你消我长，“万变不离其宗”。这也因应和遵循了海港发展变迁的一个重要特点，即在一定时期内，海港在地理上是一个点的概念；在历史的长河中，又是在某一个地区变迁移动的概念[2]。

图片来源：

[1]章巽：《我国古代的海上交通》，商务印书馆，1986年版，第11页。

[2]http://a.hiphotos.baidu.com/zhidao/pic/item/b7003af33a87e950edc9400f10385343faf2b4f3.jpg，2013年6月2日访问。

[3]孙光圻：《中国古代航海史》，海洋出版社，2005年版，第68页。

[4]孙光圻：《中国古代航海史》，海洋出版社，2005年版，第69页。

[5]孙光圻：《中国古代航海史》，海洋出版社，2005年版，第70页。

[1] ［清］董沛《明州系年录》载：“周元王三年，越王勾践城句余。”《光绪鄞县志》援引《十三州志》云：“勾践以南疆句余之地，旷而称为句章。”

[2] 《青岛海港史·古代部分》，人民交通出版社，1989年版，第48页。

第二章

秦汉（公元前221—公元220年）：统一时代的海上扩张

始皇东巡

秦始皇统一全国之后，各诸侯国的海港不再处于军事上的敌对状态。暂时没了用武之地，而新的功能又未明确，由此，大部分海港在短暂的秦王朝似乎都保持了沉默，唯一表现活跃的，仍然是山东半岛。究其原因，也是历史上绝无仅有，独此一家，与军事无关，与贸易无关，与神仙有关。

历史上秦始皇曾经在短短12年间就进行了5次大规模的巡幸活动，其中有3次东巡的路线包括山东半岛。按秦二世所言，"先帝巡幸郡县，以示疆（强），威服海内"[1]。秦始皇东巡的公开目的，是为了威服海内，显示大秦帝国的强大。实际上，秦始皇多次巡幸山东半岛，还有一项重要议程，就是为了祭天地和入海求仙。按《史记·封禅书》的记载，"始皇遂东游海上，行礼祠名山大川及八神，求仙人羡门之属。八神将自古而有之，或曰太公以来作之"。也就是说，秦始皇东巡的主要行程之一，是为了祭拜名山大川和八神将。

八神将自古有之，也有说是姜太公留下来的。从现代眼光看，八神将之说更像是先秦人民对天地、日月以及阴阳等自然现象的一种自发崇拜。其祭所分布在原齐国境内。具体而言，《史记·封禅书》对八神将的名称及祭祀场所都有详细记载：

一曰天主，祠天齐。天齐渊水，居临菑（淄）南郊山下者。二曰地主，祠泰山梁父。三曰兵主，祠蚩尤。蚩尤在东平陆监乡，齐之西境也。四曰阴主，

[1] 《史记·秦始皇本纪》。

祠三山。五曰阳主，祠之罘。六曰月主，祠之莱山。皆在齐北，并勃（渤）海。七曰日主，祠成山，成山斗入海，最居齐东北隅，以迎日出云。八曰四时主，祠琅邪。琅邪在齐东方，盖岁之所始。

天主的祭所在临淄南郊山下；地主的祭所在泰山东南方的梁父山，传说远古的东夷族首领少昊葬于此地；兵主的祭所在东平，据说也是因为战神蚩尤的葬地在此。这三处祭所都在齐国的西部，偏内陆地区。剩下的阴主、阳主、日主、月主和四时主，其祭所都在山东半岛沿海地区。其中，阴主祠三山，即今山东莱州市三山岛；阳主祠之罘，即今山东烟台，也就是先秦时期的著名海港转附；月主祠之莱山，即今山东龙口市境内，之莱山是秦汉时期的八大名山之一；日主祠成山，即今山东荣成市成山头，据说成山头在山东半岛最东部，被认为是最早迎接日出的地方；四时主祠琅琊，即今山东青岛胶南市西南，也是先秦时期的重要海港。这五处祭所基本上自北向南环绕了整个山东半岛沿海。秦始皇及其后来的汉武帝祭拜八神，都将重点放在了山东半岛沿海的这五位神主上。

公元前219年，秦始皇“即帝位三年，东巡郡县”。第一次出巡的规模和路线都很庞大。

并勃（渤）海以东，过黄、腄，穷成山，登之罘，立石颂秦德焉而去，南登琅玡，大乐之，留三月，乃徙黔首三万户琅玡台下，复十二岁。作琅玡台，立石刻，颂秦德，明得意[1]。

图2.1　清《琅玡台图》

秦始皇浩浩荡荡的巡幸队伍，先是到了黄（今龙口，祠月主之地），然后赴成山（祠日主之地），登之罘（祠阳主之地），立石刻，最后到了琅玡（祠四时主之地），秦始皇在此乐而忘返，逗留了三个月之久。在这段时间内，因琅玡人丁不丰，秦始皇还从别处迁来百姓三万户，并免除他们十二年的赋税徭役。又在琅玡山建琅玡台，台上筑望日楼，刻石立琅玡碑。可惜的是，秦始皇所书的碑文在光绪年间已经湮没。不过，也有记载说，琅玡台是越王勾践在此建都时所筑，秦始皇只是续修和扩建。无论是初建还是

[1]　《史记·秦始皇本纪》。

续修，秦始皇的琅玡台似乎都是非常壮观的建筑。据郦道元的《水经注》形容："台孤立，特显出于众，山上下周二十余里，傍滨巨海，台基三层，层高三丈，上级平，敞方二百余步，高五里。"清代琅玡人王和沛作有《琅玡台图》，虽然不免有美化成分，但也可以从中约略想象当年琅玡台的胜景。

公元前218年和公元前210年，秦始皇再度两次东巡山东半岛。其后，另一位历史上威名显赫的皇帝——汉武帝，也从公元前110年开始，"东巡海上，行礼祠八神"[1]。据史书所载，汉武帝比秦始皇有过之而无不及，前前后后共有九次巡幸山东半岛，"幸琅玡，礼日成山，登之罘，浮大海"[2]。秦皇汉武，都是一代开疆拓土、英明神武的君王，却偏偏都对山东半岛"情有独钟"，一顾再顾，其内中情由显然不能简单用"迷信"一言蔽之，或许要从当时的主流文化、思想流派以及社会风气等方面寻根溯源。

徐福东渡

秦汉之际，方士之说最为盛行。方士的含义比较复杂，其中一种解释就是尊崇神仙思想而推奉方术之士。史记称其为"方仙道"。方仙道的神仙思想和方术是后世道教形成的核心思想和精神支柱。早在战国时期，方士们就很活跃，方士入海求仙药是一项很热门的活动。《史记·封禅书》记载，战国时，齐威王、齐宣王和燕昭王等都曾经听信方士之说，遣人入渤海寻访海上仙山蓬莱、方丈、瀛洲。据去过那里的人称，海上仙山住有神仙，还有神奇的不死之药。

"自威、宣燕昭使人入海求蓬莱、方丈、瀛洲。此三神山者。其传在勃（渤）海中，去人不远，患且至，则船风引而去。盖尝有至者，诸仙人及不死之药皆在焉。"

由此，山东半岛就与神仙传说扯上了关系。虽说渤海不单指山东半岛沿海，但秦皇汉武东巡祭神求不死药，其活动范围几乎都是在山东半岛一带。今山东烟台所辖的龙口、蓬莱、福山和芝罘以北的海面，烟波浩渺，历来是海市蜃楼多发之地，或许这是方士们认为山东半岛所依托的渤海有神仙出没的原因之一。

公元前219年，秦始皇初次东巡山东半岛，据称"至海上，则方士言之不

[1] 《史记·汉孝武本纪》。
[2] 《史记·汉孝武本纪》。

可胜数”[1]。既然有“不可胜数”的方士不断对秦始皇重复“海上有仙山，山上有不死药”的传说，那么，当齐地的方士徐福上书说，“海中有三神山，名曰蓬莱、方丈、瀛洲，仙人居之。请得斋戒，与童男童女求之”，秦始皇即“遣徐市（福）发童男女数千人，入海求仙人”，一切都显得顺理成章。尽管徐福的这次出海无功而返，后来秦始皇也对此产生过怀疑，认为“徐市（福）等费以巨万计，终不得药，徒奸利相告日闻”[2]，但是直到公元前210年，始皇最后一次东巡来到山东半岛，仍然相信徐福所言，再次投入巨大的人力、物力，派徐福出海寻长生不死药，并“遣振男女三千人，资之五谷种种百工而行”。为什么秦始皇如此信任徐福？司马迁所著的《史记》就给出两种不同的理由。

《史记·秦始皇本纪》记载，徐福求仙药而不得，是因为海中有大鲛鱼的阻碍，故秦始皇亲射之，为徐福再次入海扫清道路。

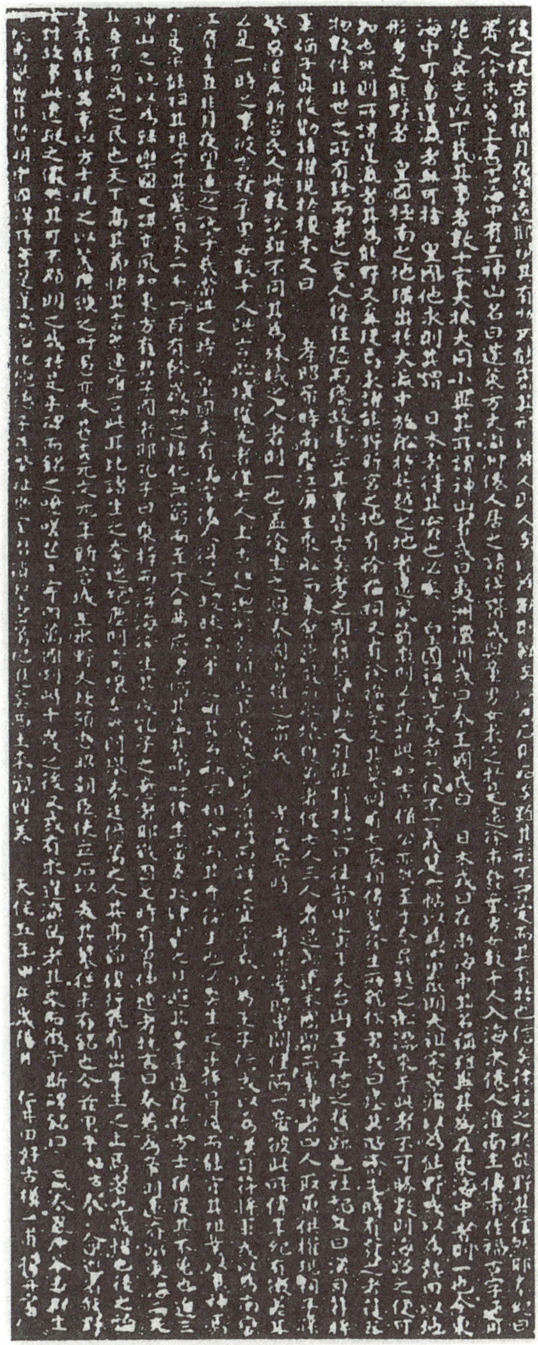

图2.2　日本和歌山县新宫町“秦徐福碑”

[1]　《史记·封禅书》。
[2]　《史记·秦始皇本纪》。

方士徐市（福）等入海求神药，数岁不得，恐遣，乃诈曰："蓬莱药可得，然常为大鲛鱼所苦，故不得至，愿请善射与俱，见则以连弩射之。"于是，秦始皇耐令入海者赍捕巨鱼具，而自以连弩候大鱼出射之。自琅玡北至荣成山，弗见。至之罘，见巨鱼，射杀一鱼。遂并海西。

《史记·淮南衡山列传》则有不同说法，书中说道，徐福求不到仙药，是因为海中大神认为秦始皇送来的礼物太少，只能看不能拿，所以徐福请求秦始皇再派遣童男女三千人以及五谷百工等，以示心诚。

徐福入海求仙药，还为伪辞曰："臣见海中大神，言曰：'汝西皇之使耶？'臣答曰：'然。''汝何求？'曰：'愿请延年益寿药。'神曰：'汝秦王之礼薄，得观而不得取。'……于是臣再拜问曰：'宜何资以献？'海神曰：'以令名男子若振女与百工之事，即得之矣。'秦皇帝大说，遣振男女三千人，资之五谷种种百工而行。徐福得平原广泽，止王不来。

这就是历史上著名的徐福东渡的故事。尽管徐福具体是从哪里出海（大致范围似应是琅玡附近一带），又到了哪里（后世盛传到了日本），是为了求仙还是避世，这些现在都很难考证，但两千多年前，一支几千人的船队浩浩荡荡出海远航，无论如何，都是中国海港发展史上值得留书的一次重要事件。

到了汉代，英明神武的汉武帝继续效仿秦始皇到山东半岛祭海求神。据《史记·汉孝武本纪》记载，"齐人之上疏言神怪奇方者以万数"。可见山东半岛的神仙之说依然强大。于是，汉武帝也派出数以千计的方士去求访"蓬莱神人"，而他自己也屡屡东巡山东半岛，"行幸东莱，临大海"，甚至"欲浮海求神山"[1]。秦汉时期的这种以皇帝为首的大规模、高层次、历时甚长的海上求仙活动，导致山东半岛沿海出现了一种颇为怪异的繁荣景象。"神仙之祠，遍于海上；万乘之驾，常在东莱"[2]。尽管是与虚无缥缈的神仙传说联系在一起，但至少这时，历史的目光仍然聚焦在北方的沿海。秦汉以后，随着经济和文化重心的南移，以及南方对海外贸易航线的开辟，东南沿海的港口渐渐成为史书记载的重点而光芒四射。北方的海港，则出于种种原因，静守一隅，不再是历史舞台上的主角。

与东夷诸国的海上交通

秦汉都是国家统一的时代，少有的几次叛乱也都发生在南方，北方相对稳定而且是国家经济和文化的命脉所在。北方的海港以山东半岛为中心，除了为

[1] 《史记·汉孝武本纪》。

[2] 同治《即墨县志》卷10。

秦皇汉武的祭神求仙活动提供服务，也开始拓展与海外的交通和联系。

与朝鲜和日本的交通往来，早在先秦时期就已经建立。据文物考古和零星的史书记载，春秋战国时代，齐地和燕地似乎已经与朝鲜半岛、日本群岛有所交流和联系。古书《山海经》对朝鲜和日本都有记述。比如“东海之内，北海之隅，有国名曰朝鲜”，以及“朝鲜在列阳东，海北山南。列阳属燕”，表明朝鲜的方位是在今黄海水域，与渤海相距不远，在燕国的东面。古时的黄海被称作东海，渤海则被称作北海，与今天的东海和北海的概念不一致。《山海经》对日本也有所提及，比如“盖国在钜（巨）燕南，倭北，倭属燕”。据前人的考证，盖国即盖马县，属东汉玄菟郡，在高句丽盖马大山之东[1]。由此推之，战国时的人们已知倭国（日本）是在朝鲜半岛的南面，“从朝鲜半岛到倭的地方一带，被认为是属于燕（所谓战国七雄之一，统治着今天的河北省到辽宁省一带）的势力范围”[2]。有学者认为，只要建立了从山东半岛到辽东半岛的航线，那么从渤海湾到朝鲜半岛和日本列岛，“循海岸水行”的海上交通也不难成行。齐与燕的海上联系是有史可查的，所以，春秋战国时代，山东沿海通达朝鲜半岛以及日本列岛的交通往来，也是非常可能的。

辽阔的渤海是齐国的海上对外贸易区。既然当时能从山东半岛经海上去辽东半岛，那么从辽东半岛沿海岸线南下朝鲜，或由朝鲜半岛沿海岸线到辽东半岛，也是完全可能的。总之，正是这条“循海岸水行”的海路大大沟通了中、朝、日之间古人类交往和古文化交流，因而，这才有《山海经》关于山东半岛直至（东北黑龙江流域）、朝鲜和日本的古传说和远古史迹的记载[3]。

《山海经》的成书年代，一般认为是战国时期。尽管其内容在今人看来似乎涵盖不少离奇怪诞的成分，但就其山川地理的记述，仍有可资参考的一面。与《山海经》相印证的，还有东汉王充在《论衡》中多次提及的倭人向周王贡物之事，譬如“周时天下太平，越裳献白雉，倭人贡鬯草”。证明西周时日本与中原地区已有交通往来。来自考古界的信息也表明，在朝鲜半岛南部，多次发现具有中国战国时代文物特色的铜铎、铜剑等物，在日本也发现了战国时期的中国铜剑、燕国的明刀钱、安阳布等。由此可推断，古代中日交通路线，可能是通过朝鲜半岛南部，进而转达九州北部。另外，无论是文物的考证还是人种学方面的分析，都显示日本绳纹文化向弥生文化的飞跃转变与中国古文化具有密切关联。日本学者也认为，中国早期文明的成果曾以原始的交通工具通过

[1]　《山海经校注·海内北经》。

[2]　藤家礼之助：《日中交流二千年》，北京大学出版社，1982年版，第12页。

[3]　逄振镐：《东夷古国史论》，成都电讯工程学院出版社，1989年版，第59页。

日本海左旋回流的自然航路传入日本[1]。

在日本绳纹时代晚期，中国的齐、燕文化就经朝鲜半岛传入了日本列岛，并对日本文化在由绳纹时代进入弥生时代这一过程中产生了巨大的影响……日本九州及山口县弥生时代人应源于中国北方大陆的黄河中下游地区（弥生时代大致相当于中国的周至汉代）[2]。

秦汉时期，山东半岛与朝鲜半岛的交通往来更加频繁，尤以大规模的移民迁徙最为引人注目。《三国志》记载，“陈胜等起，天下叛秦，燕、齐、赵民避地朝鲜数万口”。朝鲜半岛南部三韩之一的“辰韩”，其“言语有类秦人”，故多认为是秦末避战乱和苦役而进入朝鲜的中国人。朝鲜半岛北部的卫氏朝鲜，是燕国人卫满所建，都城在王险，即今平壤附近。

西汉初期，卫氏朝鲜作为外臣受辽东太守的节制，承担保塞防边、通达朝鲜半岛各族与汉王朝交通往来之责。但传至其孙右渠时，卫氏朝鲜不仅对半岛中部的真番及南部的辰韩等小国进行劫掠，而且不断破坏半岛其他小国与汉王朝的交往及海上通道，因而引发西汉王朝的大举征伐。公元前109年，汉武帝派兵两路攻打卫氏朝鲜，一路由左将军荀彘兵出辽东从陆路进发，一路由楼船将军杨仆率兵五万，从山东半岛横渡渤海前往。一年后，卫氏朝鲜内讧，国王右渠被杀，卫氏朝鲜就此灭亡。西汉政府在此设置乐浪、临屯、玄菟与真番四郡。公元前82年，又将临屯、真番两郡并入乐浪郡，玄菟迁于高勾骊县。汉四郡的设置，说明汉代的管辖范围扩展到了北部朝鲜，同时由于汉文化在当时属于比较强势的文化，所以对朝鲜半岛南部也产生了广泛的影响。从出土文物可知，当时的汉四郡文化已经影响到半岛的最南端济州岛等地。

图2.3　汉代楼船复原模型图

汉武帝敢于东征朝鲜，一个重要原因是当时汉朝的水师十分强大。主力战船称作楼船。所谓“内增七校，外有楼船”[3]，这里就是用楼船指代水师，是以汉代典籍中常有楼船将军、楼船校尉、楼船士、楼船卒等名称出现。楼船的规格一般比较大，据《汉书·食货志》记载，汉武帝时所造的楼船，高十余丈，上面插满旗帜，十分壮观。其

[1]　王育民：《中国历史地理概论·上册》，人民教育出版社，1987年版，第437页。
[2]　刘凤鸣：《山东半岛与东方海上丝绸之路》，人民出版社，2007年版，第32页和第40页。
[3]　《汉书·刑法志》。

中，有一艘著名的“豫章”号，船上造有许多华丽的宫室，可承载万人[1]。汉武帝东征朝鲜、南平百越，强大的水师都发挥了重要作用。

汉代对朝鲜半岛的经略和管理，不仅极大地畅通和扩展了北方的海路交通，而且也使得日本列岛与汉王朝的联系更加密切。《三国志·魏书·倭人传》记载，“倭人在带方东南大海之中，依山岛为国邑，旧百余国，汉时有朝见者，今使译所通三十国”。带方即带方郡，东汉献帝建安九年（公元204年）公孙康分乐浪郡南部所设置。从《三国志》的记载，可以确认其时对于日本列岛的具体方位和风土地理已有明确认知。汉代与日本列岛的交通往来，在官方正史《后汉书·东夷列传》中亦有详细记载。

> 倭在韩东南大海中，依山为居，凡百余国。自武帝灭朝鲜，使驿通于汉者三十余国。国皆称王，世世传统。其大倭王居邪马台国……建武中元二年（公元57年），倭奴国奉贡朝贺，使人自称大夫，倭国之极南界也。光武赐以印绶。安帝永初元年（公元107年），倭国王师升等献生口百六十人，愿请见。

日本列岛的三十多个国家都与汉王朝有外交联系。其中，文中所提及的光武帝赐予倭国王的金印，1784年在日本北九州福冈县志贺岛由一名农民在挖水沟时发现。这颗金印与1981年在扬州甘泉山出土的“汉广陵王”金印有惊人的相似，其尺寸、重量、花纹、雕法和字体都如出一辙，且授印时间仅差一年，所以有学者高度怀疑其实这两颗金印出自同一工匠之手。这颗金印也足以证明中日之间在东汉时已有正式交通往来，而且似乎已经形成了藩属关系。

> 按汉代印绶之制，天子玉印，诸王和宰相金印紫绶，九卿银印青绶，其下依次为铜印黑绶与木印黄绶。倭奴国王被金印紫绶，以诸王规格待遇，足见汉王朝对日本列岛方面的重视[2]。

图2.4　汉广陵王玺及其印文

图2.5　汉光武帝赐予日本倭奴国王的金印

[1]　《太平御览》。

[2]　孙光圻：《中国古代航海史》，海洋出版社，2005年版，第126页。

秦汉时期，山东半岛诸海港除了可以用来祭神之外，也是重要的军事转运枢纽港。秦始皇北击匈奴，需要在此中转和供给粮食运输。“秦欲攻匈奴运粮，使天下飞刍挽粟，起于黄、腄、琅玡负海之郡，转输北河”[1]。秦始皇攻击匈奴所需的军粮，是在山东半岛的黄、腄以及琅玡集中装船，再出海北上。黄，在今山东龙口市；腄，在今山东文登市，与琅玡一样，都是秦代的重要海港。南方交趾七郡的贡献转运，在公元83年增开陆道之前，也都是经由东冶（今福州市）先浮海运送到江苏沛县或山东登莱（登州或莱州），然后再转运京都。可见，山东半岛在南北水路交通中是一个战略地位十分重要的中转基地。

此外，无论是经略朝鲜还是交通日本，山东半岛都是中原地区联结海外的必经通道。其时，与朝鲜半岛、日本列岛的交通往来，除了陆路经辽东向北之外，水路通行亦有两条。一条是横渡渤海，但以当时的航海技术，这不是一条稳妥的航路，故除了汉代大军攻伐朝鲜外，一般多采用另外一条“循海岸水行”的航路，自山东半岛横穿渤海海峡到辽东半岛，循海岸水行，直到朝鲜半岛和日本列岛，也就是唐代贾耽所总结的“登州入高丽道”。无论是哪一条水

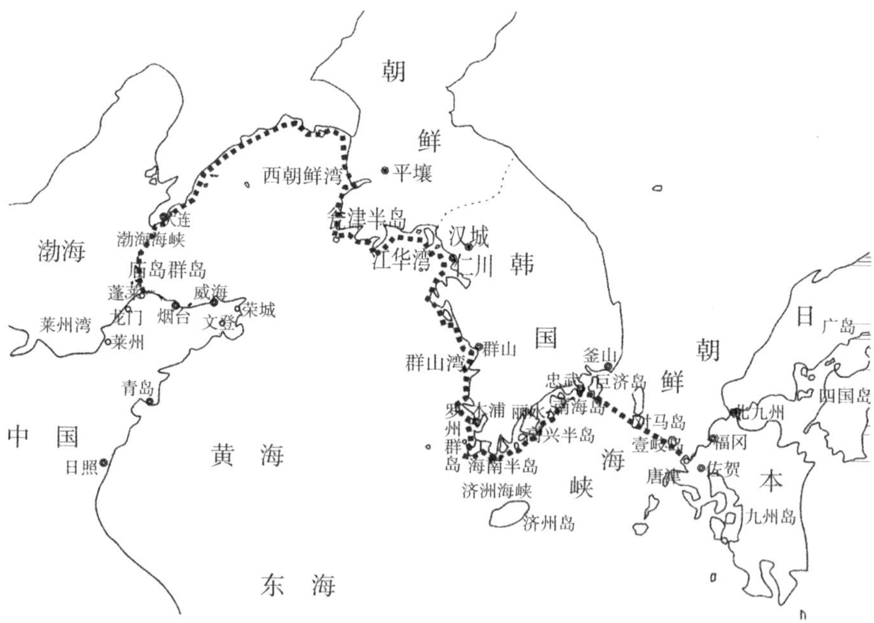

图2.6　“循海岸水行”路线图

[1]　《通志》卷62。

路，自山东半岛北部的港口出发，都是当时最主要的选择。直到后世开辟了由朝鲜或日本到长江口沿岸的直达航线，山东半岛诸港口在东路海上交通中的功能和地位才有所下降。

南平百越

秦汉时，北方是全国经济、文化的重心，南方则仍处于地广人稀的局面。“楚越之地，地广人稀，饭稻羹鱼，或火耕而水耨，果随蠃蛤，不待贾而足，地势饶食，无饥馑之患，以故呰窳，偷生无积聚，而多贫。是故江、淮以南，无冻饿之人，亦无千金之家”[1]。与北方的稳定局面相比，南方的形势相对要复杂一些。秦平百越，四海归一，本来是大一统的好事，可惜秦王朝的统治实在短暂，秦朝末年，诸侯叛秦，南方百越也再次发生叛乱，并分化为东瓯、闽越、南越等小国。楚汉争霸时，百越佐汉攻楚，故西汉王朝初建时，东瓯、闽越都获得汉室的正式册封。南越因地处南荒之地，一时鞭长莫及，故其小邦地位也获承认。不过，南方割据势力的存在，对于汉王朝的统治来说，一直是威胁国家安全的不稳定因素。所以，一向热爱开疆拓土的汉武帝除了北上抗击匈奴、东出经略朝鲜的赫赫功绩，在他的任期内也完成了大军南下、平定百越的重任。

公元前138年，百越发生内乱，闽越出兵攻打东瓯，东瓯向西汉政府求援。汉武帝派遣楼船将军严助从会稽郡（郡治在今江苏省苏州市）发兵，“浮海救东瓯”，也就是从长江口沿海南下。东瓯的都城约在今浙江温州市区对岸楠溪江和瓯江交会处一带[2]。闽越闻大军至，先引兵撤退。东瓯则自请“举国内迁，乃悉举国其众来，处于江、淮之间”[3]。东瓯国从此灭亡。经过这次大迁徙，原东瓯一带的经济和文化都受到极大破坏，土地荒芜，人口稀少，港口的发展也停滞不前。直至200多年后，才逐渐开始复苏。

公元前112年，南越王相吕嘉反叛，“杀汉使者及其王、王太后”。汉武帝发五路大军南下，“江、淮以南楼船十万人”，“咸会番禺（今广州）”[4]。公元前111年，平定南越，并在当地重置南海、苍梧、郁林、合浦、交趾、九真、日南、珠崖、儋耳九郡，涵盖今两广、海南以及越南的部分

[1]　《史记·货殖列传》。

[2]　《温州港史》，人民交通出版社，1990年版，第2页。

[3]　《资治通鉴》卷17。

[4]　《汉书·武帝纪》。

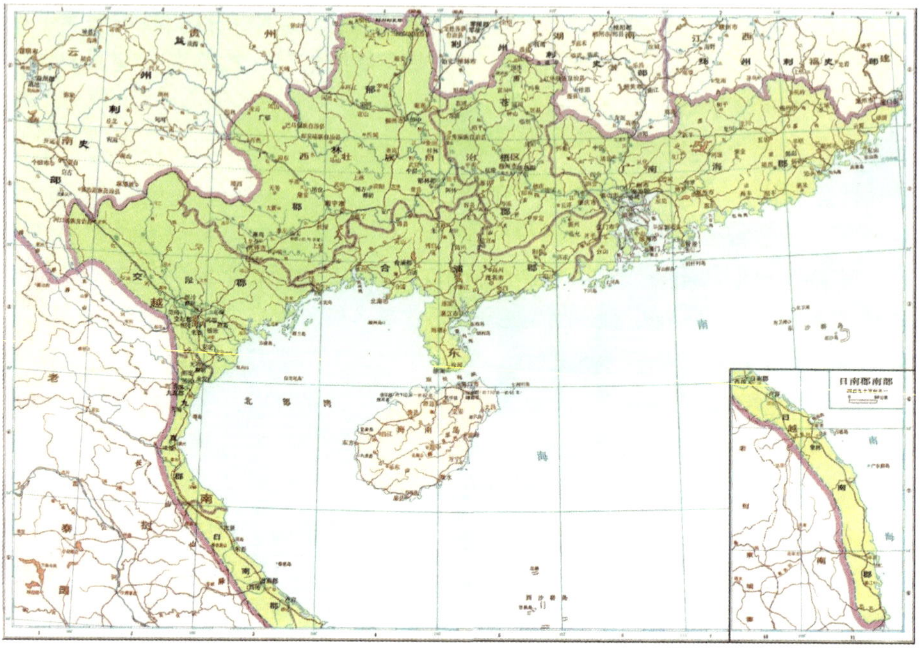

图2.7　西汉时期交趾刺史部

地区。后珠崖、儋耳两郡被废，剩下的七郡统一由交趾刺史部管辖，因部与州平级，后世也称之为交州。

公元前111年，闽越的实际统治者东越王余善在汉王朝平定南越时玩弄阴谋并与南越勾结，“闻楼船请诛之，汉兵临境，且往，乃遂反”[1]。余善就此自称武帝，打起反叛的旗号。公元前110年，汉武帝遣四路大军讨伐闽越，其中一路是由横海将军韩说领兵，从浙江句章港（今宁波）出发，直接乘海船攻东冶（闽越都城，今福州）。闽越从此灭亡。汉武帝采用移民而治的办法，“徙其民于江淮之间，遂虚其地”[2]。闽越地与东瓯地一样，大部分居民被迁到江淮，剩下的多避居深山、海岛，闽越旧地从此荒芜数十年。20多年后才重新设置县治，到三国东吴致力经营闽中，大量汉人南下入闽，闽越地才再次开始勃兴。不过，闽越的都城东冶，因为是一处重要的海港，所以一直不曾荒废，整个汉代都在使用，而且在南北航运中的作用很大。《后汉书》记载，“交趾七郡，贡献转运，皆从东冶泛海而去”，可见东冶是当时南北航运的一个枢纽港。建初八年（公元83年）以后，因海路“风波险阻，沉溺相系”，所

[1]　《史记·东越列传》。

[2]　《史记·东越列传》。

以增开了湖南南部的“零陵、桂阳峤道”[1]，直接联系两广和越南北部。从此以后，贡献转运皆由陆路输送，但海路交通依然畅达，仍有不少民间航船在东冶中转，由此南下交趾或北上会稽等地。

从全国的战略角度而言，汉武帝一举扫平南方百越之地，意义重大。不仅南北方的水陆交通自此畅通无阻，更为重要的是，南方诸海港（尤其是南越地的番禺、合浦等海港）尽在西汉王朝的掌控之中，从而为汉代海上丝绸之路的开辟扫清了道路，奠定了基础。

汉代海上丝绸之路

《汉书·地理志》有一段记载，在我国海外交通史或贸易史上具有里程碑的意义。这段记载所描述的印度洋航线，不仅是我国航海史上有官方记载的第一次远洋航行，而且是当时世界上两条最远的远洋航路之一。其航程之远，在世界航海史上也具有划时代的意义。

自日南障塞，徐闻合浦，船行可五月，有都元国，又船行可四月，有邑卢没国，又船行可二十余日，有谌离国，步行可十余日，有夫甘都卢国。自夫甘都卢国船行可二月余，有黄支国，民俗略与珠崖相类。其州广大，户口多，多异物，自武帝以来皆献见。有译长，属黄门，与应募者俱入海，市明珠、壁琉璃、奇石异物，赍黄金杂缯而往。所至国皆禀食为耦，蛮夷贾船，转送致之，亦利交易。剽杀人，又苦逢风波溺死；不者，数年来还。大珠至围二寸以下。平帝元始中，王莽辅政，欲耀威德，厚遗黄支王，令遣使献生犀牛。自黄支船行可八月到皮宗，船行可二月到日南象林界云。黄支之南有已程不国，汉之译使自此还矣。

这条远洋航线，是从原南越属地的日南障塞、徐闻或合浦出发，经东南亚入印度洋，直至印度半岛的斯里兰卡一带。文中所记载的古地名，至今仍无权威的定论，但多数人的意见认为，黄支国就是现在的印度东南部，已程不国即今斯里兰卡。汉武帝时张骞出使西域所开拓的横贯亚洲大陆的商贸通道被西方称作“丝绸之路”，而这条海上航线主要也是“赍黄金杂缯而往”（杂缯，指各种丝绸作物），故而被后世的研究者称为“海上丝绸之路”。

汉代大力开拓与海外的交通贸易，与国内经济的迅速增长不无关系。西汉文景之治后，“京师之钱累巨万，贯朽不可校。大仓之粟，陈陈相因，充

[1] 《后汉书·郑弘传》。

溢露积于外，至腐败不可食”[1]。农业兴旺，经济富足，也带动了冶铁、制铜、漆器、丝绸等手工业的蓬勃发展。其中，丝绸业尤为兴盛。汉武帝元封元年（公元前110年），朝廷自民间征集的绸帛织物就多达五百万匹[2]。官营的丝绸作坊“做工各数千人，一岁费钱巨万”[3]，民营作坊亦可有“家童七百人，皆有手技做事”[4]。这就不难解释为什么汉代的对外贸易通道都被冠以“丝绸之路”的美名。

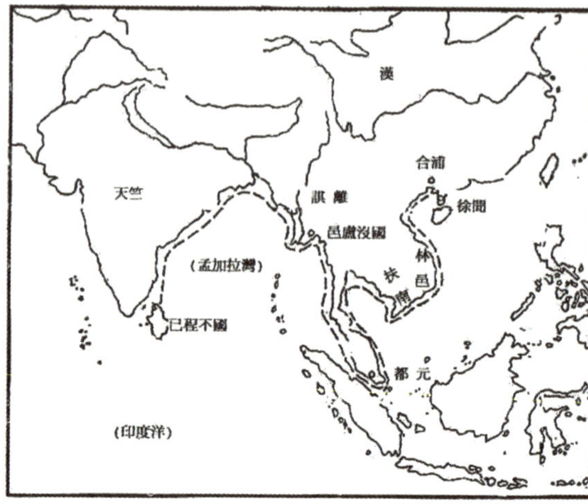

图2.8　汉代印度洋航线图

海上丝路所使用的这条印度洋航线，早在《汉书·地理志》所记载的官方贸易之前就可能存在。记载中所称的“应募者”当指汉王朝为这次远航所招募的富有远洋经验的船员或水手。一般来说，官方组织的出海远航，通常相对郑重其事，首先会对民间已有的航路进行核查和考证，在此基础上再确定最合理的路线。以此推论，民间的远洋航线或许早已开辟多年。早在西汉初年，南越王赵佗进献给西汉皇帝的贡品中就有“白璧一双，翠羽千尾，犀十座，紫贝五百，桂蠹一器，生翠四十双，孔雀二双”[5]，这些珍品据后世考证多属于海外的舶来品，说明当时的南越国可能已经通过南海与东南亚甚至南亚国家进行贸易往来。

最早的始发港

海上丝路的三个始发港：日南障塞、徐闻和合浦，都在汉代南部边境附近。《汉书》《旧唐书》《太平寰宇记》等史籍记载，东吴以前，与西南海上西蕃诸国的交通，多以徐闻、合浦、日南为参照物，判断其实际距离，如“黄

[1]　《史记·平准书》。
[2]　孙光圻：《中国古代航海史》，海洋出版社，2005年版，第91页。
[3]　《汉书·贡禹传》。
[4]　《汉书·张汤传》。
[5]　《大越史记全书·赵纪》。

支国，汉时通焉，去合浦、日南三万里”[1]。西汉桓宽的《盐铁论》也说，蜀郡的货物运到南海交换珠玑、犀、象等珍品，中国的丝绸亦由徐闻、合浦、日南等处出口，在海上卖给大夏、安息、天竺的商人，然后转卖给大秦。可见，两汉时期的日南、徐闻和合浦，既是南海贸易的主要港口，也反映了当时“边境贸易”的特征。

日南在今越南顺化西北，徐闻在今广东徐闻县，合浦即今广西北海合浦县。汉武帝所设交趾七郡，日南、九真和交趾都在今越南境内。日南地处汉代国境的最南端，故进入中国的商船都要在日南郡最毗邻边境的象林县接受检查。日南障塞除了在《汉书·地理志》中出现以外，似乎没有留下其他的历史记载。今人研究，“塞”当指边境之防御工事，“障”是指塞上险要之区、屯兵置戍之所[2]。障塞可能是指日南郡的一个海防堡垒兼通海港口。当时的日南郡，郡治在西卷。西卷应是日南郡的主要港口。或许因为地处国境最南端的地理区位占据优势，史书记载中的汉代海外贸易，与日南发生关系的最多。如《汉书·南蛮传》记曰：“元始二年，日南之南，黄支国来献犀牛。”《南史·夷貊传》记曰：“汉桓帝延熹九年，大秦王安敦遣使日南徼外来献，汉世唯一通焉。其国人行贾，往往至扶南、日南、交趾。”东汉时，以交趾为首联合日南、九真的蛮夷发生叛乱，并劫杀过往的商客，日南的海上贸易功能受到破坏。尽管光武帝派马援前往征讨，迅速平定了叛乱，但后来三国时交趾又多次发生叛乱，直到越南中部的林邑国兴起，占据了日南的大部分地区。日南的港口贸易遂为交趾所替代。

徐闻和合浦，在汉代同属合浦郡治下。合浦郡治在史书记载中不甚明确，有说是徐闻，也有说是合浦，亦有说法是郡志初在徐闻，东汉移合浦。不管怎样，徐闻和合浦都是汉代的重要港口。徐闻地处雷州半岛最南端，扼守琼州海峡，三面环海，既是贸易港也是重要的海防要塞。汉代在此派驻左右侯官，掌管军政事务和对外贸易。其时，商船从日南入境，因为造船技术所限通常都会尽量沿海岸航行，一则躲避风浪，二则方便补给。从日南一路向北，必经合浦，折而向东，必经徐闻。故徐闻有许多商船停靠，除了贸易中转之外，也在此补充淡水、食物等生活用品。三国以后，印度洋航线东移，广州港崛起，停靠徐闻的商船减少，徐闻港自身的港口条件也发生变化，泥沙淤积越来越严重，遂日渐衰落以至废弃。今时今日，徐闻港只有荒凉的遗址留存，再不复昔

[1] 《太平寰宇记》卷176。
[2] 劳干：《居延汉简考证补正》，历史语言研究所集刊1949年第14本，第238页。

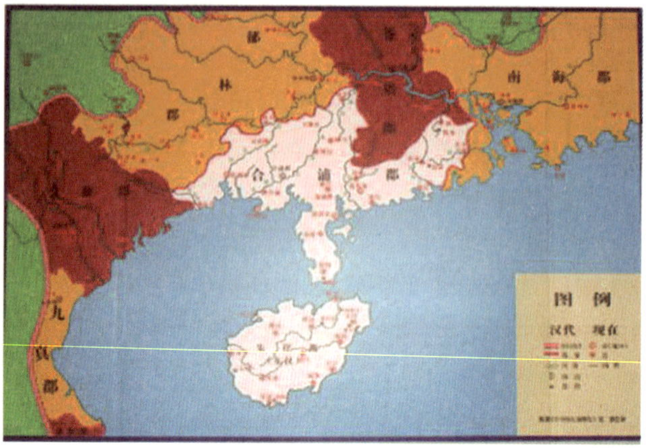

图2.9　汉代的合浦郡

日的港口风貌。

合浦是今广西北海港的前身。汉代合浦处于江海之交，控琼州海峡和北部湾海域。《方舆纪要》称其“南滨大海距交州，固两粤之蕃、控蛮夷之襟要”。合浦扼守西蕃诸国抵中国之航路，故为汉代南海贸易之要冲。与日南、徐闻相比，合浦与中原的联系较为便捷。古代水运是最为便捷的交通运输方式。合浦以南流江为依托，可沿北流河北上，溯桂江，过灵渠，直抵中原。同时，合浦还以盛产珍珠闻名于世。这些优势都进一步强化了合浦的贸易港功能。合浦珍珠历代都是进奉皇室的贡品。两汉时期，合浦有白龙、杨梅、青婴、平江、断望、乌泥、珠沙七大珠池。所出产的珍珠称为南珠、廉珠或白龙珠。因采捕无度，合浦珍珠几次濒临灭绝，至清代合浦珠池彻底枯竭。《后汉书·孟尝传》记载，孟尝出任合浦太守以前，其前任需索无度，导致珠蚌跑到了交趾郡界。孟尝到任后，采取一系列保护措施，于是就有了“珠还合浦”的传奇故事。

三国以后，合浦改称廉州。直到唐宋时期，合浦都是西南海域的一个重要港口。不过，随着广州航路的兴盛，后世南海贸易的中心逐渐转移到东南沿海，合浦的作用和影响渐小。所以，日南、徐闻、合浦，这三个古老的港口，主要都是作为海上丝绸之路的始发港而流传于世。

此外，两汉时期，交趾的龙编和南海的番禺，也应都是重要的商港。《后汉书·贾琮传》记载，“旧交趾土多珍产，明玑、翠羽、犀、象、玳瑁、异香美木之属，莫不自出”。《三国志·士燮传》也记载，东汉末年，交趾太守士燮出行，“胡人夹毂焚烧香者，常有数十”。由此可见，汉代的交趾富有明玑、翠羽等物，又有不少胡人往来其间。交趾的郡治和港口都在龙编，故龙编应是一处重要的贸易港和商品集散地。

番禺本是南越国的都城。汉武帝平定南越时，番禺城几乎尽毁，所以新城建在“郡南六十里”，为新的南海郡治。不过，交趾七郡所属的交趾刺史部，其治所不在南海番禺，而是在苍梧（今广西梧州）广信。联系汉代海上丝路的几个港口都在今广西和越南一带，这似乎表明，汉平南越，经略岭南的重心并不在番禺。然而，番禺无疑是一个很大的商品集散地。《史记·货殖列传》所列的全国九大都会，番禺占其一。《汉书·地理志》也说，越地“处近海，多犀角、象、毒冒（玳瑁）、珠玑、银、铜、果、布之凑，中国往商贾者多取富焉。番禺，其一都会也”。秦汉在番禺都设有专门的造船工场，说明番禺的海上交通或多或少也有所发展。

凡此种种表明，番禺即使不是海上丝路的始发港，但仍可能是南海贸易的一处重要的集散地。有学者推测说，日南、合浦、徐闻俱在南部边界附近，官方史书提及这几处港口，或者是为了方便标明与海外诸国的距离，而不能充分证明其货物集散中心地的功能；货物也可能在广州起运，运到合浦或徐闻集中；或者入境的商船亦可能最终航行到番禺集散。德国历史学家夏德（F.Hirth）也认为，“中国与罗马等西方国家的海上贸易，要以广州为终止

图2.10　广州造船工场的西汉木船模和东汉墓葬陶船

点。盖自纪元三世纪以前，广州即已成为海上贸易之要冲矣”[1]。然而，宋代周去非《岭外代答》卷一云：“尝闻之舶商曰：自广州而东，其海易行；自广州而西，其海难行。自钦、廉而西则尤为难行。盖福建、两浙滨海多港，忽遇恶风，则急投近港。若广西海岸皆沙土，无多港澳，暴风卒起，无所逃匿。至于钦、廉之西南，海多巨石，尤为难行。”钦、廉即合浦所在的北部湾一带。按《岭外代答》所言，自合浦往广州的海路交通并不畅达，有一段海域密布礁石。直到唐代，安南都护高骈奏请开凿水道，经过大力整治后，自交州到广州的水路才开始通达。因此，广州在秦汉时期，究竟处于何等地位，仍然不能下明确的结论。

图片来源：

[1]http://www.ce.cn/culture/archeology/200804/14/W020080414508215062528.jpg，2013年6月2日访问。

[2]孙光圻：《中国古代航海史》，海洋出版社，2005年版，第118页。

[3]http://hxd.wenming.cn/cldzgwm/disk3/0813/picture/0813pic19244.jpg，2013年6月2日访问。

[4]孙光圻：《中国古代航海史》，海洋出版社，2005年版，扉页。

[5]http://www.nlc.gov.cn/newgtkj/hxyz/jyq/201109/W020110921620110738021.jpg，2013年6月2日访问。

[6]刘凤鸣：《山东半岛与东方海上丝绸之路》，人民出版社，2007年版，扉页。

[7]http://ishare.iask.sina.com.cn/play.php?fileid=10791693&path=20101015_10651975_0.jpg，2013年6月2日访问。

[8]http://www.chinaculture.org/img/2005-06/22/xinsrc_480602221041287172391.jpg，2013年6月2日访问。

[9]http://imgsrc.baidu.com/forum/w%3D580/sign=6d2a47aa2e2eb938ec6d7afae56385fe/d058ccbf6c81800a2015cd45b03533fa838b478c.jpg，2013年6月2日访问。

[10]孙光圻：《中国古代航海史》，海洋出版社，2005年版，扉页。

[1] 转引自武堉干：《中国国际贸易史》，商务印书馆，1928年版，第15页。

第三章

魏晋南北朝（公元220—581年）：割据时代的南北分异

历史总是充满了分分合合。在秦汉大一统天下之后，就迎来了长达三百多年的割据和分裂时代。三国鼎立，五胡乱华，南北分治，兵祸四起，政权更迭频繁，难免给社会经济造成一定的破坏，尤其是北方地区。由于主要的战乱都发生在北方，随着晋室南迁，大量汉人也从中原地区南下，从而导致北方地区人口凋敝，发展停滞。从西晋以降，南迁到长江流域的北方人口总数，至少有70万之众[1]。据《晋书·地理志》《宋书·州郡志》等记载，南朝刘宋时期，户籍的南迁人口，约占北方人口的八分之一[2]。与此同时，南方地区则蒸蒸日上，社会秩序较为安定，同时从中原人口的南迁中获取大量先进的生产力和技术，从而呈现出一片欣欣向荣的繁荣景象。这是全国经济和文化重心南移的第一个标志。

《宋书·孔子恭传后论》描绘了当时江南地区的富庶景象。

地广民风，民勤本业，一岁或稔（丰收之年），则数郡忘饥。会土（会稽郡）带江傍海，良畴亦数十万顷，膏腴土地，亩值一金，鄠、杜之间为关中膏腴土地，不能比也。荆城（今荆州）跨南楚之富，扬都（扬州）有全吴之沃，鱼盐杞梓之利，充仞八方，丝棉布帛之饶，覆衣天下。

在连年战乱的大环境下，北方的港口发展缓慢，南方的海上交通则开始兴旺，出现“舟舶继路，商使交属”[3]的盛况。汤用彤在其《汉魏两晋南北朝佛教史》中，通过研究佛教僧人的传记，考证南北朝时期的主要海港有四处：广州，龙编，梁安郡以及胶州一带。龙编是交州的首邑，在今越南境内。据章巽《真谛传中之梁安郡》的考证，梁安郡约在今福建泉州一带。胶州一带即山东

[1] 孙光圻：《中国古代航海史》，海洋出版社，2005年版，第140页。
[2] 孙光圻：《中国古代航海史》，海洋出版社，2005年版，第140页。
[3] 《宋书·夷蛮传》。

半岛，其时设有东莱郡（郡治在今山东龙口）和长广郡（今山东青岛一带），东莱自战国以来就是海上要冲；长广郡应是琅玡衰落以后，胶州湾一带新兴的港口所在地。东晋法显和尚归国所搭商船本来要停靠广州，结果遇风浪误在牢山（今青岛崂山）登陆，牢山在长广郡辖境，故长广郡以此留名。另据章巽《我国古代的海上交通》，六朝都城建康（今南京）和梁陈时期的晋安郡（郡治在今福建福州），也都是南北朝时期的重要港口。以上六处，除了胶州一带，其余都是地处南方的海港，足证南方航海事业的发达。

东夷海上通道之山东半岛

三国鼎立时期，山东半岛属曹魏辖地。尽管曹魏以陆军见长，但对于海上势力的培育仍不遗余力。山东半岛及渤海沿岸的青、兖、幽、冀四州，都开设有专门建造海船的基地。其时，朝鲜半岛有乐浪郡和带方郡，属辽东太守公孙渊节制。公孙渊名义上向曹魏称臣，实质上则是自东汉末年开始经营的一支地方割据势力，三国时代既向曹魏俯首，又与东吴暗通款曲。公元237年，因公孙渊两面三刀，曹魏意图征讨，公孙渊遂拥兵自立，并“隔断东夷，不得通于诸夏”[1]，阻断朝鲜半岛南部诸国与曹魏的交通联系。公元238年，魏明帝派司马懿出兵辽东，击破公孙渊，从此辽东及朝鲜半岛北部悉归曹魏直接控制。这次辽东之战，曹魏大军的粮草供应依然延续秦汉以来的传统，从山东半岛的东莱郡起运，说明山东半岛的海港仍然具有浓厚的军事性质。

魏晋南北朝时期，山东半岛也是联系中原地区与朝鲜半岛、日本列岛的主要通道。三国时期与曹魏政权保持往来的日本列岛上的国家就有三十多个，其中最大的是邪马台国。公元238年，曹魏实际控制朝鲜半岛北部以后，邪马台国女王即遣使与曹魏交好，并奉上“男生口四人，女生口四人，班布二匹二丈”。同年魏明帝回赠的物品则包括大量的金、珠、铜镜以及各色丝绸织物，并告之曰“郑重赐汝好物也”[2]，因为回赠的物品无论在价值上还是数量上都远远超过倭国朝贡的物品。从魏景初二年（公元238年）到正始八年（公元247年）的十年间，倭使入贡四次，魏使入倭两次。据《三国志·魏书·东夷传》记载，中国蚕丝就在此时传入日本北九州。这一时期的中日航路，基本上走的是秦汉以来的古航道，即从曹魏的都城洛阳出发，经陆路到登州（山东蓬莱），从登州入海，横渡渤海海峡至辽东半岛，循海岸水行，沿辽东半岛海

[1] 《三国志·魏书·乌丸鲜卑东夷传》。
[2] 《三国志·魏书·乌丸鲜卑东夷传》。

岸线南下至朝鲜半岛西海岸，再从朝鲜半岛西岸抵朝鲜半岛东南岸，最后取对马、壹岐两岛，横渡朝鲜海峡到达日本北九州沿岸。

西晋初年，倭国仍“遣使重译入贡”[1]。不过，自此以后，中日之间的传统交往就宣告中断。中原地区开始战乱频频，无暇东顾，朝鲜半岛的政治局势也发生重大变化。高句丽崛起于朝鲜半岛北部，兼并了乐浪郡和带方郡的北部；百济在统一马韩之后又侵占了带方郡的南部；朝鲜半岛南部则被新罗统一。朝鲜半岛出现三国鼎立的局面。日本列岛则被新崛起的大和国统一，一直与汉、魏、晋交好的邪马台国也在被统一之列。自此以后，史书中所提及的“倭国”就泛指日本，而不限于北九州。其时，朝鲜半岛的三国互相攻伐，日本列岛的大和国趁机东侵，与高句丽争夺朝鲜半岛南部地区，双方长期处于敌对状态。高句丽与百济的关系也十分恶劣。然而，高句丽恰好处在中、朝、日传统航路的必经之地，因为政局变得错综复杂，这条航路也时通时阻，中、朝、日的交往，一时濒临断绝。

东晋末年，东夷诸国与中国的使节往来逐渐恢复。南北朝时期，这种交往开始密切起来。东夷诸国往来中国，大多继续走传统的北线航路，即仍以山东半岛北部的登、莱二港为主要的登陆口岸。山东半岛的政权更迭相对比较频繁。最早这里是南朝宋与北魏政权争夺之地。南朝宋在山东半岛设有青、冀二州，后为北魏所取，山东分属青州、南青州、光州等地。其中，原胶东一带归属光州管辖，治所在掖城（莱州）。其后，北魏分裂为东魏、西魏，山东属东魏管辖。东魏为北齐所灭，山东又归北齐管辖。

南朝宋与东夷诸国的交往最为频繁。高句丽“每岁遣使”，“贡献不绝”[2]，百济亦“每岁遣使奉表，献方物”[3]。日本列岛的倭国（大和国）也“世修贡职”[4]。在刘宋统治的五十九年间（公元420—479年），倭使入贡达十次之多，不仅贡献方物，并请求刘宋王朝的册封。尽管其时南北对峙，但东夷诸国仍然认同中华上国的无上权威。

北魏政权与高句丽、百济等国也有密切往来。据《魏书》记载，直到武定（公元543—550年）末，高句丽的“贡使无岁不至”。其时，高句丽占据了辽东半岛，但高句丽的使者每次来朝，都是走海路从光州“送于京师”。北魏的使者出使东夷诸国，也是“从东莱浮海”[5]。东莱即光州，汉代至两晋时胶东

[1]　《晋书·四夷列传》。
[2]　《宋书·夷蛮传》。
[3]　《宋书·夷蛮传》。
[4]　《宋书·夷蛮传》。
[5]　《魏书》第106篇。

一带设有东莱郡，北魏时光州也沿用旧称东莱。朝鲜半岛西南部的百济与北魏王朝也有使节往来，但因其航路必经高句丽的水域，所以常常受到高句丽的阻挠。百济因而上表诉称“豺狼隔路”“高丽阻疆”，北魏王朝为表安抚，对于百济的“冒险朝献”，也“礼遇优厚”[1]。这也证明朝鲜半岛与北朝的交往，基本仍是沿用秦汉以来的传统航路，绕行朝鲜半岛北部和辽东，在山东半岛登陆。

然则南朝宋以后，山东半岛尽归北朝所辖，南朝齐、梁与东夷诸国的往来又是如何进行的呢？《梁书》记载，“魏（三国曹魏）时，朝鲜以东马韩、辰韩之属，世通中国。自晋过江，泛海东使，有高句丽、百济，而宋、齐间常通职贡。梁兴，又有加焉”。证明南朝宋以后，南朝齐和梁仍然与朝鲜半岛保持使节往来，而且梁代的交往，比之先前更加密切。梁普通二年（公元521年），连一向实力较弱的新罗，也派遣使者附之于百济的朝贡队伍中奉献方物，与南朝交好。

南朝与朝鲜半岛的海上通道，据孙光圻《中国古代航海史》的研究，似应是从建康出发，沿东海、南海北上，绕行山东半岛，抵朝鲜半岛。具体路线如下：

（1）南朝与高句丽的海上航路，似应从建康出长江口，循东海、黄海北上，绕越山东半岛，渡过渤海海峡，到达辽东半岛南段，然后沿辽东半岛南岸西驶，沿朝鲜半岛西岸南下，抵达高句丽的政治中心区域——今朝鲜平壤地区。

（2）南朝与百济的海上航路，似应从建康出长江口，再循东海、黄海北上，然后在山东半岛成山角附近转向东驶，横越黄海，直趋朝鲜半岛西海岸江华湾沿岸，抵达百济。这条新航路的开辟，对于加强中国与朝鲜半岛以及以此为中介的与日本列岛之间的航海交往，产生了重大影响。

与日本列岛的海上交往，自南朝宋以后，就渐渐稀疏。但南朝宋时，日本往来中国也几乎不再走传统的北路航线。高句丽的阻挠是主要原因。倭国王在刘宋时期致宋顺帝的表文中称，因“句骊无道”，“壅塞天路”，所以日本开往南朝的海船“每致稽滞，以失良风，虽曰进路，或通或不”[2]。也就是说，日本前往中国的传统航路受到了阻断。藤家礼之助认为，因北路受阻，也可能出现了另外一条不经高句丽，直接从朝鲜半岛西岸横渡黄海的新航线。

五六世纪中日之间的航路，可以推断为以下路线：首先抵达朝鲜半岛，循其西岸北上，然后可经过庙岛群岛（庙岛群岛是像脚踏石似的把辽东半岛和山

[1]　《魏书》第106篇。

[2]　《宋书·夷蛮传》。

东半岛联结起来的列岛），到达山东半岛的一角——登州，以后就沿着大陆的海岸南下；或者试冒一些风险，从朝鲜半岛西安的翁津半岛横渡黄海，抵达山东半岛的尖端，然后同样沿着海岸南下，到达遥远的江南地方[1]。

元代马端临的《文献通考》也说，“按倭人自后汉始通中国。……其初通中国也，实自辽东而来，故其迂回如此。至六朝及宋，则多从南道”。这条南道，是从日本的住吉津（今大阪）起航，经濑户内海至九州筑紫、松浦放洋，北经对马、壹岐两岛，至朝鲜半岛西南部的百济，再横渡黄海，沿今山东、江苏海岸进入长江，而达南朝的都城建康[2]。孙光圻在《中国古代航海史》中也持类似观点，认为南北朝时期，中日航线已开通由朝鲜半岛横渡黄海的北路南线。

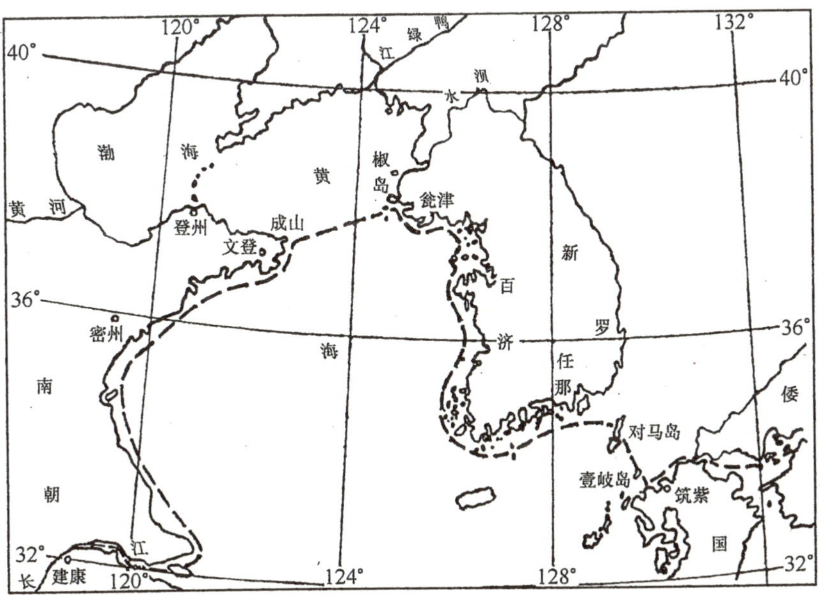

图3.1 南朝中日北路南线航路示意图

然而，横渡黄海所至的山东半岛最东端成山头一带，风高浪急，历代都是古代航行的险难之处。在后世拥有更先进航海技术的唐、宋、元时期，船只仍然经常在成山角一带遇险。根据明人郑若曾的记述，环山东半岛当避开的圈、口、嘴、石等礁石或险道有22处，成山头更是所谓的“绝险”，“然海险莫甚于成山以东白蓬头等处，危礁乱矶，湍流伏沙不可胜纪，非熟识水洪则不敢

[1] 藤家礼之助：《日中交流二千年》，北京大学出版社，1982年版，第63页。
[2] 王育民：《中国历史地理概论·上册》，人民教育出版社，1987年版，第439页。

行”[1]。可见比起传统绕行辽东的航路，横渡黄海的安全系数要低上很多。在后世掌握了更为成熟的航海技术之后，因为南路航线的开辟，这条横渡黄海的航路也并未得到广泛应用。

总而言之，魏晋南北朝期间，在与东夷诸国的交通往来中，山东半岛北部的港口依然是主要的水陆交通枢纽，这是无可置疑的。然而，与南方蓬勃发展的海上贸易相较，北方这种单纯的官方朝贡活动所带来的经济效益和社会影响都是十分有限的，对海港自身的繁荣和发展也助益不大。

东吴：大规模航海的倡导者

南方航海活动的兴盛与东吴的风气带动不无关系。范文澜先生在其《中国通史简编》中称，孙权是大规模航海的倡导者。三国鼎立时期，尽管曹魏也很注重发展海上军事力量，但与东吴的航海规模无法相提并论。东吴堪称是最热爱航海而且坚决身体力行的国家。或许是因为北有魏，西有蜀，东吴只能将对外扩张的野心转向东南的海洋。

在东南沿海地区，孙吴政权设有多处造船基地，如永宁（今浙江温州）附近的横屿船屯，建安（今福建福州）附近的温麻船屯，都是著名的造船基地，为孙吴政权大规模的航海活动提供数量众多的各式船舶。散见于古籍中的船舰名称有长安、飞云、青龙、艨艟、舸舻、舴艋、凌波、掖电、大舡等（含内河用船）。左思《吴都赋》云：“弘舸连舳，巨舰接舻，飞云盖海，制非常模”，可见东吴造船之盛。公元280年，东吴降晋时，西晋所接收的船舰仍多达五千多艘[2]。

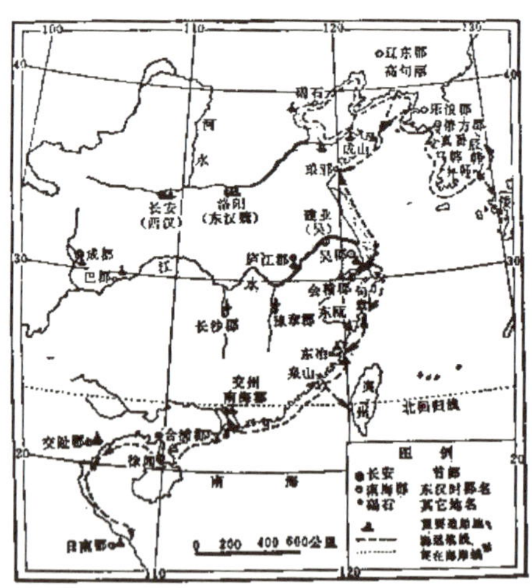

东吴海运示意图

图3.2　东吴海运示意图

东吴船队的航海足迹也遍及大江南北。北上辽东、高句丽，东寻亶州、夷州，南征珠崖、儋耳，以及远航通好南海诸国，东吴的船队常常以万人的规模起航。如公元233年，东

[1]　郑若曾：《郑开阳杂著》卷7。

[2]　《三国志·吴书·孙皓传》。

吴北上交好公孙渊，便派“太常张弥、执金吾许晏、将军贺兵等将兵万人，金宝珍货，九锡备物，乘海授渊”[1]。万人的船队从长江口直航辽东半岛，可惜等待他们的命运却是公孙渊为讨好曹魏政权而实行的埋伏和暗杀。仅有的幸存者误打误撞逃至高句丽，却就此建立了东吴与高句丽的海上往来。公元230年，孙权遣将军卫温、诸葛直率领兵士万人，浮海寻访东冶附近的夷州和亶州。这支万人船队最终越过了台湾海峡，到达夷州（即今台湾），而亶州因“所在绝远，卒不可得至，但得夷州数千人还”[2]。传说中秦代方士徐福带领童年童女数千人入海，求蓬莱神山及仙药，来到亶州，就在这里居留下来，他们的后人还经常到会稽去卖布。不过，亶州究竟在何处，传说纷纭，莫衷一是。有说亶州就是日本的九州，但这种说法与徐福东渡到了日本一样，都缺乏确凿的证据。三国时，孙权显然对寻访传说中的亶州和夷州充满了希冀，然而结果却一无所获，仅带回夷州数千人，所以带队的卫温和诸葛直先以“违诏无功”的罪名被下狱，而后遭处斩。不过，这次远航是大陆与台湾岛之间第一次明确的通航记录，他们在历史上的功绩是不会被抹掉的。

孙吴政权对南海航路的拓展亦有贡献。交趾之乱后，宣化从事朱应、中郎将康泰奉命出使南洋，主要任务是“南宣国化”[3]，但实质上是在汉代印度洋航线基础上进行的一次远洋航路的探索。这次航程历时一二十年，“所经及传闻，则有百数十国”[4]。可见，朱应和康泰的这次远航收获不小。两人在回国后还分别撰写了《扶南异闻志》和《吴时外国传》，可惜后来失传。因为史料残缺，这次远航具体的航程已不可确证，大抵是沿今天的越南、柬埔寨、泰国、缅甸，自东向西，直达印度的恒河口附近。出航的时间也只能根据相关史料给出一个大致的时间段：公元226—231年。

东吴船队的数次大规模航海，不仅在航海史上留下光辉的印迹，从中也折射出孙吴政权对于开拓和探索海洋的强烈自信心和企图心。尽管主要是出于外交和军事目的，但客观上对于航路的开辟、航海技术的提高等都起到了促进作用。

这一时期南方地区的海港，多数仍然名不见经传，主要是为大规模航海提供停泊、修缮和补给等服务。只有南海航路上的几个海港，因为与西南诸国的朝贡交换和商贸活动而逐渐繁荣起来。

[1]　《三国志·吴书·孙权传》。
[2]　《三国志·吴书·孙权传》。
[3]　《三国志·吴书·吕岱传》。
[4]　《梁书·诸夷传》。

广州港的崛起

三国时，番禺回归岭南政治中心的位置。公元210年，孙权派步骘为交州刺史。当步骘来到番禺（广州）时，登高远眺，发现这个原南越都城“负山带海”，地理形势绝佳，而且番禺“斯诚海岛膏腴之地，宜为都邑也”[1]。公元217年，交州州治从苍梧广信迁到了番禺，并重新修筑了尉佗旧治，番禺城又重新回到原南越都城的旧址。

公元226年，孙权因岭南之地过于辽阔，管理不便，于是将原交州一分为二。割南海、苍梧、郁林、高凉四郡立广州，交趾、日南、九真、合浦四郡则为新的交州。广州的命名源自汉代的交州州治，苍梧郡广信。“以其徙自广信，因改交州为广州。此广州之始也”[2]。不过，这时的广州指代的是一个大行政区的范围，而非具体的城市名。

广州（番禺）在成为岭南行政中心的同时，也取代日南、合浦、徐闻等早期港口，成为海外贸易的中心。两晋南北朝以后，在谈及西南诸国的交通距离时，改以广州为参照物，采用“去广州数千里”或“数千里达广州”等表述。其时，前来广州通商贸易的国家有十多个，包括大秦（罗马）、天竺（印度）、师子国（斯里兰卡）、罽宾（克什米尔）、占婆（越南南部）、扶南（柬埔寨）、金邻（泰国）、顿逊（泰国）、狼牙修（泰国）、媻皇（马来西亚）、丹丹（马来西亚）、盘盘（马来西亚）、诃罗单（印度尼西亚）、干陁利（印度尼西亚）、婆利（印度尼西亚）等。输入的商品主要有：香料、象牙、犀角、珠玑、玳瑁、琉璃、苏合、郁金、吉贝等，输出的则以绫、绢、丝、锦为大宗。其中，既有官方的遣使朝贡，顺便“赍杂

图3.3　三国吴交州、广州分治图

[1]　《水经注·泿水注》。
[2]　王范之：《交广春秋》。

物行广州货易”[1]，也有民间商人自发的“久停广州，往来求利”[2]。为此，孙吴政权曾经在岭南采取以奇珍特产代替田户租赋的赋税征收办法，“田户之租赋，裁取供办，贵致远珍名珠、香药、象牙、犀角、玳瑁、珊瑚、琉璃、鹦鹉、翡翠、孔雀奇物，充备宝玩，不必仰其赋入，以益中国”[3]。

六朝时，广州的海外贸易已经颇具规模。据不完全统计，仅六朝时通过广州口岸向中国贡献的国家就有大秦1次，天竺4次，占婆27次，扶南21次，师子国5次，狼牙修3次，槃皇7次，丹丹6次，盘盘9次，诃罗单6次，干陁利5次，婆利3次，合计12个国家共97次[4]。南朝梁萧励为广州刺史时，“岁中数献，军国所需，相继不绝”，以至于梁武帝感叹：“朝廷便是更有广州”[5]。南朝陈欧阳頠就任广州时，也曾经“奉献珍异，前后委积，颇有助于军国焉”[6]。因为广州的对外贸易十分繁荣，珍奇异宝令人垂涎，所以当时的官吏贪污之风甚盛。《晋书·吴隐之传》记载，“广州包山带海，珍异所出，一箧之宝，可资数世，前后刺史多黩货”。《南齐书·王琨传》也说，“世云‘广州刺史但经城门一过，便得三千万’也”。《晋书·吴隐之传》记载，当时都说官吏贪污是因为喝了市郊石门的贪泉水所致，所以吴隐之接任广州刺史，特意去喝了贪泉的水，并赋诗一首以表嘲讽，“古人云此泉，一歃怀千金，试使齐夷饮，终当不易心”。

广州的兴盛与南海航路的变更有关。在汉代开辟的海上丝绸之路中，贸易商船从日南入境，沿海岸线北上至合浦、徐闻。三国以后，由于造船技术的进步，其时的海船趋向大型化。据《南州异物志》所载，“大者长二十余丈，高去水二三丈，望之若阁道，载六七百人，物出万斛”。大的海船可以载六七百人，以及近万斛的货物。按《宋会要》和《明会典》的解释，一斛相当于一石，约120斤。航海技术也较汉代有明显提高。三国时航行于南海的商船已经掌握了风帆驶风技术，速度更快，而且船只载重量加大，使得抗击风浪的能力大大增强。《南州异物志》亦有详细记述：“外徼人随舟大小，或作四帆，前后沓载之。有卢头木，叶如牖形，长丈余，织以为帆。其四帆不正向前，皆使邪移，相聚以取风。风吹后者，激而相射，亦并得风力。若急，则随宜减灭之也。邪张相取风气，而无高危之虑，故行不避迅风激波，

[1] 《南齐书·东南夷传》。
[2] 《高僧传》。
[3] 《三国志·薛综传》。
[4] 王仲荦：《魏晋南北朝史》，上海人民出版社，1979年版，第715—734页。
[5] 《南史·吴平侯景传》。
[6] 《陈书·欧阳頠传》。

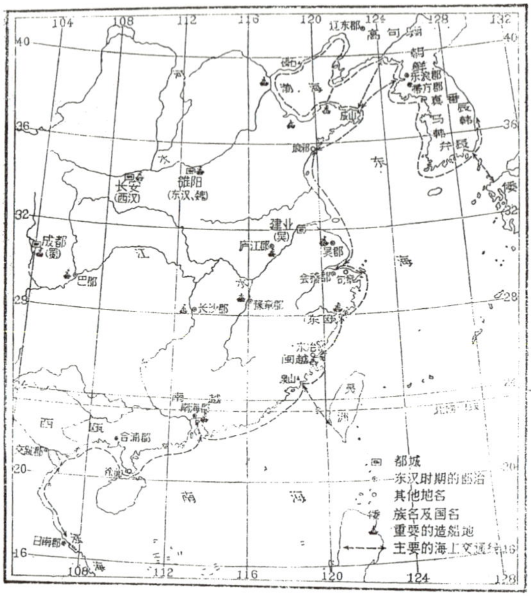

图3.4　两汉及三国时代的海上交通图

安而能疾。”另据东晋法显《佛国记》所载，从耶婆提（爪哇）到广州的海舶，可贮存50天的粮食和给养。所以，三国以后的商船可以不必为躲避风浪和补给粮食去走汉代的沿岸航路；而是可以选择更为合理的路线。从交趾经中南半岛直抵广州的航程，比之先前的合浦、徐闻路线大为缩短。海船在冬季乘偏北风南下，在夏季乘偏南风北上，十分便捷。这是广州取代合浦等港成为南海贸易要冲的主要原因。

其次，秦汉的都城设在长安，后汉虽迁至洛阳，但中原王朝的政治和经济中心总的来说仍然偏西，以富饶的关中平原为中心。因此，汉代的南海航路选择合浦、徐闻为贸易港，与中原内地的交通往来较为方便。魏晋以来，长江流域得到开发，经济文化水平渐渐可以与黄河流域相抗衡。世家大族有不少南渡到了江南，六朝（吴、东晋、宋、齐、梁、陈）都将都城设在了建康（今南京），建康因而成为当时最大最繁荣的都会，吸引来自海外各地的客商前来贸易。《宋书·五行志》称其“贡使商旅，方舟万计”。由于偏安江南，与外域通商的西北陆路交通彻底断绝，所以六朝对海上通商贸易的需求也更加迫切。从地理方位上来说，南海诸国入朝进贡或进行商业贸易，从广州通过珠江水系内运江南，经灵渠道、萌诸岭道、桂阳道、武水道、大庾岭道及海上通道与内地进行商贸活动，比从交趾内运要便捷许多。这是广州崛起为南海贸易要冲的另一个重要原因。

交、广之富与南海交通

广州是南海航路上最繁荣的贸易港，但不是唯一的目的地。交州地处南海与印度洋航线的必经之地，也是海外商船进入中国的第一个口岸，所以交州的首邑龙编是仅次于广州的对外贸易商港。《旧唐书·地理志》记载：“交州都护制诸蛮，其海南诸国大抵在交州南，自汉武以来，朝贡必由交趾之道。”史书记载中论及南海贸易至盛，往往以交、广二州并称，如《南齐书·东南夷传》称：“四方珍怪，莫此为先，藏山隐水，环宝溢目，商舶远届，委输南州，故交、广富实，牣积王府。”同书《州郡志》又说，交、广一带“外接南夷，宝货所出，山海珍怪，莫与为此”。可见交、广二州在南北朝期间都比较繁荣。南朝梁武帝时，由于广州官吏贪污之风甚盛，“外国舶至，多为刺史所侵”，所以广州的对外贸易一度曾十分冷落，海商视广州为畏途，便转而在交趾登陆交易。后来梁武帝派遣廉吏萧励坐镇广州，经萧励着力整肃，广州港又重新开始兴旺起来，前来贸易的商船从“每年舶至不过三数”发展到“岁十余至”[1]。可见，虽然交、广并称，但在南海贸易中，交州的地位略在广州之下。

关于汉代以来的南海贸易，《梁书·诸夷传》有一段系统的记述：

海南诸国，大抵在交州南及西南大海洲上，相去近者三五千里，远者二三万里，其西与西域诸国接。汉元鼎中，遣伏波将军路博德开百越，置日南郡。其徼外诸国，自武帝以来皆朝贡。后汉桓帝世，大秦、天竺皆由此道遣使贡献。及吴孙权时，遣宣化从事朱应、中郎康泰通焉。其所经及传闻，则有百数十国，因立记传。晋代通中国者盖鲜，故不载史官。及宋、齐，至者有十余国，始为之传。自梁革运，其奉正朔，修贡职，航海岁至，逾于前代矣。

自汉武帝开辟南海航路以来，至南朝宋、齐，前来朝贡贸易的国家有十多个。中间只有晋代，与海外的通商贸易比较稀少，所以史册中几乎没有记载。南朝梁时，南海贸易最为兴旺，海外诸国几乎年年都来朝贡，其繁盛远胜于前代。遣使朝贡的实质就是一种官方的贸易形式。马端临在《文献通考》中指出：“岛夷朝贡，不过利于互市赐予，岂真慕义而来？”经济利益的驱动是海外诸国陆续来贡的主要原因。

南朝时，不仅参加贸易往来的国家有所增加，南海至印度洋的海上航路也有所拓展。中国的商船越过了南亚的印度半岛，直抵阿拉伯海和波斯湾，从而直接沟通了东、西亚之间的海上联系。《宋书·夷蛮传》记载，大秦和天竺，与南朝通商贸易，带来翠羽、蛇珠、火布等奇珍异宝，而且往来的商船海舶甚多，既有官方的使节，也有民间的商人。“若夫大秦、天竺、迥出西溟，二汉衔役，特艰斯路，而商货所资，或出交部，汎海陵波，因风远至。又重峻参差，氏众非一，殊名诡号，种别类殊，山琛水宝，由兹自出，通犀翠羽之珍，

[1]　《南史·萧励传》。

蛇珠火布之异，千名万品，并世主之所虚心，故舟舶继路，商使交属。”古代阿拉伯旅行家和历史学家马苏第在其著作《黄金草原与宝石矿》（成书于公元947年）中说，五世纪上半叶，在幼发拉底河的古巴比伦西南的希拉城（阿拉伯古国希拉国的首都），有人看见印度和中国的船只在此停泊。王仲荦《魏晋南北朝史》也引用了阿拉伯人古行记的记载，称“中国的商船，从公元三世纪中叶，开始向西，从广州到达槟榔屿，四世纪到锡兰，五世纪到亚丁，终于在波斯及美索不达米亚独占商权”。这些记载都进一步证实了从广州到波斯湾远洋航线的存在。

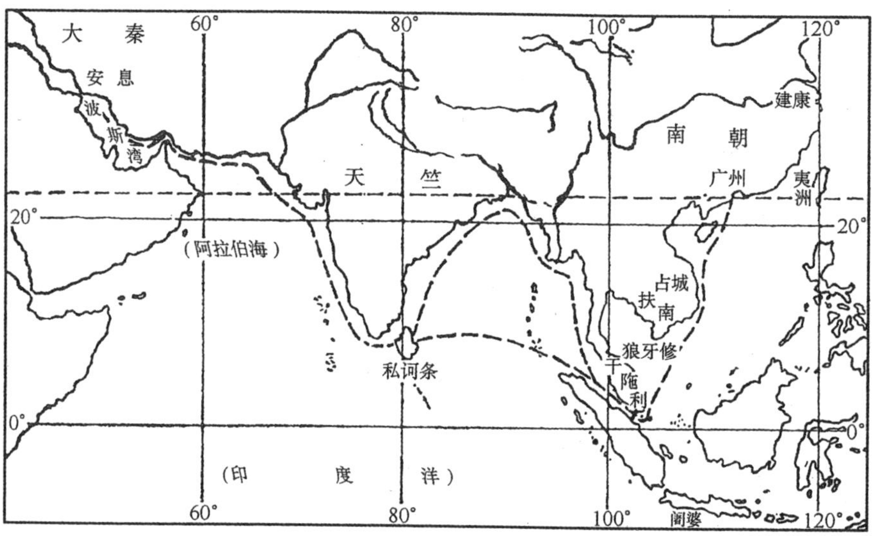

图3.5　南朝广州与波斯湾航路示意图

魏晋南北朝时期的南海交通还有一个显著的特点，即中外僧人的求法或传教活动十分活跃。南北朝是我国佛教盛行的时期。为崇仰佛法，中国的僧人泛海蹈波，远赴海外；东南亚、南亚的僧人也乘搭海船，历尽艰险，在广州或交趾登陆，并辗转来到都城建康传经授法。其中，最著名的就是东晋的法显和尚。法显是历史记载中僧人赴海外求法最早的一位。他从陆路赴天竺求法，又从海路归国。先是“泛海而南行”，到师子国（斯里兰卡），再到耶婆提（爪哇），最后从耶婆提转搭海船赴广州，路上遇飓风，结果被吹到山东半岛登陆。一路上历尽艰辛，归国后法显就撰写了一部《法显传》（又称《佛国记》）。这是我国历史上第一部关于远洋航行的纪实性文献，其中就记载了中国的广州与东南亚的耶婆提、南亚的师子国、中亚的多摩梨国，都是当时印度洋航线上主要的通航和通商口岸。法显之后，陆续有中外僧人往来南海之间，多是在广州登陆或出发。如禅宗之开山鼻祖菩提达摩，至今广州仍留有达摩祖师的登陆遗迹——西来初地；还有一位大师是昙摩耶舍，他所建立的王国寺就是今广州光孝寺的前身。

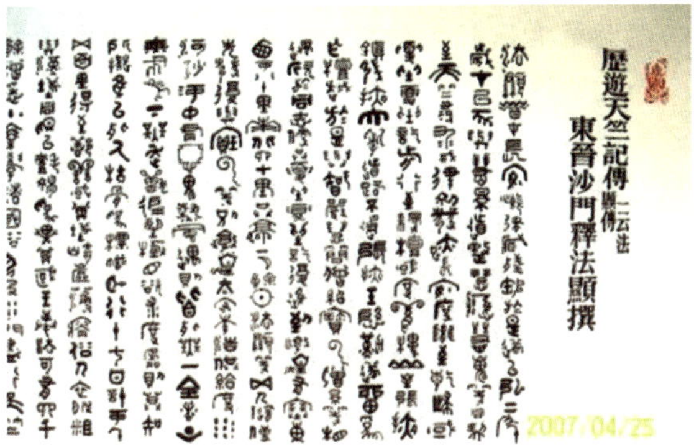

图3.6 法显的《佛国记》长卷

除了南海航路上的交、广二州外，福建的梁安郡和晋安郡也是可以直通南洋的港口之一。《续高僧传》记载，西天竺僧拘那陁罗曾于晋安郡“欲泛海至棱伽修”（即狼牙修，今马来一带），又曾于梁安郡“更装大舶，欲返西国”，说明福建沿海的港口可能也已经开辟了南海至印度洋的贸易航线。

此外，作为六朝的都城，建康既是当时最繁华的都会，也是最大的港埠。建康城中的秦淮河远比今日深广，外能接大江，内可以连青溪、运渎，南通破冈渎，载重500担的船只可以终年通航。所以建康城的水运四通八达，秦淮河两岸帆樯辐辏，商贾云集。左思《吴都赋》称其：“水浮陆行，方舟结驷，唱棹转毂，昧旦永日”。散布在秦淮河北岸的有大市和小市十多处[1]，商贸兴隆，其中就有来自越南、柬埔寨、印度、斯里兰卡等国的象牙、犀角、珍珠、玛瑙等海外珍货。然而，建康不是实质意义上的海港。它是以发达的内河交通为主，不过当时的海船也可以沿长江上驶，直抵建康城下，如《北齐书·魏收传》记载，建康有昆仑舶，颇多奇货。昆仑舶是行驶在南海上的一种船只，主要是东南亚国家使用。

简而言之，魏晋南北朝时，北方的海路交通以山东半岛北部的登、莱为重，主要涉及东夷诸国的交通往来；南方的海港则以交、广二州为盛，尤以广州为南海贸易之要冲。建康作为六朝都城，中外客商云集，商货汇聚，也可以视为南海贸易航线的一个延长点。

[1] 王仲荦：《魏晋南北朝史》，上海人民出版社，1979年版，第489页。

图片来源：

[1]孙光圻：《中国古代航海史》，海洋出版社，2007年版，第171页。

[2]http://digitalmuseum.zju.edu.cn/upload/image/goodimg/%E4%B8%8A%E6%B5%B7%E4%BA%A4%E9%80%9A%E5%A4%A7%E5%AD%A6%E8%88%B9%E8%88%B6%E6%95%B0%E5%AD%97%E5%8D%9A%E7%89%A9%E9%A6%86/%E5%9B%BE%E7%89%87/437-1.jpg，2013年6月3日访问。

[3]广州博物馆编：《广州历史文化图册》，广东人民出版社，1996年版，第52页。

[4]章巽：《我国古代的海上交通》，商务印书馆，1986年版，第17页。

[5]孙光圻：《中国古代航海史》，海洋出版社，2005年版，第174页。

[6]http://e.hiphotos.baidu.com/baike/pic/item/060828381f30e9244482b63b4c086e061d95f792.jpg，2013年6月1日访问。

第四章

隋唐五代（公元581—960年）：大航海时代的到来

大唐盛世的华丽史诗，如果以隋为前奏，那么五代就是终曲时的一缕尾音。隋朝仅存在了38年，却是一个承前启后的时代。它结束了南北分裂的混乱局面，重新建立起大一统的政权。正如费正清在《中国：传统与变迁》中所说："在隋文帝和隋炀帝的统治下，中国又迎来了第二个辉煌的帝国时期。大一统的政权在中国重新建立起来，长城重新得到修缮，政府开凿了大运河（这为后来几百年间的繁华提供了可能），建造了宏伟的宫殿，中华帝国终于得以重振雄风。"然而，隋的短暂存在，似乎仅仅是为了替唐王朝的统治扫清道路，奠定基础，然后大唐盛世就开始从容不迫地徐徐展开，前后维持了近300年的时间。那是中国历史上一个开放和鼎盛的时代。大唐的声势和威名远播，或许仍可从今日的东亚文化圈以及遍及世界各地的"唐人街"，领略一分遐想。

大运河和隋代的航海

大运河可说是隋朝泽被后世的最大功绩。隋代开凿南北大运河，尽管在当时是一件十分劳民伤财的事情，但对于后世的经济、文化、交通甚至城市发展，都产生了极其深远的影响。它连通了海河、黄河、淮河、长江和钱塘江五大水系，改变了传统以来的水运格局，并将黄河流域和长江流域两大文明联结为一个整体。全汉升在《唐宋帝国与运河》中评价大运河："在此后的六百年间变成唐宋帝国的大动脉，这一条动脉的畅通与停滞，足以决定唐宋帝国的盛衰隆替，其关系的密切简直有如真正的动脉之于身体那样。"古人对此亦早有中肯的认识。唐代诗人皮日休在其《汴河怀古》中表示："尽道隋亡为此河，至今千里赖通波。若无水殿龙舟事，共禹论功不较多。"

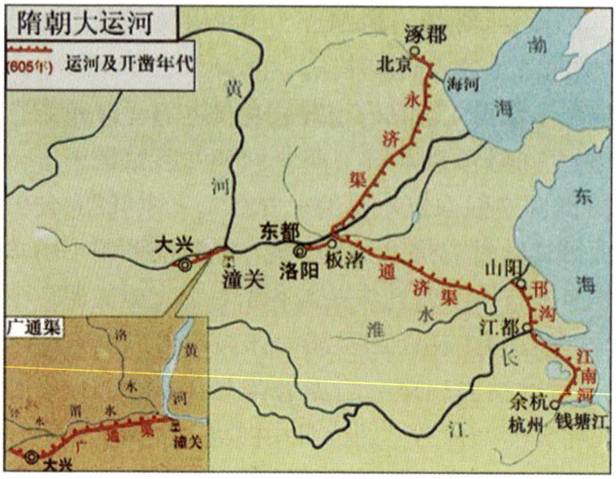

图4.1　隋代大运河

大运河的开通，对于唐代繁荣的海外贸易亦有重要影响。水运是古代最主要也是最便捷的交通运输方式。中国的丝绸、瓷器等物资源源不断地从各个出产地运到临海的对外贸易港口，再远销海外；同样，海外的舶来品也需要方便快捷的交通手段，从登陆的海港转运到可以通商贸易的全国各个地区。考虑到古代运力的低下，这一切都离不开内河航运的支持。隋代开凿的大运河沟通并联结了南北地区，对于集中于大陆南端的南海贸易来说，无疑是提升商品流通便捷性以及与中原内地交通往来的最佳方式。再者，大运河的开通，在某种程度上也左右了唐代的海港分布格局。若要成为重要的海港，不仅依赖于优越的地理位置和自然条件，更重要的是广阔的经济腹地的支持。内河航运是否便利以及通达性如何，对于港口腹地范围的计算无疑是十分重要的因素。皮日休曾说，大运河“北通涿郡之渔商，南运江都之转输，其为利也博哉”，江都就是今日的扬州，在唐代有海潮可通，也是南北大运河沿线最重要的水陆转运枢纽。就海港史而言，南北大运河最直接的影响大概就是造就了唐代最繁华的港口城市——扬州。

隋代在海运方面亦有所贡献。历史上对于隋炀帝的评价毁誉参半，有人说他好大喜功，但其实从褒义的方面也可以说成抱负远大。或许就是出于这样一种不安分的性格，在其短短14年任期内，隋炀帝确实做了不少轰轰烈烈的事情。仅以航海而言，向东，征伐高丽；向南，近则出兵流求，远则遣使南洋。秦汉以来的海外交通和联系，隋代几乎都有所涉及。

隋开皇十八年（公元598年），因高丽骑兵侵扰辽西，隋文帝派兵分水陆两路征讨高丽。可惜运气不佳，陆路大军粮草不继，水路大军从山东的东莱出航，横渡黄海，结果遇上大风，船多飘没。所以高丽方面遣使求和，隋文帝即宣告撤兵，结束征讨。不过这次行动证明，横渡黄海的航路，即使在隋代仍然风险很大。

隋炀帝登基以后，仍念念不忘收复辽东故土，认为高丽“周代以之封箕子，汉世分为三郡，晋世亦统辽东，今乃不臣别为外域”[1]，似乎令人十分不爽，于是在大业八年（公元612年），大业九年（公元613年），大业十年（公元614年）三次兴兵，东征高丽。尽管因为早期战略失当、后期国内动乱等各种原因不得不撤兵，最终征讨无果，但其过程比结果更加意义重大。这三次征讨行动，都算得上是历史上大规模的航海事件。特别是大业八年（公元612年）的第一次征讨，隋炀帝御驾亲征，统帅百万大军，史称“旌旗亘千里，近古出师之盛，未之有也”[2]。进攻高丽的海路起点，依然是山东半岛的东莱郡，可见东莱北控辽东、东扼岛夷的军事地位确实无可替代。需要说明的是，隋代的东莱郡涵盖了登州和莱州两大港口。直到唐武则天时期，登州和莱州的行政建置才划分开来。

图4.2　隋代五牙战舰

隋朝与日本的交往则是一条互通友好的和平主线。其时，日本正处于政治改革时期，对中华文明十分钦慕，“万事悉仿效之心”[3]，所以很想与中国建立睦邻友好关系，并加以效仿和学习。从开皇二十年（公元600年）到大业十年（公元614年），隋日之间五度遣使互访。日本的遣隋使可以说是后来规模庞大的遣唐使的开端。除了正式的使节，日本的遣隋使团已经有学问僧、留学生等随行前往，目的自然是为了学习中国的优秀文化。

隋炀帝时期，与台湾的联系也再次受到关注。自从三国东吴派兵寻访到夷州之后，大陆与台湾之间的往来似乎就不再见于史册。隋炀帝时期，台湾已经改称流求。大业三年（公元607年）、大业四年（公元608年）、大业六年（公元610年），隋炀帝三次派兵出访流求。最先以慰抚的名义进行招降，但流求表示不从，于是隋炀帝在公元610年派遣贲郎将陈稜与朝请大夫张镇州，发东阳兵万余人，自广东的义安泛海攻打流求，最后“击流求破之。献俘万七千口”[4]。隋炀帝在历史上是一个被打入另册的异类皇帝，其出兵流求的缘由和目的何在，或许因为史书记载不详，着实令人有些莫名其妙。如果仅仅是“求访异俗”，似乎理由不够充分。最后一次泛海攻打流求，出动了水师万余，前

[1]　《隋书·炀帝纪》。
[2]　《隋书·炀帝纪》。
[3]　本居宣长：《驭戎慨言》。
[4]　《隋书·炀帝纪》。

后共费时月余，称得上是一次规模盛大的航海活动。因为当时闽南地区尚未开发，所以大军从广东的义安郡（今潮州）出航，证明隋代的潮州已经是一个新兴的港口。

隋代是主张对外开放政策的先行者，与海南诸国的交往也很多。今越南、柬埔寨、马来、印度尼西亚一带的国家，如林邑、真腊、婆利、丹丹、盘盘等，都与隋建立了航海朝贡关系。隋炀帝也多次派出船队，出访南洋。最著名的就是与赤土国建立了联系。据考证，赤土国约在今马来半岛的南部。《隋书·南蛮传》记载，因为当地“土色多赤”，所以才有赤土国的名称。赤土国在南海大约是“水行百余日”的航程。隋炀帝即位，“募能通绝域者”，大业三年（公元607年），“屯田主事常骏、虞部主事王君政等请使赤土”[1]，这次重要的出访，是从南海郡（广州）起航。在隋朝短短10多年的航海史上，广州仍然有机会亮了一下相。

大唐的海上贸易和文化交流

代隋而起的大唐盛世，国力强盛，四海归服，尤其是唐前期的贞观之治和开元盛世，政通人和，经济繁荣，社会安定，把唐王朝带向一个前所未有的高度。唐太宗《正日临朝》诗云：“百蛮奉遐赆，万国朝未央”。《新唐书》也说，“蛮琛夷宝，踵相逮于廷”。无论是物质文明还是精神文明，大唐盛世所展现的，都是光辉灿烂、无与伦比的一面。因此，来自海外各国的使者、商人、留学生、学问僧等络绎不绝地来到中华上国，开展频密的经贸往来，学习先进的文化和政治典章制度，从而在中国航海史上掀开波澜壮阔的一页。

范文澜先生总结说，“自隋唐时起，航海技术进步，海上贸易比陆上贸易更加有利，增加了中国与外国的交换关系”，这是“支持隋唐以来社会经济上升”[2]的主要条件之一。尤其是唐中叶以后，由于吐蕃的崛起以及安史之乱，通往西域的陆上丝绸之路被阻断，于是南方的海上丝绸之路就愈发重要起来。可以说，大唐帝国的繁荣促成了辉煌的大航海事业，而发达的海上贸易也进一步成就了唐王朝的强盛，两者是相辅相成的关系。

大唐的海外交通，以南海贸易为主线。从唐代起，南海贸易的税收已经是国家财政的重要一环。当时，与唐王朝有朝贡或贸易往来的国家有20多个，包

[1] 《隋书·南蛮传》。

[2] 范文澜：《中国历史上的一些问题》，《中国科学院历史研究所第三所集刊》第1辑，1954年版，第10页。

括林邑、真腊、丹丹、盘盘、堕和罗、赤土、骠国、室利佛逝、堕婆登、诃陵、波斯、大食、婆利、印度、罽宾、师子国、大秦等国，涵盖了东南亚、南亚、阿拉伯等地区。这条南海贸易航线被称为“广州通海夷道”，由贾耽的记载传承至今。贾耽是唐贞元时期（公元785—804年）的宰相，也是一位著名的地理学家。他绘有《海内华夷图》等地图多种，又著有《古今郡国县道四夷述》《皇华四达记》等地理书，可惜原本均已失传。《新唐书·地理志》附载了贾耽所记述的唐代交通四邻的七条主要通道，是今人研究唐代对外交通的主要参考依据。这七条通道包括五条陆上通道和两条海上通道。两条海上通道之一就是大名鼎鼎的“广州通海夷道”，另一条则是北方联系朝鲜半岛和日本列岛的“登州入高丽渤海道”。

贾耽对广州通海夷道的记载甚详，全文较长，在此不赘述。简而言之，这条南海贸易航线就是从广州起航，经越南东海岸，通过新加坡海峡至苏门答腊岛；由此东南往爪哇，西北出马六甲海峡，横越印度洋抵斯里兰卡和印度半岛西端；再沿印度西海岸至波斯湾的奥波拉港和巴士拉港；换乘小船，沿幼发拉底河溯流而上，抵达今巴格达；或者也可以沿阿拉伯半岛南岸西航，经红海抵东非海岸。这条“广州通海夷道”，全程历经30多个国家和地区，直到16世纪之前，都是世界上最长的一条远洋航线。足见当时大唐帝国的航海实力十分强盛。沿着这条象征着财富的航线，无数的外国商船接踵而来，与唐王朝进行各种通商贸易。据统计，当时行驶在南海上的形形色色的船舶就有南海舶、番

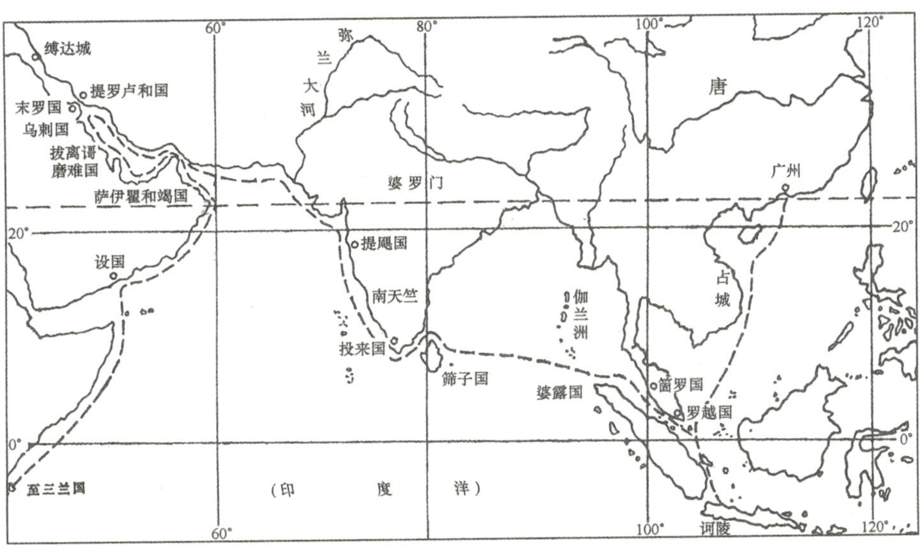

图4.3　贾耽记“广州通海夷道”航路示意图

舶、西南夷舶、波斯舶、师子国舶、昆仑舶、昆仑乘舶、西域舶、蛮舶、海道舶、南海番舶、婆罗门舶等十二种[1]。

因为南海贸易的兴盛，南方的港口得到迅速发展，地位也愈发重要。尽管唐代对外经济和文化交流从南到北普遍都很繁荣，大大小小的海港如雨后春笋般崭露头角，北方的海港也开始兴旺起来，但总的来说，南北方的差异仍然越来越大。王洸在《中国航业史》中说，“唐代的航海及互市，以南海方面最有意义，盛况空前……往来南海的商船，由波斯湾发航，经印度、锡兰、马来半岛、苏门答腊、海南岛，而至中国各港口，如交州、广州、明州、扬州、密州等处，而以交州、广州、扬州为最繁荣，番商胡贾麕集”[2]。阿拉伯地理学家伊本·胡尔达兹比（Ibn·khurdadabih）在其所著的《道程与郡国志》中也记载了他对中国贸易港的印象。根据日本学者桑原骘藏的考证，伊本在书中所述的唐代主要海港分别是交州、广州、泉州和扬州四处[3]。顺序是按照进入中国的路程远近排列。海外商船最先到达的是交州的龙编，从交州向北航行四日到广州，从广州航行八日到泉州，从泉州航行六日到扬州。今人在提及唐代贸易港时，多采用伊本的说法，将交州、广州、泉州、扬州并称唐代四大名港。王洸的说法则少了泉州一处。实际上，泉州在唐代的地位一直都备受质疑。伊本所指的四大海港，因为语言差异以及古称辨识的问题，也存在争议，尤其是泉州之说。不过，四大港口也好，三大港口也好，很明显这些港口都在南方地区，而且都与南海贸易息息相关。

南方的海港，除了这几个著名的大港之外，还有潮州、福州、温州、明州以及苏州的松江，也都是当时沿海的贸易港和海上航行的港口[4]。福州即秦汉时的东冶，春秋战国时就是一个古老的港口。汉代是交趾七郡向中原“贡献转运”的海上交通枢纽港。唐代福州是福建观察使所在地，相当于现在全省的政治中心。一般认为，当时福州的航海地位应在泉州港之上。需要注意的是，唐代的泉州在不同时期有不同的涵盖范围。唐代初期，设泉州，州治在福州市，辖区包括今福建全境。景云二年（公元711年），“改旧泉州为闽州，即福州也；以武荣州为泉州，今泉州也，属闽州都督府”[5]。所以说唐代的泉州有前后时间之分，前泉州指的是福州，后泉州才指代了后世闻名的泉州港。大和八年（公元834年），唐文宗诏谕广东、福建及扬州“其岭南、福建及扬州蕃

[1] 邓端本：《广州港史·古代部分》，海洋出版社，1986年版，第49页。
[2] 王洸：《中国航业史》，台湾商务印书馆，1971年版，第18页。
[3] 桑原骘藏《唐宋贸易港研究》，商务印书馆，1935年版。
[4] 桑原骘藏：《蒲寿庚考》，中华书局，1929年版，第4页。
[5] 《旧唐书·地理志》。

客，宜委节度观察使常加存问”，这里所说的福建，当指的是福州，因为福建节度使和观察使都设在福州。由此可见，福州在唐代应是一处较大的港口。

除了南海贸易航线之外，隋唐的海外交通还有两条主线：一是对朝鲜半岛的交通；二是对日本列岛的交通。与前代有所不同的是，唐代的中朝和中日交通已经有所分异，不再合走同一条航路。唐中叶，朝鲜半岛南部的新罗统一了全岛，所以与朝鲜半岛的往来通常指代与新罗的交往。新罗与日本的关系恶劣，导致日本通过朝鲜半岛前往中国的航道受到阻碍，因而在唐代，中日之间开辟了所谓的“南路”航线，即从日本直航江浙沿海。明州（今宁波）和扬州都是当时主要的对日港口。温州和台州等也时有少量中日船只出入。

北方与新罗的海上通道，仍然需要绕行辽东半岛或横渡黄海，在山东半岛登陆或者沿山东半岛南下。因此，山东半岛北部的登、莱二州依然是北方主要的对外港口。由于隋唐时期从新罗前往中国学习或经商的人员非常多，所以除了登、莱二港之外，山东半岛南部的密州（今青岛一带）、江苏北部的楚州（今江苏淮安）、海州（今连云港）也都是新罗人来华登陆的停泊口岸。

这一时期，或许是历史上中日和中朝之间关系最密切、来往最频密的时代。日本和朝鲜向中国的单方面人口流动，是唐代中日和中朝交往最显著的特征。在历史的前期，中国和朝鲜、日本的交往以官方的朝贡活动为主，在历史的后期，这种交往多以经济贸易为目的。唯有唐代，除了政治外交和通商贸易之外，中日和中朝之间的往来还以学习和文化交流为主，如著名的日本官方遣唐使、新罗的留学生，以及以日本的圆仁和尚和中国的鉴真和尚为代表的大量僧人。因倾慕中华文明而来的日本人和新罗人，学成归国的不少，留在中华定

图4.4　日本第一次遣唐使船

居甚至做官的也大有人在。

同样，在南海贸易往来中，留在中国定居、经商、传教的波斯人、大食人也有很多。据《世界回教史》记载，“唐天授间，泉州、广州、扬州并称为我国南方三大贸易港，与中东交易频繁，阿拉伯人侨居上述三港，数以万计”。唐代政府对外国商人十分宽容，允许他们在中国自由贸易或开铺经营，即使在唐都长安，也有大量的蕃商、胡商前往开店并长期居留。唐太宗、唐高宗时，粟特、波斯和大食商人在长安者，“浮寄流寓，不可胜数”[1]，由此可见唐代的开放和商业贸易之盛。王国维的《咏史》一诗描绘了当时的盛况：南海商船来大食，西京祆寺建波斯。远人尽有如归乐，知是唐家全盛时。

与海外贸易带来的巨大财富和深远影响相比，近海交通微小得近乎可以忽略，但却并非不存在。在东南沿海，由于南海贸易的关系，扬州、福州、泉州、广州、交州等主要的海港之间一直都有定期的商船往来。刘恂《岭表录异》记载，“每岁，广州常发铜船过安南贸易”。安南都护府设在交趾，所以安南一般指代了交州。另据《唐会要》所记，咸通三年（公元862年），交趾发生战乱，大军南下平叛，军粮供应由内河水道运输太过缓慢，于是润州人陈磻石提议海运，并举例说他的家人曾经乘船到福建，当时往来的海船一艘可装千石，从福建到广州也不需一月，证明福建与广州之间已有不少商船往来。

北方的近海交通，不能不提的是唐代的漕粮海运。漕粮海运始自秦汉，然则大规模的海运应是从唐代开始。唐代的海运前后也持续了100多年，虽然不及后世元代的海运那么有名，但也称得上是继往开来，开南北大规模海运之先声。唐代的漕粮海运主要是为了给北方驻军提供后勤供给。为了抵御北方的契丹等游牧民族，唐代在幽燕之地（今京、津一带）驻有重兵，仅幽州（今北京）和渔阳（今天津蓟县）就有驻兵近10万人。为了确保充足的粮草供应，唐王朝需要从富裕的黄河流域和长江流域调集粮食和布帛。仅仅靠南北大运河的运力还不够，所以南北漕运也动用了海船运输。唐代典籍记载，“共差水手五千四百人，三千四百人海运，两千人平河，二年交替”[2]，海运占水手总数的63%，可见规模不小。唐代大诗人杜甫有两首诗歌提及了唐代的漕粮海运。一首是“幽燕盛用武，供给亦劳哉。吴门转粟帛，泛海凌蓬莱”；另一首是“渔阳豪侠地，击鼓吹笙竽。云帆转辽海，粳稻来东吴”。这两首诗大致说明了漕运是从江南出发，经山东半岛的蓬莱（登州），转运至幽燕边防重地。登、莱二港又一次在军事运输中体现了其重要的价值。

[1] 《长安志》卷10。
[2] 《唐会要》卷78。

关于唐代漕粮海运的路线，明人曾经做过简明扼要的总结："（唐）海运自江南出境，放洋而东也。绕成山之外，将至朝鲜乃折而西北，过辽东北折而西，始至直沽"[1]。直沽即今天津，这是天津港在历史上的第一次亮相。从江南运到幽燕地区的大批军粮在直沽储存转运。不过，唐代的直沽还只是一个不出名的小港，叫做军粮城，因其地处"三会海口"（永济、滹沱、路河三水系交汇处），位置绝佳而被选中，成为唐代漕粮转运的中转站。元代定都大都（北京），并实行大规模漕粮海运之后，直沽作为京畿门户和海运的终点再次受到瞩目，城市和港口的规模都逐渐发展了起来。

隋唐期间，中国曾经与高丽、百济、日本等多次发生战争。隋唐政府先后10多次大规模用兵朝鲜半岛，最后唐王朝灭亡了高丽和百济，唐高宗总章元年（公元668年）在原高丽旧地设置安东都护府，治所在平壤。上元三年（公元676年）因为新罗扰边，安东都护府治所迁往辽东郡故城（今辽阳）。龙朔三年（公元663年），唐军（战船约120艘）与倭军（战船约400艘）在朝鲜半岛的白江口进行海战，唐军获得白江口大捷，重创了日人的信心，由此也引发日本向中国全面学习政治、经济、文化制度的热潮，形成所谓的"唐风文化时代"。这几次大规模的东征，都是以山东半岛的登、莱为中心，造船、运兵、运粮，集结军队和各路后勤物资保障。或许是"东扼岛夷，北控辽左"的地理位置决定了登、莱二港的军事性质，导致这两个古老的港口在历史上始终以军事运输为主，商贸活动色彩则十分薄弱。与此形成鲜明对比的是，南方的海港尽得市舶之利，并因港兴市，如广州、扬州，一时繁华无两，成为全国知名的商业都会。

大繁荣大发展的主因

唐代海外贸易之盛，对外文化传播之深远，都在历史上创造了一个前所未有甚至在某些方面绝无仅有的高度。究其原因，首先自然是与国力的强盛有关。尤其是前期的贞观之治和开元盛世，为大唐帝国打下一个坚实的基础。政治昌明，经济繁荣，社会安定，文化昌盛，这些因素加诸一起就构成了大唐帝国强大的实力和后盾。

经济繁荣是国力强盛的基础和根本。开元盛世时，"河清海晏，物殷俗阜"[2]，人口增长是隋代的两倍。杜甫有一首诗描述了唐代的盛世景象："忆

[1] 《万延寿馆文集》，书《明史》胶莱河后。
[2] 郑启：《开天传信记》。

昔开元全盛日，小邑犹藏万家室。稻米流脂粟米白，公私仓廪俱丰实。”在“仓廪丰实”的基础上，唐代的手工艺水平也有明显提高。其中，丝绸和瓷器的生产工艺尤为高超。唐代的丝织品号称“天上取样人间织”，当时的江南和四川都是纺织业的中心。制瓷业在唐代也处于繁荣发展的时期。全国分布有七大瓷器产地，包括北方的邢州和寿州，南方的越州、鼎州、婺州、岳州和洪州。其技艺之精湛，堪称巧夺天工，譬如著名的唐三彩。李肇在《唐国史补》中形容说，唐代的瓷器“青如天，明如镜，薄如纸，音如磬”。苏莱曼在《中国印度见闻录》（成书于公元851年，又名《苏莱曼东游记》）中也赞美唐代的瓷器“晶莹的如同玻璃杯一样，尽管是瓷碗，但隔着碗可以看见碗里的水”。

图4.5　三彩仕女

唐代的造船业已经相当发达。山东的登州、莱州，江苏的扬州、苏州，浙江的杭州、绍兴，福建的福州、泉州，以及广州、交州等，都以造船业著称。唐太宗征伐高丽时，一次就发江南十二州的工匠造大海船数百艘。《旧唐书》描述唐代舟船之盛，称“且如天下诸津，舟航所聚，旁通巴汉，前指闽越，七泽十薮，三江五湖，控引河洛，兼包淮海。弘舸巨舰，千舳万艘，交贸往还，昧旦永日”。我国古代主要使用的船只类型，如沙船、福船、广船等，在唐代都已成形。当时的造船工艺也达到相当高的水准，如广州造船基地能够制造长二十丈、载六七百人的“苍舶”。唐代海船以船身高大、结构坚固、抵御风浪能力强见长。中国的船员也以擅长驾驶和善于利用信风而驰名。《中国印度见闻录》记载，中国船特别巨大，能抵御波斯湾的惊涛骇浪。不过，正是由于船身庞大，吃水深，所以中国船在波斯湾内只能航行到西拉夫（Siraf）港，再往西只能用阿拉巴的小船转运货物。又说，在印度的故临（Kulan）国，有一军事哨所向过往商船提供淡水并征收关税。其他船仅交纳10～20个迪纳尔，中国船则需交纳1000个迪尔汗。据考证，1000个迪尔汗相当于50个迪纳尔。这条轶闻证实，中国海船较他国海船的载重量要大上数倍。因为中国的海船高大，安全度高，所以“唐末五代间，阿刺伯商人东航者，皆乘中国船”[1]。《中国印度见闻录》的法文译者索瓦杰也充分肯定唐舶在印度洋航业的称雄地位。他在绪言中指出：“应该承认，中国人在开导阿拉伯人远东航行的贡献。波斯湾的商人乘坐中国的大船才能完成他们头几次越过中国南海的航行。”苏继颀在《岛夷志略校释》中也说：“波斯在东方之商贾实力渐充，乃向中国舶商租赁或迳向中国造船厂定造泛海巨舶。”朝鲜、日本和东南亚人都喜欢搭乘中国的海船。唐代后期放开民间对日贸易之后，中国和日本之间的海船绝大多数都是中国船。即使是日本制造的海船，造船技师和水手也多是中国人。因为中国制造的海船坚固结实，日本海舶的质量无法与之相提并论。日本的圆仁和尚在《入唐求法巡礼行记》中记述，当时他从日本来华，其乘坐的日本海船在扬州附近触礁，结果“船将中绝，迁走舳舻，各觅全处”，幸好搭上一条小舢板才得以顺利登陆。日本的官方史书《续日本纪》中也有不少类似描述，如“船海中断，舳舻各分……拖折棚落，潮溢人溺”等。

在经济繁荣的基础上，唐代也发展出灿烂辉煌的文化。诗文、绘画、书法、建筑、医学、天文历法等，都流播海外，广为世人传诵、仿效和学习。新罗和日本受唐文化的影响最深。唐朝的丝绸、茶叶、书籍、手工技艺和雕版印刷术等，大量输出新罗；新罗立国，参用唐朝制度，还设立国学，教授儒学，很多新罗人喜读唐诗，还会写唐诗。新罗的姓氏、服饰、节令、风俗等方面，也都具有浓重的中华文化色彩。日本文字的发明，是遣唐使输入盛唐文明的一项重要成果。大约在遣唐使来华末期，日本文字即完成了从汉化（万叶假名）—片假名—日本化的历程。日本还参考隋唐的政治制度，进行了大化改新；学校教授儒学，考试内容就是中国的儒家经典；遣唐使、学问僧、留学生等在中国学习经史、法律及技艺，并将唐朝先

图4.6　敦煌壁画中的唐代海船

[1]　桑原骘藏：《蒲寿庚考》，中华书局，1929年版，第92页。

进的生产技术、天文历法、医学、数学、建筑、雕版印刷术等带回日本，从而奠定了建立在唐文化基础上的日本文化的雏形。

唐代海外贸易的繁荣，也与开放的国策有关。开放，似乎是大唐王朝留给世人印象最深刻的一种特质。历史上任何一个朝代，或许都不具备像唐朝这样广纳百川的胸怀和气魄。唐代政府对于前来通商贸易的外国商人，采取宽容和开放的政策，允许外国商人在大唐境内自由经商贸易，“任蕃商列肆而市，交通夷夏”[1]。“外国商人可以毫无限制地深入中国内地，他们经常出现在通都大邑，也经常出现在穷乡僻壤，他们足迹遍天下，不管在内地多么偏僻的山村野店，也可以遇到有通行的商胡”[2]。尽管为了防范境外的突厥、吐蕃等族的入侵，唐代对于西北地区的物资外流严加控制，但对于不存在安全问题的南海贸易，则是大加鼓励和慰问。如唐文宗大和八年（公元834年），针对市舶课税问题，皇帝专门颁布上谕，称“南海蕃舶，本以慕化而来，故在结以仁恩，使其感悦”，但因为地方官吏的征索无度，导致蕃商一片“怨嗟之声”，唐文宗“深虑远人未安，率税犹重”，所以指示在岭南、福建、扬州等蕃商比较集中的地方，当地的节度使、观察使应常加存问，“除舶脚、收市、进奉（官方规定的进港手续）外，任其往来通流，自为交易，不得重加率税”[3]。因为南海贸易中最大的港口广州，贪索之风屡禁不止，严重打击海外贸易的积极性，唐玄宗时期还对岭南吏治进行严厉的整肃，在短时期内出现了“遐方之地，贪吏敛迹……中使市舶，亦不干法”[4]的良好局面。

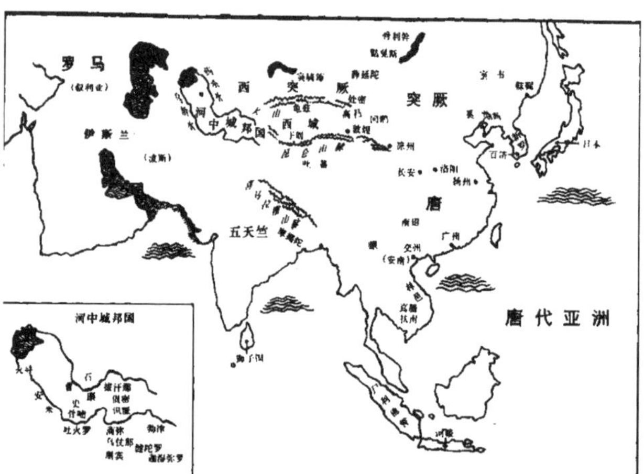

图4.7　唐代亚洲示意图

此外，巧合的是，与大唐帝国几乎同时崛起，在西方出现了一个横贯亚、欧、非的古阿拉伯帝国（古称大食）。大唐和大食是当

[1]　《全唐文》卷515。

[2]　傅助夫：《中国封建社会经济史》第四卷，人民出版社，1986年版，第460页。

[3]　《唐大诏令集》卷10。

[4]　《旧唐书》卷98。

时东西方最繁荣富强的两个国家。两个大国之间的贸易交往，对双方都是互惠互利。阿拉伯人素习航海，曾控制印度洋、红海、地中海的海上霸权长达数百年；大唐的通海夷道，也可以直达波斯湾，并延伸到东非各地。自唐永徽二年（公元651年），阿拉伯第三任哈里发奥斯曼首次派使者入唐起，直到贞元十四年（公元798年），凡148年间，仅新旧《唐书》的记载，阿拉伯对中国正式派遣的使者就达37次之多[1]。民间贸易的商船更加不可胜数。除了中国的丝绸、瓷器、茶叶、铁器等远销至亚非各国，四大发明之一的造纸术也在此时经由阿拉伯人传入西方，结束了他们用羊皮和纸草记录文字的历史。在阿拉伯帝国的首府巴格达，出现了专营唐朝商品的“中国市场”；在中国的东南贸易港，也出现了外国商人聚居的“蕃坊”。据桑原骘藏《波斯湾与东洋贸易港》的考证，9世纪中叶，大约有几万阿拉伯商人不绝往来于阿拉伯与中国。波斯湾著名的西拉夫港，就是在与大唐的贸易中逐步繁荣发展起来。可以说，正是东西两大帝国的海上交往，成就了西太平洋和印度洋航运史上的辉煌一章。

五代的割据小国及其海港

五代十国是一个十分混乱的割据时代，也可以说是夹杂在大唐帝国与大宋王朝之间的一段破碎的历史。与魏晋南北朝时期的格局类似的是，北方依然征战不休，政权更迭频繁，从后梁、后唐、后晋、后汉到后周，每个政权的统治长则不过十几年，短的只有几年。宋代欧阳修总结说，“五十三年间，易五姓十三君，而亡国被弑者八，长者不过十余岁，甚者三四岁而亡”[2]，真可谓“置君犹易吏，变国若传舍”[3]。南方地区尽管也是小国割据，却保持了一定程度的安定和繁荣，如南唐、吴越、闽等地方割据政权，相对都比较稳定。即使是南汉那样诡异的政权统治，居然也没有什么大的战乱发生。安史之乱后，又有大批中原人口南迁，经济重心进一步南移，而五代时期南方相对的安定局面，也为对外贸易的海港提供了一定的发展空间。吴越国的杭州和闽国的泉州，就是在这一时期开始发展壮大。或者可以说，恰恰是政权的地方割据，给了它们成长的空间和发展机会。

吴越和闽，都是无意开拓国土，只求偏安一隅的小国。因为临海，所以全心全意发展海上贸易。吴越占据两浙十三州的富庶之地，史称“地方千里，带

[1] 沈光耀：《中国古代对外贸易史》，广东人民出版社，1985年版，第311页。
[2] 《欧阳文忠公全集》卷59。
[3] 《新五代史·序》。

图4.8　五代十国分布示意图

甲十万，铸山煮海，富甲天下”[1]，以杭州和明州为主要对外贸易港。王氏闽政权割据福建，以甘棠、福州、泉州为航海贸易港；公元946年南唐灭闽，又有留从效和陈洪进先后割据漳、泉二州，继续经营泉州海外贸易。

吴越和闽大力发展海上贸易的成果都很可观。这一点可以从他们送给中原政权的贡品得到侧面反映。为求偏安，闽和吴越都认中原政权为宗主国，不论中原政权如何更替，闽和吴越总是不远千里，奉上大量的珍宝奇货，以换取短暂的和平。因为先后有吴和南唐政权的阻隔，陆道和内河航道不能畅通，所以闽和吴越向中原地区的进贡都是通过海上进行。史载“吴越自唐末有国，而杨行密、李昇据有江淮，吴越贡奉，朝廷（指中原政权）遣使，皆由登莱泛海，岁常飘溺其使”[2]。闽国入贡也有相同风险，“王审知之据闽也，尚禀命于中国，其入贡之道，为淮南所阻，每岁自福州洋过温州洋，取台州洋过天门山，入明州象山洋，过涔江，掠冽港，直东北度大洋，抵登莱岸，风涛险恶，没溺者尝十之四五”[3]。山东的登莱二港仍然是南北方水陆转运的枢纽。

海路险恶，可是也挡不住南方小国讨好北方政权的决心和热情。尤其是吴越国，对中原统治者的入贡十分频密，“每来扬帆越海，贡奉无阙”[4]。据不

[1]　光绪《杭州府志》卷4。
[2]　《新五代史·吴越世家》。
[3]　顾祖禹：《读史方舆纪要》卷95，《福建方舆纪要叙》。
[4]　《旧五代史·钱镠传》。

完全统计，从梁贞明四年（公元918年）到北宋太平兴国三年（公元978年）的60年间，吴越入贡达50多次。仅太平兴国元年就入贡两次，合计物品有：犀玉带及奇玉金器1万余件，酒1000瓶，银27万两，绢17.6万匹，绵210万两，乳香8万斤，白乳香1万斤，香药3万斤，犀牙200株，茶叶8.5万斤，金器3000两，银器5万两等等[1]。闽虽然不及吴越富庶，但入贡的物品也很丰厚。后梁开平二年（公元908年），王审知向中原进贡，“玳瑁、琉璃、犀象器并珍玩、香药、奇器、海味，色类良多，价累千万”[2]；王继鹏在一次入贡后晋的物品中也有“真珠二十斤、犀三十株、牙二十株、香药一万斤”的记载[3]。这些入贡的物品大部分都是海外贸易所得。由此可知，吴越和闽虽然只是小小的割据政权，但因海外贸易经营得风生水起，所以相对都很富有，从中也可见海外贸易利润之厚。

吴越的经济头脑比闽要更好一些，与中原政权的关系似乎也更友善。仿效唐代的市舶管理制度，吴越在都城杭州设置专门的海上贸易管理机构——博易务，又在北方山东沿海的登州、莱州、青州等地设置“两浙回易务”，相当于博易务的派出机构，负责管理吴越与中原地区的沿海贸易。据《旧五代史》卷107的记载，山东半岛的“滨海郡邑，皆有两浙回易务”，说明吴越当时与中原进行的近海贸易规模不小。其时，中原战乱较多，经济衰退，而南方相对安定繁荣，吴越利用与中原政权通好的机会，大力发展与中原地区的官方和民间贸易，并从中“厚取民利”。主要贸易商品包括粮食、瓷器、茶叶，还有吴越从海外贸易中获取的香药、犀象、珠宝等。

与吴越、闽同样临海的南汉政权，是一个十分诡异的存在。尽管开国主刘隐颇能招纳贤才，用心经营岭南，但其后人却极尽奢纵荒唐之能事，宦官女宠当道，国事遂不能问。南汉政权拥有像广州这样优良的港口，不但没有像吴越和闽一样积极开展海外贸易，反而大行掠夺之事。中宗时，遣军队“入海，掠商人金帛，作离宫游猎”[4]。南汉统治者又公开“示以珠玉之富”[5]，甚至“起玉堂珠殿，饰以金碧翠羽，以夸其壮丽”[6]，但这些都不是广州本地对外贸易的结果。据马苏第《黄金草原宝石矿》的记载，自唐末黄巢起义在广州大行劫掠之后，“因地方长官无法律可言”，“外商裹足不前”，南海贸易不再像唐代一样在广州进行。岭南地区民间贸易的商人往往需要扬帆出海，到马来

[1] 《十国春秋》。
[2] 《旧五代史·梁书》。
[3] 《十国春秋》。
[4] 《新五代史·南汉世家》。
[5] 《新五代史·南汉世家》。
[6] 《旧五代史·刘陟传》。

半岛一带，与外商在海外的“中间港埠相会，交易货物”。因此，三国以来的第一大贸易港广州，在南汉统治期间反而毫无作为。泉州、明州等东南沿海港口，借此得到异军突起的机会。

唐代第一大贸易港

南海贸易航路以“广州通海夷道”命名，仅此已经可以充分证明广州在南海贸易中的主导地位。南海贸易获利丰厚，是唐代对外贸易的重中之重。广州号称全国第一大贸易港，应当之无愧。唐朝末年，黄巢起义军在进军广州途中要求唐政府任命黄巢为岭南节度使，右仆射于琮当即表示反对，认为南海市舶获利丰厚，贼（黄巢）得之会如虎添翼，而国家财政则会大为减损。后黄巢攻占了广州，于琮又说，“南海有市舶之利，岁贡珠玑，如今妖贼所有，国藏渐当废竭”[1]。废竭之说自然有夸张的成分，但至少可以证明，广州的海外贸易所得，对于唐代的国家财政来说，应当是一笔非常重要的收入来源。

作为第一大港，广州号称“雄蕃商之宝货，冠吴越之繁华”[2]。唐代曾经旅居广州的大食商人苏莱曼说，广州是当时中外商人云集之地，是“船舶的商埠，是阿拉伯货物和中国货物的集散地”[3]。《唐大和尚东征传》中对此有更为详尽的叙述，书中说：“（天宝九年）广州……江中有婆罗门、波斯、昆仑等舶，不知其数，兼载香药、珍宝，积载如山。其舶深六、七丈，师子国、大石国、骨唐国、白蛮、赤蛮等往来居住，种类极多。”具体往来于广州与海外的商船数量，有记载可查的是大历五年（公元770年），李勉出任广州刺史和岭南节度使（唐代的节度使往往兼任所在地的刺史一职）之后，每年抵广州通商交易的海舶有四千余艘[4]。又据张星烺《中西交通史料汇编》中的考证，广州每年大约有八十万人进出，进行各种商贸活动。这个数字委实惊人。元代马端林《文献通考》描述广州港在唐代“舟行所聚，洪舸巨舰，千舳万艘，交货往还”。帆樯林立、商船云集，再加上“环宝山积”[5]，“珍货辐辏”[6]，广州在唐代的繁荣和兴旺当可以想象。

唐代广州贸易进出的商品种类很多。输出的以丝绸、瓷器、纸、铜钱、铁

[1]《旧唐书·郑畋传》。
[2]《全唐文》卷827。
[3] 穆根来等译：《中国印度见闻录》，中华书局，1983年版，第7页。
[4]《旧唐书·李勉传》。
[5]《旧唐书·卢奂传》。
[6]《旧唐书·卢钧传》。

器、金银为大宗；进口的有珠贝、象牙、犀角、紫檀等，多为奢侈品，香药和海外的植物也是大宗进口商品。《旧唐书·王方庆传》说，“广州地际南海，每岁有昆仑乘船，以珍货与中国交市”；韩愈《昌黎先生集》记载，广州“外国之货日至，珠、香、象、犀、玳瑁，稀世之珍，溢于中国”。唐代对进口香料十分喜爱，当时的王宫贵族、豪绅富族大多使用薰香。从广州进口的香料就有乳香、龙脑香、安息香、青木香、苏合香等多种，分别来自爪哇、天竺、波斯、婆利等国。另外，唐代广州还有一种特殊的进口商品——昆仑奴。《旧唐书·孔戣传》记载，京师权贵之家，经常有人到广州购买昆仑奴。唐代诗人张藉有一首诗专门描述昆仑奴：“昆仑家住海中州，蛮客将来汉地游，言语解教秦古鸟，波涛初过郁林洲。金环欲落曾穿耳，螺髻长卷不裹头，自爱肌肤黑如漆，行时半脱木棉裘。”在唐人的私家著述如《太平广记》《古今说海》等书中也多有昆仑奴的记载，“大抵皆言其体黑也”。据张星烺的考证，昆仑奴即非洲黑人，由阿拉伯人贩入中国[1]。

广州之所以能成为全国第一大贸易港，除了“地当会要”，对外交通十分优越之外，与内地中原地区的联系相对便捷也是优势条件之一。唐代的广州与内地的交通线主要有两条：骑田岭道和大庾岭道。隋唐之前，骑田岭道的利用率较高。大运河开通以后，大庾岭道表现出更多的优越性。从广州经大庾岭至中原内地，在大庾岭的南北都可通过水运交通，只有穿越大庾岭的一段需要陆运。由于广州海外贸易对唐政府十分重要，所以开元四年（公元716年），张九龄奉命整治大庾岭的陆道，将原本“以载则不容轨，以运则负之以背”的山间小径改造成“坦坦而方五轨，阗阗而走四通”[2]的平坦大道。自此以后，广州通往中原内地的运道畅通无阻，其便捷性和通达性都较前代大为改善。

另一方面，由于海外贸易之盛，广州的贪腐之风自开港以来就没断过。据《新唐书·卢奂传》所载，唐开元以来，治理广州还能保持清廉的唯有宋璟、李朝隐、卢奂三人。《旧唐书·卢钧传》也说，“南海有蛮舶之利，珍货辐辏。旧帅作法兴利以致富。凡为南海者，靡不捆载而还”。到广州做官的人，基本上都会中饱私囊，这似乎已经成为岭南吏治的一大特色。唐玄宗时曾大力整肃，当时，刘巨鳞、彭杲相替为太守、五府节度，皆因“坐赃巨万而死”[3]。唐文宗时专门颁布上谕，禁止对海外蕃商征税过滥过重。然则终唐一世，广州的贪污和征索过度问题，一直存在。唐中后期，为加强对南海贸易的

[1] 张星烺：《中西交通史料汇编》第二册，中华书局，1977年版，第16—24页。
[2] 张九龄：《开凿大庾岭序》。
[3] 《旧唐书·卢奂传》。

控制，朝廷派内廷太监赴广州专理市舶事务，然而这些宦官到任之后，大部分很快就与地方官吏沆瀣一气，巧取豪夺，导致广州贸易出现两次中落。其一是唐代宗广德元年（公元763年），广州市舶使宦官吕太一发兵作乱，纵部下大行掠夺，节度使张休弃城而逃。叛乱持续了千余日，致使广州对外贸易受到严重破坏，一度“西域舶泛海而至者，岁才四五”[1]。唐代诗人杜甫有一首诗描述了当时的情景。

自平中官吕太一，收珠南海千余日。
近供生犀翡翠稀，复恐征戍干戈密。
蛮溪豪族小动摇，世封刺史非时朝。
蓬莱殿前诸主将，方如伏波不得骄。
越裳翡翠无消息，南海明珠久寂寥。

另一次是8世纪末的贞元年间，因广州官府征税过重等原因，即大臣陆贽所言“若非侵刻过深，则必招携失所”，海外贸易商人无法承受重负，于是“舍近而趋远，弃中而就偏”，转移到交州港进行贸易，以至于朝廷差点派“判官就安南收市”[2]。不过，由于唐代广州港的条件胜过交州许多，所以一旦吏治整肃后，南海贸易的重心即回到广州。直到唐末乾符六年（公元879年），黄巢领导的农民起义军攻克广州，大肆滥杀无辜，对广州的海外贸易才造成严重破坏。来自西拉夫港的阿拉伯商人阿萨德说：“据熟悉中国事情之人云，除杀中国人外，回教徒、犹太人、基督教徒、拜火教徒，亦被杀甚多。死于此役者达十二万人……外国之商船主，皆遭虐待侮辱及掠夺，国内商品制造厂皆被摧毁，对外贸易，全为停阻。中国之事变波及于海外万里之西拉夫港及翁蛮（阿曼）省两地之人，前此恃营商中国为生，至今破产者，所见皆是也。”[3]黄巢之乱祸延唐朝半壁江山，促使唐王朝迅速崩溃，随之而来的是五代十国的混乱局面。因中国政局不稳，南海贸易多在马来半岛的羯荼进行，广州海外贸易的再次复苏，要等到大统一的宋代以后。

第一个市舶使和第一个蕃坊

作为全国第一大贸易港，广州是历史上第一个设立市舶管理机构的港口，也是第一个设置外商管理区域的城市。广州设置市舶使的时间不详，但最晚

[1]　《旧唐书·李勉传》。
[2]　《陆宣公集》卷18。
[3]　张星烺：《中西交通史料汇编》第二册，中华书局，1977年版，第207—208页。

是在开元二年（公元714年）。据《册府元龟》卷546的记载，开元二年（公元714年），岭南监选使柳泽，与市舶使周庆立、波斯僧及烈等“广造奇器异巧以进”。《新唐书·柳泽传》和《唐会要》中也都有类似记载，证实至晚在开元年间，广州已经设有市舶使一职。终唐一世，能够有明确和可靠的史料证明曾设置市舶使的，也只有广州一地。其他如扬州、泉州、福州等，皆语焉不详，难以考证。明末清初的学者顾炎武在其《天下郡国利病书》中记载，“贞观十七年，诏三路舶司，番商贩到龙脑、沉香、丁香、白豆蔻四色，并抽解一分”[1]，即认为贞观年间，已有三路市舶司之设。然则日本学者桑原骘藏在其《蒲寿庚考》中反驳这一说法。他认为唐代的地方行政机构只有“道”没有“路”，“三路舶司之称，北宋末期以后始有之，遑论贞观哉”[2]。

早期，广州的市舶使是由岭南的地方官兼任，即“唐始置市舶使，以岭南帅臣监领之”[3]。唐代广州的市舶收入已经是一笔庞大的资金，“上足以备府库之用，下足以赡江淮之求”[4]，而广州地方官吏贪污之风历来都很严重。为了加强对市舶收入的控制，唐朝皇帝在中后期改派内廷宦官太监出任广州市舶使。《资治通鉴》卷223《吕太一》条注云：“唐置市舶使于广州，以收商舶之利，时以宦官为之。”为使宦官不至于侵吞过烈，唐代仍将市舶使置于岭南节度使的管辖之下。但日本学者藤田丰八认为，当时市舶宦官之权势，几乎堪与岭南节度使相抗衡，所以才会有吕太一发兵叛乱，以及广州南海贸易因征税过苛而几度衰退的状况出现[5]。

唐代市舶使的主要职责是在外国商舶入港时，对其货物进行检查、保管、征收关税以及收购官府的专卖品。一般分为纳舶脚、收市、进奉等几个步骤。纳舶脚，即征收船舶进口税；收市，即代表政府收购珍异的专卖品；进奉，即接受船商进贡给中央朝廷或地方衙门的礼品。李肇《唐国史补》记载，“市舶使籍其名物，纳舶脚，禁珍异”。《中国印度见闻录》记载，“海船从海上来到他们的国土，中国便把商品存入货栈，保管六个月，直到本季最后一船海商到达时为止（其时海船都是根据季风往返），他们提取十分之三的货物，把其他的十分之七交还商人”。这样就相当于官府征收十分之三的税。顾炎武《天下郡国利病书》则认为是“抽解一分”，即交纳十分之一的税。张星烺认为，阿拉伯商人所记载的十分之三的市舶税，“税法太高，或为地方官吏所暴敛

[1] 顾炎武：《天下郡国利病书》卷120。
[2] 桑原骘藏：《蒲寿庚考》，中华书局，1954年版，第7页。
[3] 顾炎武：《天下郡国利病书》卷120。
[4] 张九龄：《开凿大庾岭路序》。
[5] 藤田丰八：《宋代之市舶司与市舶条例》，商务印书馆，1936年版，第12页。

也”[1]。唐代的市舶管理制度虽然只是草创，具体条例还不够明确，但却为后世宋元的市舶条例勾勒出一个大要。“宋承唐制”，市舶管理的形式和职能是一脉相承的。

唐代广州海外贸易繁盛，故也是阿拉伯人、波斯人等蕃客汇集之地。顾炎武《天下郡国利病书》记曰，“自唐设结好使（市舶使）于广州，自是商人立户，迄宋不绝，诡服殊音，多流寓海滨湾泊之地，筑石联城，以长子孙”[2]。古代的远洋航行多依赖季风，南海诸国的海船通常在阴历五六月乘西南信风直达广州，十一月、十二月借东北信风南下回国。所以一般情况下，各国的海商、船员等都要在广州居留半年左右的时间。从天宝到大历年间（公元742—779年），每年往来广州居住的各国商人，至少有近万人的规模[3]。尤其是天宝十四年（公元755年）安史之乱爆发后，吐蕃阻断了中国通往西域的陆上通道，以广州为中心的南海贸易因而更为兴盛。在广州居留的外商众多，自然会形成一定的聚居区，这就是蕃坊。广州的蕃坊在几时形成，至今还没有明确的结论。在历史文献中最早提到蕃坊的，是唐人房千里的《投荒录》。顾炎武《天下郡国利病书》卷104引《投荒录》云，“顷年在广州番坊，献食多用糖蜜、脑麝，有鱼俎，虽甘香而腥臭自若也”。今人以此考据，认为至迟在大和末年（公元835年），即房千里北归撰书之年，广州的蕃坊已经出现[4]。

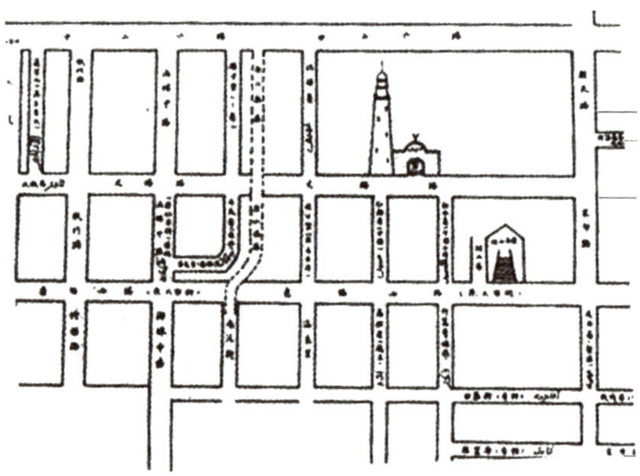

图4.9 广州蕃坊遗址示意图

唐代广州的蕃坊十分兴旺。聚居在这里的外国商人非常之多，尤以波斯人、大食人为最。德国历史学家夏德（F.Hirth）指出，“从7世纪起，在广州的外国居留地，主要由波斯人和阿拉伯人组成，其数量巨大”[5]。荷如里

[1] 张星烺：《中西交通史料汇编》第二册，中华书局，1977年版，第205页。
[2] 顾炎武：《天下郡国利病书》卷104。
[3] 范邦瑾：《唐代蕃坊考略》，《历史研究》，1990年第4期。
[4] 范邦瑾：《唐代蕃坊考略》，《历史研究》，1990年第4期。
[5] F.Hirth&W.W.Rockhill：Chau ju Kua：His Work on the Chinese and Arab Trade in the twelfth and thirteenth Centuries，entitled Chu fan shi.St.Petersburg.1912，p.14.

（G.F.Hourani）也认为，“唐代广府（广州）是最大的商业中心，这里有一个巨大的西方商人、穆斯林等的居留地”[1]。数以万计的蕃商聚居在蕃坊，实行的是自治制度，由蕃长主领。北宋《萍洲可谈》于此事记载甚详，称“广州番坊，海外诸国人聚居。置番长一人，管勾番坊公事，专切招邀番商”。宋代蕃坊是唐代蕃坊的延续，北宋去唐不远，当可参考。李肇《唐国史补》记载，南海的蕃船“有蕃长为主领”；唐末刘恂《岭表录异》也提到：“恂曾于番酋家，食本国将来者（波斯枣）。色类沙塘，皮肉软烂，饵之乃火烁水蒸之味也。”《唐会要》卷100亦有记载：“天祐元年（904年）六月，授福建道三佛齐国入朝进奉使都蕃长蒲诃栗为宁远将军。”故唐代已有蕃长之设，当属无疑。蕃长主管蕃坊的日常事务。发生纠纷则根据《唐律疏议》的规定，“诸化外人，同类自相犯者，各依本俗法，异类相犯者，以法律论”，即同一国的蕃商发生争斗或纠纷，按照他们本国的惯例处理，不同国籍的蕃商发生纠纷，按照大唐朝的法令处理。由于海外蕃商在中国定居者甚众，唐政府为此也颁布了遗产继承法。对于外商的遗产，唐代规定：“海商死者，官管其资，满三月，无妻子请府，则没入官。”也就是说，海商死后的财产由官府代为保管三个月，如果没有妻子儿女等亲属前来认领，就全部充入官府。元和十二年（公元817年），岭南节度使孔戣，认为外国海船受季风影响，一年才能往返一次，三个月的期限过于苛刻，于是“以海道岁一往复，苟有验者，不为限，悉推与”[2]。只要亲属在，即可将财物归还，从而更大限度地保护了外国海商的利益。

图4.10　广州怀圣寺

对于居住在蕃坊的各国海商来说，宗教是其日常生活的重要组成部分。由于波斯人、大食人最多，故伊斯兰教在各宗教中居于主导地位。《中国印度见闻录》记载，广州“其处有回教牧师一人，教堂一

[1] G.F.Hourani：Arab Seafaring in the Indian Ocean in Ancient and Early Medieval Times.Princeton University Press，1951，P.72.

[2] 《新唐书·孔戣传》。

所……各地回教商贾既多聚康府（Khanfu，即广州），中国皇帝因任命回教判官一人，依回教风俗，治理回民。判官每星期必有数日专与回民共同祈祷，朗读先圣戒训。终讲时，辄与祈祷者共为回教苏丹祝福。判官为人正直，听讼公平。一切皆依《可兰经》圣训及回教习惯行事。故伊拉克（Irak）商人来此方者，皆颂声载道也”[1]。书中所指的伊斯兰教堂，就是广州著名的怀圣寺。另外，据《唐大和尚东征传》记载，广州有婆罗门寺三所，还有梵僧居住。说明广州的印度人似乎为数也不少。

美国的汉学家在其《唐代的外来文明》一书中，对广州的蕃坊也有所论及。

“在广州的外来游客中，有许多居住在城内专门为外国人划定的居住区内。根据唐朝的法令，外国人居住区设置在河的南岸，以便许许多多选定在广州逗留的，各种不同种族和国籍的商人从事贸易活动，或者是等待返回故乡的顺风。外国人由一位特别指定的长者管理，而且享有某种治外法权。来自文明国家的公民（例如大食人、僧伽罗人）与文化教养较低的商贾们（例如白蛮、乌蛮等）都居住在这里，而且他们之间的交往都很密切。在这里，你会发现信奉正统宗教的外国人与信仰异教的外国人之间的关系相处得也很融洽，例如印度的佛教僧侣和什叶派穆斯林之间的关系就是如此……每当午时的鼓声敲响时，居住在广州的各种肤色的外国人以及来自唐朝境内的汉人，都被召唤到了大市场上，他们或在店邸中密谋策划，或在商船上讨价还价，进行紧张的贸易活动；而每当日落时分的鼓声敲响时，他们又都各自散去，返回自己的居住区。有时在晚间，他们偶尔也到夜市去，操着异国腔调大声地讲价钱。”[2]

春风十里扬州路

扬州古称广陵，隋唐时期改名江都。“腰缠十万贯，骑鹤下扬州”，这句话出自南朝宋人殷芸之手，所以文中所指的扬州并不是今天的扬州，也不是唐代最繁华的商业都市扬州城。南北朝时期的“州”通常指代一个较大的行政建置。其时，扬州的州治在建康（南京），而唐代的扬州城在南朝时则被称为广陵，是南兖州的州治所在地。所以“骑鹤下扬州”，说的是南北朝时期最繁华的商业都会建康。

唐初的武德九年（公元626年），改邗州为扬州，治江都，并设扬州大都督府，自此扬州之名才与扬州城完全对应。唐代的扬州城是全国最大的商业中

[1] 张星烺：《中西交通史料汇编》第二册，中华书局，1977年版，第201页。
[2] ［美］谢弗：《唐代的外来文明》，中国社会科学出版社，1995年版，第26—27页。

心，其富庶繁华在唐诗中多有颂扬。当时的俗谚有“扬一益二”之称，扬是扬州，益是益州（成都）。《旧唐书·高骈传》描述扬州，称其“江淮之间，广陵大镇，富甲天下”。司马光《资治通鉴》也说，“扬州富庶甲天下，时人称‘扬一益二’”。唐诗中有大量描写扬州的诗句，如大诗人李白《送孟浩然之广陵》有“故人西辞黄鹤楼，烟花三月下扬州”之句，张祜《纵游淮南》则说，“十里长街市井连，月明桥上看神仙。人生只合扬州死，禅智山光好墓田”。唐代诗人李绅描述扬州城灯火辉煌的夜景，称其“夜桥灯火连星汉，水郭帆樯近斗牛”。诗人徐凝也有“天下三分明月夜，二分无赖是扬州”的名句传世。当然，写扬州最多的是与杜甫合称“大小杜”的杜牧，譬如《赠别》中的“春风十里扬州路，卷上珠帘总不如”，《遣怀》中的“十年一觉扬州梦，赢得青楼薄幸名”等，大多与扬州风月有关，但也可以想象，唐代的扬州城是一个相当富丽繁华的都会。

唐代的扬州并不是当时最大的对外贸易港，但它的繁华程度要胜过广州。从地理位置上来说，扬州比广州更加适中。因其地处南北要冲，百货所集，交通极为便利，故当时的海外来客，无论是北方的新罗人、日本人，还是南海的蕃商胡人，多在扬州中转，循大运河北上唐都长安，或者有些干脆就在扬州长期居留下来。所以说，广州吸引的大多是从南海前来贸易的波斯人、大食人等蕃商，而在扬州停留的外国人构成显然更为复杂，其多元性和国际性特征也更为鲜明。范文澜先生在《中国通史简编》中对扬州有一段简要的概括：

（唐代）扬州是南北交通的枢纽，江淮地区的盐茶、漕米和轻货，先汇集在这里，然后转运到关中和北方各地。扬州有大食、波斯人居住，多是以买卖珠宝为业，朝廷在广、扬二州特置市舶使，足见扬州也是一个对外贸易的重要商埠。

文中所提及的扬州设置市舶使一事，其实并没有明确的史实证据。一般认为扬州可能设有市舶使的依据是唐文宗时期发布的上谕，其中提到“岭南、福建及扬州蕃客”，当地的节度使或观察使应对其“常加存问”，“除舶脚、收市、进奉外，任其往来通流”。舶脚、收市、进奉在广州都是市舶使的主要职责，由此推论，扬州、福建或者也有类似的管理机构。另成书于宋代的《宝庆四明志》也谈到，“汉扬州、交州之域，东南际海，海外杂国，时候风潮，贾舶交至，唐有市舶使总其征（政），皇朝因之，置务于浙、于闽、于广”。不过，这毕竟是宋代文献的记载，不是唐代的第一手史料，故扬州市舶使之设，仍存有争议。

唐代的扬州城地处长江口附近，有海潮可至，所以海船可达。李颀有诗为证："鸬鹚山头微雨晴，扬州郭里暮潮生。"唐中叶以后，新罗控制朝鲜半岛，阻塞日本对中国的传统航路。日本被迫开辟中日南路新航线，即从日本出发，横渡东海，直航长江口的扬州、明州、楚州等港。作为对外的海港，扬州主要接待的是日本的遣唐使。从唐初的公元630年到唐末正式停派遣唐使的公元894年，日本方面正式派遣的遣唐使12次，加上3次"送唐客使"和1次"迎入唐大使"，共计16次。另有任命后又停止的遣唐使2次，送唐使1次，合计之内为19次[1]。其中，在扬州登陆或在明州登陆转道扬州的约有9次之多。早期日本方面派出的6次遣唐使走的是传统经朝鲜半岛在山东登陆的北路航线，其时规模尚小，每次约两只船，载两百多人。唐中叶是遣唐使的全盛时期。日本在经历与唐朝的白江口海战之后痛定思痛，同时日本内部的变革也正如火如荼，对唐朝文化的学习如饥似渴。这一时期，日本派出的遣唐使规模明显扩大。一般每次都有四艘船，人员达五六百人。如第七次遣唐使团是557人，第八次遣使使团是594人，超过初期的一倍以上[2]。遣唐使的人员构成涵盖了各行各类，除了正规的大使、副使、判官、录事等官员，还有知乘船事、造舶都匠、译语、主神、医师、阴阳师、画师、史生、射手、音乐长、新罗译语、奄美译语、卜部杂使、音声生、玉生、锻生、铸生、细工生、船匠、柂师、傔人、挟抄、水手长、水手等人，此外还有很多学问僧、学生和他们的傔从等人随行[3]。公元701年，第七次遣唐使从日本北九州的筑紫出发，一举横渡东海，获得中日南路航线的首次成功。自此以后，日本的海船来华，多横渡东海，入长江口抵扬州，再从扬州走水路北上长安。

在唐代频密的中日文化交流期间，有两位大和尚的事迹尤为突出，而且都与扬州有莫大的关联。一位是日本来华求法的圆仁和尚。唐大和八年（公元834年），他作为请益僧搭乘日本最后一次遣唐使的海船前往大唐，在海上遇到风暴，于是不断地折返再出航，直到公元838年才终于惊险无比地在扬州登陆。圆仁在中国辗转学习十年，公元847年他又从登州搭船返回日本，并带回800多部佛教经典，成为日本天台宗第三代座主。回国后，他和东晋的法显和尚一样，也写了一部纪实性的游记——《入唐求法巡礼札记》，详细介绍了唐代的政治、经济、文化、地理、历史、风土人情等方面的见闻实录，被美国著名东亚研究学者赖肖尔（E.O.Reischauer）誉为"在某种意义上，他在游历上所留下的业绩要超过马可·波罗的记录"。另一位著名的大和尚是中国的鉴真

[1] 藤家礼之助：《日中交流二千年》，北京大学出版社，1982年版，第88—91页。
[2] 藤家礼之助：《日中交流二千年》，北京大学出版社，1982年版，第95页。
[3] 木宫泰彦：《日中文化交流史》，商务印书馆，1980年版，第76页。

大师。鉴真在扬州大明寺讲经弘法，座下弟子达4万余众。天宝二年（公元743年），受日本学问僧普照、荣睿的请托，鉴真及其弟子准备赴日本传经弘法。然而，前后东渡5次都宣告失败，直到公元754年，才在日本第十次遣唐使大使藤原清河和已在唐朝做官的日本著名留学生阿倍仲麻吕（中文名晁衡）的帮助下，搭乘日本遣唐使的归国海船，开始第六次东渡。其时，鉴真已双目失明，并且从第一次东渡开始已历时12年。这一次，他终于安然踏上日本国土，然而藤原清河和阿倍仲麻吕乘坐的海船反而遇风暴漂流到安南，最后只有10多人返回长安，未能归国。鉴真大师在日本受到举国欢迎，他在奈良建造了著名的唐招提寺，并开创了日本的律宗。日本文学家真人元开为他写下了著名的《唐大和尚东征传》。郭沫若也曾为他赋诗一首：“鉴真盲目航东海，一片精诚照太清；舍己为人传道艺，唐风洋溢奈良城。”

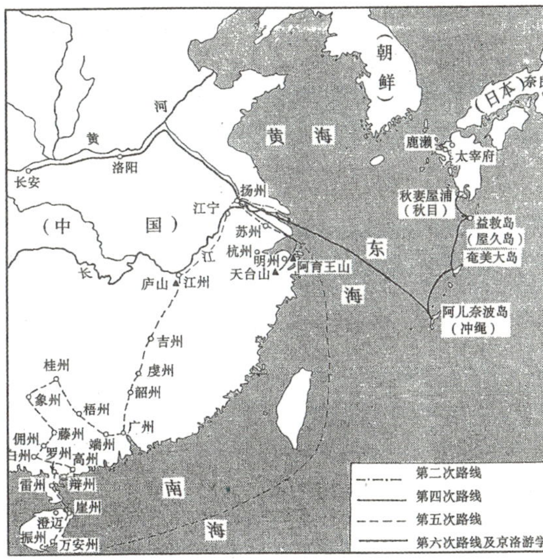

图4.11　鉴真东渡路线图

在前述阿拉伯人伊本所记述的唐代四大港口中，交州、广州、泉州都是位于南海附近，只有扬州例外。扬州处于南北国境的中间位置，但因为商业极为繁盛，内河航运极为便利，所以大量从事南海贸易的外国商人在广州或福建沿海登陆，经洪州（南昌）、江州（九江）循长江南下扬州。中唐以后（公元757—889年），多改为从海上直航扬州。这些南海来的蕃商，仍以波斯人和大食人居多。在扬州的地方文献史籍中，经常会出现“波斯庄”“波斯邸”的记载。唐贞观十一年（公元637年），波斯已被大食灭国，但唐人仍习惯于将波斯人和大食人分开称呼。扬州一地的波斯人和大食人之多，在《旧唐书·邓景山传》记载的一次动乱事件中可得到证实。书中说，唐肃宗上元元年（公元674年），有刘展作乱，淮南节度使兼扬州刺史邓景山引平卢节度副使田神功的兵马助讨，结果“神功至扬州，大掠居人资产，鞭笞发掘略尽，商胡大食、波斯等商旅死者数千人”。

在扬州居留的胡商，大部分都从事商业活动，开设“胡店”。《太平广记》的多篇小故事出现有关胡人在扬州经营珠宝店、药肆、波斯邸等记载。因为波斯人、大食人以从事珠宝交易而闻名，所以他们在扬州还有一个别称——别宝回子。《集异记·李勉》记载，有一个波斯人在扬州经商逾二十年，年迈之后仍“思归江都”[1]。杜甫也有诗提及，“商胡离别下扬州，忆下西陵故驿楼”。唐代阿拉伯人来扬州传教的也为数不少。何乔远《闽书》中记载，穆罕默德的门徒有大贤四人，“唐武德中来朝，遂传教中国，一贤传教广州，二贤传教扬州，三贤、四贤传教泉州”。1980年，在扬州蜀岗的一座唐墓中，发现一件绿色彩绘阿拉伯文“大哉真主”铭文的背水瓷壶，也可证实唐代阿拉伯人已经开始在扬州传教。

图4.12　伊斯兰教徒背水瓷壶

扬州港的兴与衰

在海港发展史上，扬州是一个特别的存在。它在唐朝突然兴起，一跃成为天下最富庶最繁华的港口和商业都会，但唐末以后，又突然衰落下去，直到明清才再次复兴，但终不能恢复大唐的巅峰盛况，而且也与海港毫无干系了。

扬州的兴盛，从根源上来说，是大运河最成功的产物。隋开大运河，沟通南北，“自是天下利于转输”[2]。扬州正处于大运河与长江天然航道的交汇点，南接江、海，北接淮、汴，所谓“维扬右都，东南奥壤。包淮海之形胜，当吴越之要冲”[3]，从而成为南北水路交通与运输的枢纽所在。自此，贸易往来，转市天下，史称“淮海奥区，一方都会，兼水漕陆挽之利，有泽渔山伐之饶，俗具五方，地绵千里”[4]。

扬州首先是唐代漕运的枢纽港。自秦汉以来就有漕运，但都是临时性的从黄河流域征集粮食。晋世南迁以后，全国的经济中心逐渐南移，江淮地区的农

[1]　《太平广记》卷402。

[2]　《通典》卷10。

[3]　《全唐文》卷788。

[4]　《陆宣公集》卷9。

业、手工业渐有超越北方之势。自唐代开始兴起的漕运，主要就是从富庶的江淮地区，利用运河水道，定期输送漕粮至北方的京师，即“赋取所资，漕挽所出，军国大计，仰于江淮”[1]。唐代漕运，江淮以南八道的漕粮均集中到扬州装船，编队，再统一运往北方，以致扬州港出现“舟樯栉比，车毂鳞集，东南数百万艘漕船，浮江而上”[2]的繁盛景象。尤其是安史之乱以后，北方关中地区遭到严重破坏，国家财粮益发倚重江淮，所谓“当今赋出天下，江南居十九”[3]。扬州漕运因而达到极盛。

在关中粮足的年份，官府漕运也顺便采办江南地区包括扬州的手工艺品、土特产等物运往长安、洛阳等地销售，如豫章（南昌）的名瓷、酒器、茶器，宣城（属安徽）的空青石、纸笔、黄连，始安（桂林）的蕉葛、蚺蛇胆、翡翠，以及安史之乱后洪州、扬州、宣州的军器、绢匹等，都被列为常年特贡的物资，东运扬州，再转达关中。扬州本地的手工业也很发达，如铜器业、制帽业、丝织业、制糖业、家具业、造船业等，有不少手工艺品作为贡品被选送长安。其中，尤以铜器制造业最负盛名。扬州所产的青铜镜不仅是皇家贡品，还远销海外。韦应物《感镜》诗云：“铸镜广陵市，菱花匣中发”，张籍《白头吟》诗云：“扬州青铜作明镜，暗中持照不见影”。《太平广记》记载扬州所造铜镜有“骑马自照，人马并在镜中”的方丈镜，“鼻盘龙”的江心镜，以及“纵横九寸，青莹耀日，背有盘龙，长三尺四寸五分，势如生动，玄宗览而异之”的水心镜等。水心镜因其制作时的神异，还衍生出一段神话传说。据传水心镜在制作时，得到了龙神的帮助，“五月五时，乃于扬子江铸之。未铸前，天地清谧。兴造之际，左右江水忽高三十余尺，如雪山浮江，又闻龙吟，如笙簧之声，达于数十里”。后来秦中大旱，三月不雨，玄宗命道士叶法善向镜中龙祈祷，顷刻间大降甘雨。虽然这只是《太平广记》所记的民间传说，但从中也反映出扬州铜镜制作工艺之高超。

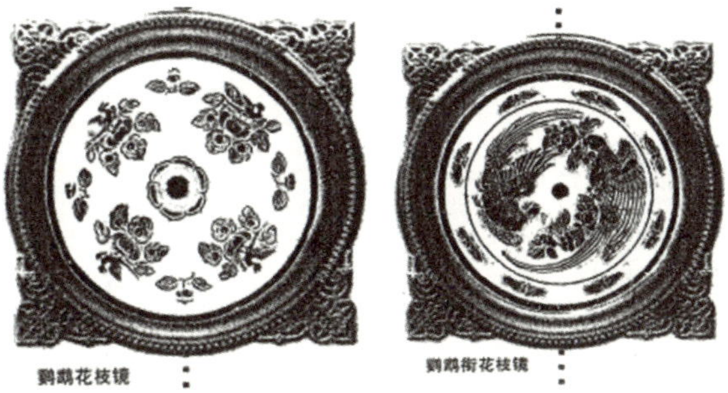

图4.13　唐代扬州铜镜

[1]　《权载之文集》卷47。
[2]　康熙《扬州府志》卷4。
[3]　《昌黎先生集》卷19。

扬州也是盐运的主要集散地。唐代在扬州设置专门的盐铁转运使兼理漕运和盐运。唐代的主要盐产地有嘉兴、海陵、盐城、大昌等十监，除大昌监在山南东道外，其余九监均在江淮地区。江淮地区所产淮盐都在扬州集散，然后发往京师或转向上江各州郡，官卖于商民。盐税是唐代国家财政的主要收入来源之一。唐肃宗乾元三年（公元760年），刘晏任盐铁使后，曾对榷盐法进行改良。自此，“吴、越、扬、楚，盐廪至数千，积盐两万余石”，盐税收入也由变法初的四十万缗增为大历末年的六百余万缗，“天下之赋，盐利居半，宫闱服御，税饷，百官禄俸皆仰给焉”[1]，足见盐运所带来的丰厚利益。所以宋人洪迈在《容斋随笔》卷九《唐扬州之盛》中特别指出：“唐盐铁使转运使在扬州，尽干利权，判官多至数十人，商贾如织，故谚称扬一、益二，谓天下之盛，扬为一而蜀次之也。”

除了油水丰足的漕运和盐运之外，扬州也是民间贸易的主要中转地。其时，北方饮茶之风大盛，“自邹、齐、沧、棣，渐至京邑，城市多开店铺煎茶卖之”，所需茶叶数量甚大；而江南地区百姓营生，多以种茶为业，仅江南道每年出产的茶叶就有七百万驮，所以北方茶叶多从江淮而来，“所在山积，色额甚多”[2]。南茶北运，以扬州为中转，故而在扬州也形成繁荣的茶市。其他如江西的木材，四川的蜀锦，越窑的瓷器等各地名产，也多在扬州集散。《太平广记》卷331引《纪闻·杨溥》说：“豫章诸县尽出良材，求利者采之，将至广陵，利则数倍。”杜牧《扬州三首》之二云：“蜀船红锦重，越橐水沉堆。”这些都进一步推动了扬州商业的繁盛。

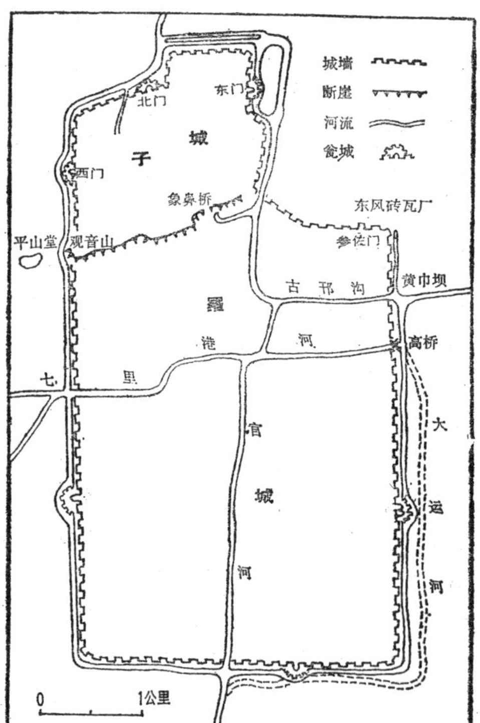

图4.14　唐代扬州城示意图

[1]　《新唐书》卷54。

[2]　封演：《封氏闻见记》。

归纳而言，扬州的兴起首先在于它是大运河水道的南北中转枢纽港。既有官运，又有民运，全国各地的物资在此集散，于是扬州就发展成为唐代全国最大的商业中心。同一时期，唐代的海外贸易也在多种内外因的推动下进入到一个繁荣发展的阶段。商人总是逐利而来，扬州地处南北水路要冲，又可直接通海，便捷的内外交通吸引大量南海贸易的外国商旅前来寻找商机。唐朝对待外国商人采取自由贸易的开放政策，进一步推动了外商在扬州的集散。唐中叶以后，日本开辟了直抵扬州的南路新航线，从而使扬州真正成为江、河、海运的综合大港。作为扬州外港的楚州，也是接受新罗商人、留学生的主要口岸之一。东来的、北往的、南下的，入唐求法的、学习的、经商的，形形色色的各国人士几乎都汇聚扬州。种种要素叠加在一起，成就了扬州城在历史上的发展巅峰。

中晚唐时期，扬州达于全盛，成为“雄富冠天下”[1]的一方都会。唐末以后，同样是出于种种因素，多灾多难的扬州港又以惊人的速度急剧衰落。

第一，连年战火，扬州城几成废墟。唐末年间，天下动荡，扬州先后有秦彦、毕世铎、孙儒、杨行密等割据者在此混战，“四五年间，连兵不息，庐舍焚荡，民户伤亡，广陵之雄富扫地矣”[2]。扬州城经受了围城、焚城等战祸，遭到严重毁坏。《资治通鉴》卷259景福元年七月条说：“先是扬州富庶甲天下，时人称‘扬一益二’。经秦、毕、孙、杨兵火之余，江淮之间，东西千里，扫地尽矣。”公元902年，杨行密在扬州受封吴王，公元919年正式建立吴国，以扬州为都城。杨氏政权积极招徕流民，奖励农桑，扬州之生气略有恢复。公元937年，南唐灭吴，以扬州为东都。公元955年，周世宗柴荣出兵南唐，首要进攻目标是南唐的江北重镇扬州。南唐自知不敌，遂“悉焚扬州官府民居”[3]，又驱使扬州居民渡江南下。等到周兵进城时，城中只剩下断壁残垣，还有十几个人而已。从唐末到五代，连续数次焚城，唐代繁华一时的扬州城终于化为一片废墟。后周再建时，已经是另行选址从头开始建设的新扬州。入宋以后，虽然扬州仍然是江淮地区淮南路的行政中心所在地，经济也有所复苏，但扬州城和扬州港，始终不复唐代的繁华，所以宋人洪迈不禁哀叹：“本朝承平七十年，尚不及唐之十一，今日真可酸鼻也。”[4]曾经做过扬州知州的欧阳修也有赋诗感叹：“十里楼台歌吹繁，扬州无复似当年。”

[1]　《新唐书·高骈传》。
[2]　《旧唐书·高骈传》。
[3]　《资治通鉴·后周纪》。
[4]　《容斋随笔》卷9。

第二，河口东移，河道变迁，扬州失去海港功能。按唐代李绅《入扬州郭》序文中所言，唐大历（公元766—779年）以后，扬州已经“潮信不通”。唐末以后，扬州城外的长江河道继续向南迁徙，河口逐渐东移。随着江流的远离，海潮再也不能到达扬州城下，海舶遂不能进，故晚唐时期的中日贸易往来多自明州（今宁波）起航。宋元以后，扬州彻底从长江的河口段变成近河口段，离大海越来越远，最终失去海港功能。

第三，扬州失去运河水道的枢纽地位。晚唐时期，扬州的古运河已经不甚通畅。五代时，各个割据势力为争夺地盘，几次决堤纵水，导致运河瘫痪。到了宋代，由于长江河道继续南迁，距离扬州仅45里的真州港开始兴起。真州即今江苏仪征，距离长江较扬州为近，宋真宗天禧年间（1017—1021年），江淮发运使范仲淹和鲁宗道浚通真扬运河以后，真州运道大畅，于是原在扬州中转的漕运和盐运，都移至真州，扬州降为次要的水运中心。全汉升认为：“说到扬州赖以繁荣之因素的消失，当以真州的兴起为最重要的关键，因为真州把扬州的运输业、国内贸易、金融业及造船业抢夺过来。至于扬州其余的工业，如铜器制造及丝织业等，也因抵不过其他地方的出品而凋弊，国际贸易则因地理条件的不适宜而衰落。”[1]从长江口港口体系的变迁来看，唐代的扬州是长江口的唯一大港，宋代在其上下游又有真州、润州、江宁、通州、江阴、青龙等港陆续兴起，分流了扬州的港口功能，从而导致扬州的衰落[2]。

不过，或许是因为唐代扬州的名声太过响亮，宋元时期，仍有不少波斯人、大食人前来扬州经商或传教。名气最大的如南宋咸淳年间（1265—1274年），穆罕默德的十六世裔孙普哈丁不远万里来到扬州传教，并在扬州创建了著名的回教寺庙仙鹤寺，与广州怀圣寺、泉州清净寺、杭州凤凰寺并称四大清真寺。迄今，仍有普哈丁之墓留存。

南海贸易中的交州和泉州

交州是自印度洋东来船舶到达中国的第一个港口，历史很是古老。自汉代开辟海上丝绸之路以来，交州一直是南海贸易中的重要港口之一。伊本所记唐代的四大港口，第一个就是交州。在唐以来，交、广二州经常在史籍中并称，说明交州和广州的航海地位相差不多。《隋书·地理志》记载：“南海

[1] 全汉升：《唐宋时期扬州经济景况的繁荣与衰落》，《中央研究院历史语言研究所集刊》第11本，商务印书馆，1944年版。

[2] 周兴中：《港口体系变迁与唐宋扬州盛衰》，《中国社会经济史研究》，2010年第1期。

（广州），交趾各一都会也，并所处近海，多犀象，玳瑁珠玑，奇异珍玮，故商贾至者，多取富焉。”李肇《唐国史补》说：“南海舶，外国船也。每岁至安南，广州。”安南就是交州。唐高宗仪凤四年（公元679年），交州设安南都护府，自此正式改成安南。历史上每当广州因动乱或征收过苛，出现贸易中落时，外国商船首选交州作为替代的交易港口，可见在唐代的南海贸易中，交州港的地位仅在广州之下，其他港口之上。唐代以后，交州经常叛乱，实际上已经脱离了中国的管辖。北宋初建的公元968年，当地反叛者建立“大瞿越国”，取得事实上的独立，后来也接受大宋的册封，如“交趾郡王”“安南国王”等。不过，从此以后，交州就不再出现于中国海港的史册之中。

泉州之名始于隋代。开皇九年（公元589年），丰州改名泉州，州治在福州，辖今福建全境。这是泉州之名第一次出现。唐圣历二年（公元699年），析泉州南部三县（南安、莆田、龙溪）置武荣州。景云二年（公元711年），武荣州更名泉州，原来的泉州则改名闽州。不过，此时新泉州的州治在南安县的丰州。开元六年（公元718年），泉州州治才移到今泉州市。这是泉州港发轫之始。

唐代，泉州设有“参军事掌出使、赞导”[1]，似乎是具有市舶管理性质的工作，说明泉州的海外贸易当有一定规模。然则史籍记载中提及泉州海外贸易的甚少。现今多引用《全唐诗》的诗句来说明泉州当年的贸易状况。如薛能《送福建李大夫》提及“船到城添外国人”；包何《送李使君赴泉州》也有“市井十洲人”和“还珠入贡频”的描述，证明唐代泉州城确有不少外国人往来。何乔远《闽书·方域志》记载，唐武德年间（公元618—626年），伊斯兰教创始人穆罕默德有4个门徒来华传教，一个去了扬州，一个去了广州，还有两个名为沙仕谒和我高仕的门徒到了泉州，后卒于泉州，其墓至今尚存。由此可证，泉州的外国商人大部分当是波斯人和大食人。

与此矛盾的是，据考证，唐代的泉州城是一座周长仅1.5公里的土城。由此，颇有一些学者认为唐代泉州港并不是什么重要的海港，因贸易兴盛，城市规模当不止如此。不过，唐代泉州地区的经济开发速度至少很快。最先，泉州地区兴建了不少水利工程，农桑俱兴，然后丝织业、陶瓷业、冶炼业等都得到相当发展，如泉绢、葛布等都是当时的贡品。唐天宝年间（公元742—755年），泉州总户数达23803户，比晋世南迁后的晋安郡增加6倍[2]。唐元和六

[1]　《新唐书》卷49下，《百官四下》。
[2]　《新唐书》卷39，《地理三》。

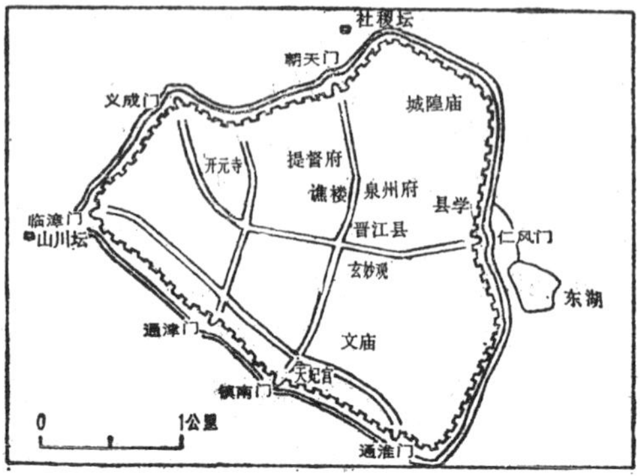

4.15 五代时泉州城示意图

年（公元811年），泉州从中州升为上州[1]。唐代的州根据户数多寡而有上、中、下之别，共分为七等。泉州升为上州，说明在晚唐时期，泉州地区已经是一个人口众多的大州。对于泉州港的发展来说，人口增加，经济增长，代表港口腹地的条件有所改善，是促进港口发展的有利因素。

五代时，泉州隶属于闽国的割据势力范围。闽的几代统治者基本都奉行"保境安民"的政策，"轻徭薄赋，与民休息"[2]，并大力发展海上贸易。史载闽国王审知极为重视南海贸易，并竭诚"招徕海上蛮夷商贾"[3]。闽的港口有甘棠、福州、泉州三个，但以泉州最为活跃。据称王延彬任泉州刺史时，"凡三十年，仍岁丰稔，每发蛮舶，无失坠者，人因谓之招宝侍郎"[4]。其时，因地方割据严重，闽的贸易输出多为本地所产。泉州出口的商品主要是瓷器和冶铸品，所谓"陶瓷、铜铁远泛于番国，取金贝而返，民甚称便"[5]。泉州贸易的繁荣程度，从闽入贡给中原政权的贡品就可查知一二，如宋初太平兴国年间（公元976—984年），陈洪进先后呈送给大宋的贡品中就有海外贸易所得"象牙二千斤、瓶香万斤、乳香二万斤"[6]。

闽的几代统治者，如王审知、王延彬、留从效、陈洪进，都对泉州城悉心经营，使泉州较之唐代有相当大的发展。唐代小小的泉州城在五代时有过几次扩建。特别是留从效割据漳、泉二州时，对泉州城和泉州港的贡献最大。据《清源留氏族谱·鄂国公传》记载，留从效经营泉州时，因旧城狭窄，于是扩建了仁风、通淮等数个城门，仁风面对洛阳江，通淮面对晋江，显然都方便水运。同时，教导居民"开通衢，构云屋"。云屋又叫云栈，是一种客舍兼库房。扩建城门，开通大道，兴建货客栈，这些措施无疑都有利于海外贸易的扩展。元代的泉州以"刺桐城"和"刺桐港"名闻中外，追本溯源，自五代时，留从效扩建泉州城，就在城周环植刺桐树，从此为泉州留下特有的一道风景。

[1] 《唐会要》卷70。
[2] 《旧五代史》卷134。
[3] 《新五代史》卷68。
[4] 乾隆《泉州府志》卷15。
[5] 《清源留氏族谱》卷3，《鄂国公传》。
[6] 《宋会要辑稿·蕃夷七》。

中日新航线之明州的初兴

明州港（宁波）最早可追溯到春秋战国时代的句章港。魏晋以后，句章港衰落，港址移到三江口，即后来的明州港，也是今天的宁波市所在地。唐开元二十六年（公元738年），明州初设，后改名余姚郡。肃宗乾元元年（公元758年），又恢复明州旧称。最初明州以鄮县县治小溪为州治，大历六年（公元771年），鄮县县治改为三江口，长庆元年（公元821年）明州州治也从小溪移到三江口。自此，明州城与明州港统一起来。

明州最早的通商对象是日本。唐玄宗天宝十一年（公元752年），日本遣唐使的四艘海舶，除了第一艘漂流到安南，其他三艘都在明州登岸。这是到达明州港最早的外国海船，也是明州对外通商贸易的开始。所以说，明州港的兴起是在唐中叶以后，相对其他贸易大港要晚一些，至晚唐时期最为繁盛。

中日南路新航线的开辟是明州兴起的主导因素。唐代前期日本遣唐使走的是经朝鲜半岛中转的北路航线，公元676年新罗统一朝鲜半岛之后，与日本交恶，因“新罗梗海路”，日本不得不开辟新的对华航路。其时，恰好日本南部濒临东海的“南岛”（包括几个岛屿，是群岛的统称）都已臣服于日本。于是，七世纪后半叶，日本开始尝试中日南路航线之“南岛路”，即由九州大津浦的博多出发，沿筑紫西岸南下，经南岛岛群，横渡东海到扬州或明州登陆。唐长安元年（公元701年），日本第七次遣唐使团成功从南岛路登陆扬州，自此以后入唐路线多采用这条新路。鉴真大师东渡日本走的也是这条南岛路。

由于南岛路需要在日本南部的“南岛”附近绕一个大圈，航程依旧很长，所以，8世纪后期，随着航海技术的进步，日本又开辟了南路航线之“大洋路”，即从大津浦出发，经值嘉岛（今平户岛、五岛列岛）横渡东海，直航长江口，在扬州、明州、楚州等港口登陆。这条航线横渡东海的距离较

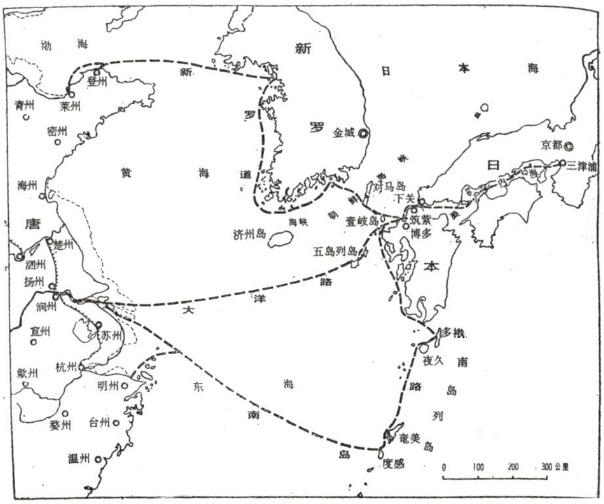

图4.16　唐代中日海上交通

长，但总的航程最短，遇顺风，8天即可到达。据《安祥寺惠运传》的记载，大中元年（公元847年），中国商人张支信的海船从明州放洋，得西南风，3个昼夜就到了日本肥前值嘉岛三留浦，创造了当时最快的航速。

明州兴起的时间较晚，日本遣唐使的全盛期几乎已经过去。唐开成三年（公元838年），最后一期日本遣唐使在明州登陆后，中日之间的海上交通基本由中国商船包揽。安史之乱以前，民间对日贸易是被禁止的。《唐律疏议》中有明文规定："诸私渡关者，徒一年；越度者，加一等。"鉴真东渡第一次和第四次之所以失败，都是因为有人向官府告密。晚唐时期，藩镇割据，唐朝政府的禁令几乎名存实亡，东海的民间贸易开始兴旺起来。前期和中期以日本遣唐使为主角的中日交通，在后期变成中国民间海船独领风骚的局面。一方面，是唐政府的禁令放松，另一方面，日本停止了遣唐使的派遣。当然最重要的，还因为中国海船较日本海船更加坚固结实，中国船员的技术和航海知识也更丰富，所以无论是安全性还是快捷性，中国海船的竞争优势都极为明显。精美的中国货物可以由中国海船直接运送到日本本土进行交易，满足日本方面的消费需求。日本的学问僧、留学生等也都愿意搭乘中国的海船。日本著名的入唐八大家之一的最澄、空海、阿倍仲麻吕（晁衡）等都是出入明州港的名人。其时，从中国运往日本的货物主要是绵绮、瓷器、香料、药品、佛像、佛画、经卷、佛具、诗集、文集等，从日本换回来的则是砂金、水银、锡、绢等物。从公元838年到唐朝灭亡的公元907年，在这70年间往返于中日之间的海船几乎都是唐朝的民间商船。仅记于史册的就有30多次[1]。日本在博多港专门设置"大唐通事"和"唐物使"，分别负责翻译事务和唐朝商人在日本大宰府的贸易事务，从侧面证明唐朝商人赴日贸易的兴盛。由于扬州在晚唐时期已经潮信不通，绝大部分商船都是从明州港出发，促成明州港的繁荣。因明州在晚唐时期对日贸易甚为兴盛，有学者认为阿拉伯人伊本所说的唐代四大港口之"Djanfou"，并不是指泉州，而应是明州[2]。

五代时期，明州属吴越国管辖。吴越的海上贸易十分繁荣。除了都城杭州，明州是吴越主要的对外海港。明州与杭州之间有杭甬运河相通，因杭州湾潮高浪涌，为安全起见，有不少的外国商船喜欢先在明州靠泊，然后取道运河，转入杭州。明州港在五代时的贸易对象较唐代更加多样化。除了对日贸易继续进行，因吴越与高丽（五代时新罗、高丽、百济重新形成三国鼎立，后期统一朝鲜半岛的是王氏高丽）交好，高丽商舶也会前来明州交易。同时，因广

[1] 木宫泰彦：《日中文化交流史》，商务印书馆，1980年版，第153页。

[2] 沈福伟：《论唐代贸易的四大海港》，《海交史研究》，1986年第2期。

州港近乎关闭，从事南海贸易的大食等外国商人沿海北上，除了停靠泉州港之外，也会与吴越的明州港进行通商贸易。如阿拉伯出产的石油，就经由大食商人运来明州买卖，史载“火油得之海南大食国，以铁筒发之，水沃其焰弥盛”[1]。吴越与南唐作战时，石油曾帮了大忙，吴越使用这一秘密武器，烧掉南唐船只四百余艘。

明州出口的商品，在唐和五代时，以本地生产的丝绸和瓷器最为大宗。明州的丝织业已经十分发达，能大量生产丝绸、画绢、锦布等各类丝织品，其官营织锦坊生产的贡品吴绫和八棱绫极负盛名[2]。明州丝绸大量运销日本，是主要供应日本王公贵族的高级消费品。据木宫泰彦《日中文化交流史》记载，明州赴日商船，主要是从事贸易，每次都“多赍货物”，其货物大致是“绵绮、瓷器、香药”等，在日本十分抢手，尤其是丝绸必须经过内藏官出售。明州出产的越窑青瓷也十分有名，尤以上林湖一带所产的秘色青瓷最为珍贵。据考证，越窑青瓷的外销“起始于晚唐，大量外销是在五代北宋”[3]。恰好与明州港的兴起相对应。据说唐代，从日本鸿胪馆，到印度布拉明纳巴德，波斯沙麻拉以及非洲埃及开罗的福斯塔特，都有越窑青瓷在那里列市销售[4]。五代时越窑青瓷也是吴越国对外进贡和贸易的珍品之一。

吴越国的杭州

在先秦时期，杭州还是海潮出没的沙洲。秦代，始置钱塘县。杭州之名始于隋代。大运河开通以后，杭州是江南运河的终点，交通便利性大为提高。唐代兴漕运以来，杭州是江南漕粮的集中港之一。因有“海陆之饶，珍异所聚”，故“商贾并凑”[5]。江中州舶云集，市区商铺林立。唐代的杭州地区还是丝绸之府、瓷器之乡。唐宪宗时期（公元806—820年），杭州“户十万，税钱五十万缗”[6]，占全国财政收入的二十四分之一。不过，唐代杭州与苏州同属江南道，苏州是江南道治所，对杭州的发展是不利因素。白居易有诗曰：“霅川（湖州）殊冷僻，茂宛（苏州）太繁雄，惟有钱塘郡（杭州），闲忙正适中。”说明苏州的繁华远在杭州之上。五代时，吴越立国，以杭州为都城，

[1] 《吴越备史》卷2。
[2] 全祖望：《鲒埼亭集》。
[3] 林士民：《试论明州港的历代青瓷外销》，《海交史研究》总第5期。
[4] 林士民：《瓷器之道传友谊》，《中国的瓷器》，1979年第12期。
[5] 《隋书》卷31，《地理下》。
[6] 《文苑英华》卷660。

图4.17　吴越筑杭州涌金门

又称“西府”或“西都”。在钱氏政权的悉心经营下，杭州城的经济、文化都得到长足发展。五代也是杭州正式作为海港之始。

吴越国与闽一样，只求偏安，奉行保境安民政策，“五代之际，天下纷扰，杀人如麻，独吴越人民安居乐业，百年不知兵革”。两浙十三州本是富庶之地，吴越时又大兴水利，故而经济繁荣，社会安定。吴越时，杭州的造船业也十分发达，能造各种类型的江船、湖船、河舟以及大型的海舶。据说，吴越国曾一次就向中原贡献200艘豪华的金银饰龙凤船舰。太平兴国三年（公元978年），吴越纳土北宋时，仅交纳的官属大船就有1200多艘[1]。造船业的繁荣与海上贸易的兴盛是相辅相成的关系。对外，吴越以明州、杭州为主要海港，大力开拓海外贸易。明州港自晚唐时期就很兴盛，五代时因杭州是都城，且较明州更为富丽繁华，所以多有外国海船驶入杭州湾或者从明州转运河抵杭州进行交易，从而开启杭州港对外贸易的繁盛时代。《五代史补》记载：“吴越王游碧波亭，时潮水初满，舟楫辐辏，望之不见其首尾，王喜曰‘吴国地去京师三千余里，而谁知一水之利，有如此耶’。”杭州也是吴越向中原贡献转运的始发港。因“江淮道梗，吴越泛海入中原”，贡运的海船都是从杭州起航，出杭州湾，入东海北上，在登莱附近登岸，再转为陆运。这条海路顺便也发展了吴越与北方沿海地区的通商贸易。前有所述，不复赘言。吴越的钱氏政权既对中原统治者称臣纳贡，又主动与北方的高丽、契丹、渤海等国互通有无。日本当时已经开始闭关锁国，但吴越的海船仍活跃于中日之间进行通商贸易。如闽国一样，吴越也大力招揽海南诸国的商贾前来贸易。自北向南，自中而外，吴越国虽小，海上贸易的通商对象却非常广泛。《旧五代史·世袭列传第二》称，吴越“航海收入，岁贡百万”，可见其海上贸易之盛。所以宋神宗才会说，昔日吴越占据两浙，“内足自富，外足抗中国（中原）者，亦由笼海

[1]　《杭州古港史》，人民交通出版社，1989年版，第54页。

商得法也”[1]。

吴越钱氏经营杭州，除了发展海运，对城池的建设也做出很大贡献。在唐代旧城的基础上，钱氏又多次进行扩建，新筑了夹城、子城和罗城，使城市规模更加宏伟。同时，对杭州最著名的西湖景区进行重点整治。《旧五代史》称其“邑屋之繁会，江山之雕丽，实江南之胜概也”。因崇尚佛教，吴越时修建了很多寺庙。除了对东晋的灵隐寺进行扩建，又新建寺庙三百六十余所。故清人朱彝尊说，“寺塔之建，吴越武肃（钱镠）倍于九国”[2]。今日杭州著名的雷峰塔、六和塔、保俶塔、白塔，四大名塔均始建于吴越。北宋大文学家欧阳修在《有美堂记》中称颂杭州：“钱塘自五代时，不动干戈，其人民幸富足安乐。又其习俗工巧，邑屋华丽，盖十余万家，环以湖山，左右映带，而闽海商贾，风帆浪泊，出入于江涛浩渺，烟云杳霭之间，可谓盛矣。”

4.18　六和塔旧影

以登州为首的北方港口

据贾耽所记，唐代对外的两条海上通道，一为南方的“广州通海夷道”，二为北方的“登州海行入高丽、渤海道”。前者是大唐对外贸易的主要航线，后者在唐前期是通东夷诸国的必经航路。自秦汉以来，“登州海行入高丽道”就已存在，也就是前面所述的中朝、中日之间的传统北路航线。贾耽的记载是史书所载第一次详细的路线说明。唐代，在东北地区新兴了一个由少数民族靺鞨族所建的渤海国。靺鞨是一直居住在东北白山黑水之间的肃慎族的后裔，也是满族的先祖，宋元时又叫女真。贾耽的记载也补充了从登州入渤海国的支线航路。这条“登州海行入高丽、渤海道”，全程是从登州出发，越过渤海海峡，到达辽东半岛南端的都里镇（今旅顺），然后循辽东半岛经青泥浦、桃花浦、杏花浦、石人汪等一路航行到鸭绿江口。在此沿河道向北，转陆行通往渤海国，即“渤海道”；向西沿朝鲜半岛西岸航行到贝江口，再南行到唐恩浦

[1]　《续资治通鉴长编拾补》卷5。
[2]　朱彝尊：《曝书亭集》。

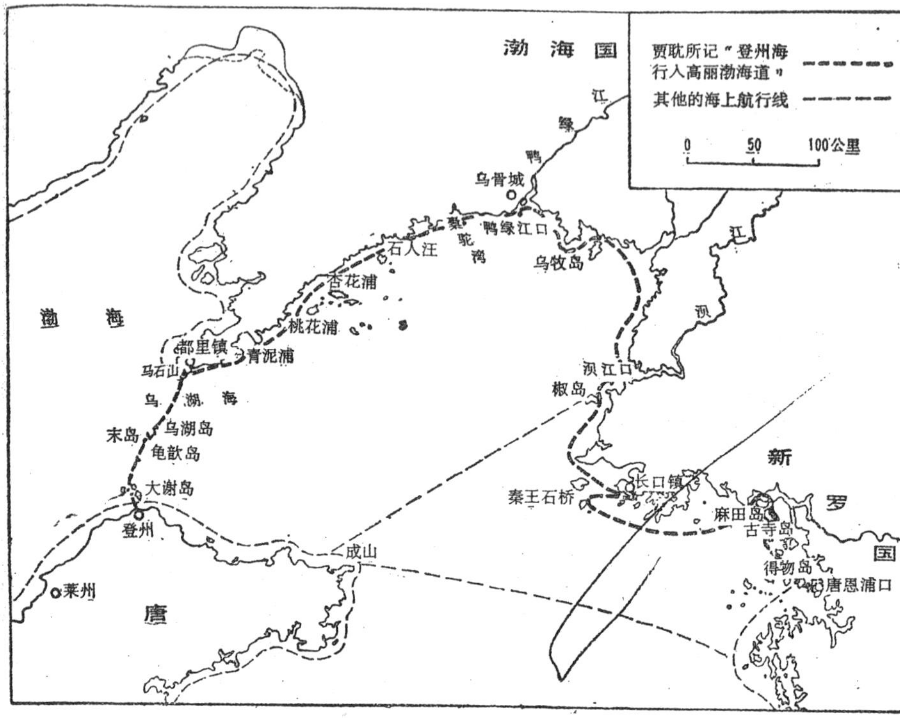

图4.19　登州海行入高丽、渤海道

口，转陆行七百里至新罗王城，即“高丽道”。因为一直是沿海岸航行，风险系数小，安全度高，所以这条航路一直沿用到唐代。缺点是一路绕行，航程较长，花费的时间较多。南北朝时期，中朝之间就发展了另一条航路，即从朝鲜半岛西海岸直接横渡黄海，抵山东半岛登陆。这条路线航程缩短了很多，但风险系数也大了很多。因各有取舍，这两条航路在隋唐时都有使用。

这两条航路在中国的登陆地点，主要是山东半岛，尤以登州和莱州最为主要。登、莱二港的历史都很古老，可以向前追溯到秦汉时期。从历史的早期开始，它们就是中国对朝鲜半岛和日本列岛的海上交通要冲。贾耽以“登州海行入高丽、渤海道”命名北方传统的对外海路交通，说明登州港或比莱州港的地位更加重要。

与南海诸港不同的是，北方的海外通商对象只有朝鲜半岛和日本列岛，远不及南洋国家数量多、航线长，而且当时的主要贸易对象是阿拉伯人，北方海港距离遥远，发展对外贸易的各种条件都远不及南方海港。因此，山东半岛的登、莱二港一直都以军事运输和对外交通为主。由于历史上的强敌多出现在北方，登、莱二港“北控辽左，东扼岛夷”，军事海运及海上后勤补给的功能就更加突出。唐代漕运，需要“泛海凌蓬莱”，经山东半岛北部的登莱中转，送至北方边防重地幽燕地区。隋唐两代对朝鲜半岛的数次大规模海战，也都是以登莱二港为基地，造船、运兵、运粮，完成军队的集结和后勤物资的供应，如贞观十八年（公元644年），唐太宗伐高丽，“劲卒四万，战船五百”[1]，从莱州渡海趋平壤。显庆五年（公元660年），唐高宗派苏定方率10万水陆大军，从莱州出航，与新罗军合击百济。唐前期的莱州郡辖区包括莱州和登州两港。从史书记载的数字来看，登、莱二港已经具备大规模集结兵力实行海运以及海上后勤补给的能力。

图4.20　登州古港

大唐盛世期间，新罗、日本甚至东北极寒之地的渤海国，对华交往都很频繁。唐前期，这几个国家的遣使都是在山东半岛登岸转陆道，或从山东半岛南下扬州，沿大运河北上长安。中唐以后，日本开辟南路新航线，但新罗和渤海的遣唐使、留学生以及来华贸易的商人，仍然大量在山东半岛登陆。据《渤海国志》所述，自唐神龙元年（公元705年）至开成四年（公元839年），渤海国单方面的遣唐使就有40次之多。新罗一直都与唐朝交好，在朝鲜半岛的三国争霸期间，新罗本是实力最弱的一个，后来在唐王朝的支持下，才逐渐发展壮大，进而统一全岛，维持统治近三百年之久。从公元621年到公元906年的286年间，新罗以各种名义共向唐朝派出使节126次[2]。新罗对大唐的学习也几乎全盘照搬。新罗首都平壤，是仿隋唐的洛阳和长安的布局建造。新罗的政治制度，也仿照唐制设置。“中国文化之四播，以朝鲜半岛所感受者为最深。唐世，四邻诸国与中国邦交最睦者莫过于新罗，而接受华化之彻底，倾慕华风至热忱，尤以新罗为最，至于正朔衣冠皆遵唐制，他可知矣。”[3]新罗的留学

[1]　《旧唐书·高丽传》。

[2]　杨昭全：《唐与新罗之关系》，载于《中朝关系史论文集》，世界知识出版社，1988年版，第10页。

[3]　严耕望：《新罗留学生与僧徒》，载于《唐史研究丛稿》，新亚研究所，1969年版，第425页。

生，从唐初到唐末，一直都络绎不绝。“自太宗贞观十四年新罗所派遣留唐学生起至五代中叶，三百年间，新罗所派遣之留唐学生最保守估计当有两千人。此一数字可谓相当庞大，四裔中其他诸国留唐学生之数量，远不能比。”[1]仅开成五年（公元840年），新罗学成归国的留学生就达105人[2]。不少新罗人还参加唐朝的进士科考试并在唐朝做官，时称“宾贡进士”。新罗僧侣游学中华也蔚为风尚，有名号可考者已逾一百三十人[3]。

山东沿海一带的外国人以新罗人为主流。其时，从山东半岛北部的登州、莱州，一直到南部的密州，以及江淮流域的海州、泗州、楚州、扬州，沿海各州县几乎都有新罗海船靠泊。木宫泰彦《日中文化交流史》记述：“当时唐和新罗之间的交通似乎很频繁，在楚州（江苏淮安）以北，即现在江苏省和山东省的沿海州县，到处都有新罗坊，置总管加以管理，并置有译语（翻译）等人。”由于新罗人来华众多，在北方沿海一带应运而生各种与新罗人有关的机构和场所。山东及江苏北部沿海各州县，均设有专司接待官方使节的新罗馆。新罗人在北方长期居留、经商、学习、求法的也很多，所以自发形成了不少新罗坊、新罗村、新罗院。新罗坊是类似于蕃坊的新罗人的聚居区。新罗村是新罗人聚居的村庄。新罗院则是寺院专为接待来华求法的新罗僧侣所设置的客院。为了方便管理，在新罗人居留较多的州县，唐朝政府还设置了专门负责新罗事务的“勾当新罗使”和“勾当新罗通事押衙所”等专职官员和机构。

日本的圆仁和尚曾在登州居留三年之久，对山东半岛一带的情形较为熟悉。在他的《入唐求法巡礼札记》中，记载了从山东到江苏沿海的一些新罗馆所。从山东半岛的登州起，至淮南道的楚州止，有登州文登县勾当新罗所、登州赤山法华寺新罗院、登州城内南街新罗馆、青州龙兴寺新罗院、楚州涟水县新罗坊、楚州山阳县城新罗坊等。圆仁在唐开成四年至五年（公元839—840年）期间，曾入住由新罗人张保皋所建的登州赤山法华寺新罗院。据他的观察，该寺院有僧人三十余人，“讲经礼忏皆据新罗风俗，但黄昏寅朝二时礼忏且依唐风，自余并依新罗语音。其集会道俗老少尊卑总是新罗人，但三僧及行者一人日本国人耳”。开成五年正月十四日、十五日，圆仁在法华寺参加了两场讲经会，“集会男女，昨日二百五十人，今日二百来人……斋后，皆散去”。参加讲经会的主要是附近村庄居住的新罗人，大约在两百人的规模。

[1] 严耕望：《新罗留学生与僧徒》，载于《唐史研究丛稿》，新亚研究所，1969年版，第441页。

[2] 《唐会要》卷95。

[3] 严耕望：《新罗留学生与僧徒》，载于《唐史研究丛稿》，新亚研究所，1969年版，第479页。

《入唐求法巡礼札记》记载，登州的文登县和牟平县都多有新罗侨民及其村落，如赤山村、刘村、邵村、望海村等，莱州的崂山、大珠山一带也有不少新罗侨民和新罗船队出入。这些新罗人的聚居区，除了融入唐朝的日常生活，也承担了迎送和招待的服务功能。新罗人入唐，在山东沿海口岸登陆后，即由当地的新罗侨民接待，然后选择路线赴内地留学、求法或南下经商。从唐朝返回或前往新罗的中外商旅，也在这里等候信风、补充给养甚至修理船只，然后启航。翦伯赞在《中国史纲要》中说："九世纪中叶，在今山东、苏北沿海诸县，有许多新罗坊，是新罗侨民聚居的地方。侨居中国的朝鲜人民有的经营水运，有的务农力作，他们对中国东部的沿海的经济、文化发展有所贡献。新罗商人的船只来往于今山东、江苏沿海之间，并常常航行到日本。"[1]圆仁的《入唐求法巡礼行记》中所提及的新罗人金子白、钦良晖、金珍等，都是在唐日两国之间从事海上贸易的民间新罗海商。其他如著名新罗人士张保皋，也是以登州赤山浦为主要据点，在中国、新罗、日本之间建立了相当规模和实力的海上国际贸易网络。

图片来源：

[1]http://tpu.eku.cc/scdt/004tx/741226497669.jpg，2013年6月3日访问。

[2]http://hxd.wenming.cn/cldzgwm/disk3/0813/picture/0813pic19250.jpg，2013年6月3日访问。

[3]孙光圻：《中国古代航海史》，海洋出版社，2005年版，第245页。

[4]http://time-az.com/images/2009/07/20090723kentouhunel.jpg，2013年6月6日访问。

[5]http://c.hiphotos.baidu.com/baike/pic/item/63d0f703918fa0ec5aad8c27269759ee3d6ddbb6.jpg，2013年6月4日访问。

[6]http://www.confucianism.com.cn/WebEditor/UploadFile/20094285710260.jpg，2013年6月4日访问。

[7]［美］谢弗：《唐代的外来文明》，中国社会科学出版社，1995年版，扉页。

[8]http://image.hualang.net/2010/06/25/1920dcfcd381227a74b3df1f380346bb.jpg，http://upload.wikimedia.org/wikipedia/commons/1/12/Five_Dynasties_and_Ten_Kingdoms_Period_Zhou.jpg，2013年6月4日访问。

[9]http://www.gzsdfz.org.cn/rsgz/hssl/200803/W020080324594747656414.jpg，2013年6月4日访问。

[10]资料来源：http://img5.cache.netease.com/gz2010/2010/6/28/2010062817204278a6a.jpg，2013年6月4日访问。

[11]孙光圻：《中国古代航海史》，海洋出版社，2005年版，第225页。

[12]《扬州古港史》，人民交通出版社，1988年版，附录。

[13]http://www.yznews.com.cn/news/attachement/jpg/site2/20081113/wbshia04b13c_1003_b.jpg，2013年6月4日访问。

[14]王育民：《中国历史地理概论》下册，人民教育出版社，1987年版，第616页。

[1] 翦伯赞：《中国史纲要》第2册，人民出版社，1965年版，第251页。

[15]王育民：《中国历史地理概论》下册，人民教育出版社，1987年版，第653页。

[16]王育民：《中国历史地理概论》上册，人民教育出版社，1987年版，第442页。

[17]http://www.ccnh.cn/bbs/attachments/month_0812/20081231_ab342f5c3f2126f1a30aJjkxW9FrXXps.jpg，2013年6月7日访问。

[18]http://f.hiphotos.baidu.com/baike/pic/item/d043ad4bd11373f0171f03eea40f4bfbfbed049a.jpg，2013年6月4日访问。

[19]王育民：《中国历史地理概论》上册，人民教育出版社，1987年版，第441页。

[20]http://www.shm.com.cn/ytrb/images/2010-08/28/1282956145207RB06B828C001_b.jpg，2013年6月7日访问。

第五章

宋元（公元960—1368年）：海上贸易的鼎盛时代

历史上的宋元，或许不是中国最强盛的时期，但一定是古代航海贸易最繁荣的时代。出于各种原因，宋元两代都对航海贸易表现出极大的热情和重视，也都采取了比唐代更为积极主动的航海政策。这一时期的造船和航海技术也有显著进步，指南针开始用于航海，具有划时代的意义。泉州港和广州港，各领百年风骚。正如马可·波罗及其他同时代的外国旅行家所惊叹的那样，宋元的大航海时代展现的，是世界上最坚固的海船，最强大的海商，以及最繁华的港口。

两宋积极的海上贸易

两宋对航海贸易的认识，达到了高度的统一。北宋神宗早在吴越国贸易致富的历史经验中就得出结论："东南利国之大，舶商亦居其一"。南宋高宗最初对航海贸易不屑一顾，认为"市舶司多以无用之物，枉费国用，取悦权近"[1]。但很快地，因为缺钱用，因为要忙着找钱，高宗皇帝认识到了错误，并坦白承认："市舶之利最厚，若措置合宜，所得以百万计，岂不胜取之于民。朕所以留意于此，庶几可以宽民力尔。"[2]从皇帝的高度，切实认识到"市舶之利"的好处，并毫不掩饰地直白表示出来，这即使不是历史上的首次，也是少有的大胆表述。古人喜欢讲"君子不言利"，南宋朝廷显然有些另类。绍兴十六年（1146年），宋高宗进一步表示："市舶之利颇助国用，宜循旧法，以招徕远人，阜通货贿。"[3]从皇帝到小民，态度都很务实，以经

[1]　《宋会要辑稿》职官44。
[2]　《宋会要辑稿》职官44。
[3]　《宋会要辑稿》职官44。

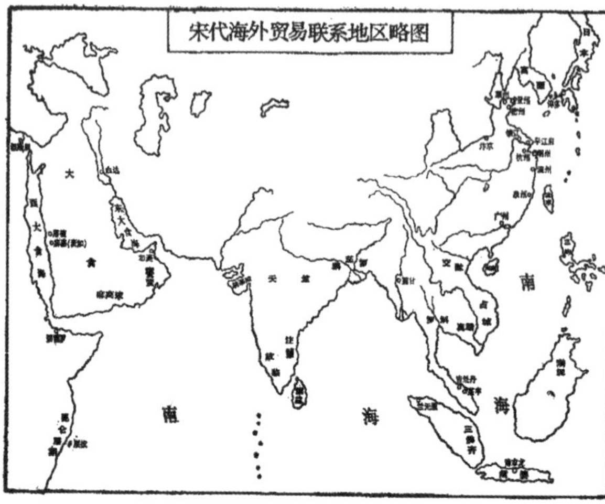

图5.1　宋代海外贸易联系地区略图

济利益为上，是贯穿两宋对外海上交往的一条主轴。

宋代制定了一系列鼓励航海贸易的奖励、优恤和推广政策。早在北宋开国不久，雍熙四年（公元987年）五月，宋太宗就“遣内侍八人赍敕书、金帛，分四纲，各往海南诸蕃国，勾召进奉，博买香药、犀牙、真珠、龙脑；每纲赍空白诏书三道，于所至处赐之”[1]。空白诏书即空白的进口特许证，其潜台词是鼓励海南诸蕃国前来通商贸易。大唐帝国的开放贸易，是一种“姜太公钓鱼，愿者上钩”的姿态；到了两宋，为了求财，朝廷不在乎放下架子，主动出门招揽生意。所以说，在对待航海贸易的态度上，两宋远比唐代更为积极主动。

北宋时，如果对外贸易的收入情况不够理想，朝廷会责成地方官吏想办法改善。譬如仁宗天圣六年（1028年），因广州“近年蕃舶罕至”，朝廷指令“本州及转运使，诏诱安存之”。于是地方官想方设法招徕海商，第二年就“置者倍其初，珍货大集”[2]。然而，这种方法过于单一，靠朝廷施压难以持久。南宋时，朝廷又制定了一系列调动海商积极性的奖惩措施。如政府规定，“诸市舶纲首能招诱舶舟，抽解货物，累价及五万贯、十万贯者，补官有差”，纲首就是船长，意即能缴进口关税五万贯、十万贯以上者，可以补不同级别的官职。泉州海商蔡景芳，自建炎元年至绍兴四年（1127—1134年）因招诱蕃舶贩到货物，收净利钱98万贯，被授予“承信郎”的官职（相当于九品）。阿拉伯商人罗辛，贩来乳香三十万缗，也获补“承信郎”。又，“闽广舶务监官抽买乳香，每及1百万两者，转一官，又招商入蕃兴贩，舟还，在罢任后，亦依此推赏”[3]，这是针对市舶官员业绩的激励措施。

对本国出海贸易的商船，南宋推出了优惠减免政策，即：“若在五月内

[1]　《宋会要辑稿》职官44。
[2]　《宋史·马亮传》。
[3]　《宋史·食货志》。

回舶，与优饶抽税之，如满一年，不在饶税之限；满一年以上，许从本司追究。”[1]意即回来得早，抽的税少；回来得晚，不仅没优惠，还要视情节轻重决定是否需要受罚。其潜台词就是，快去快回，多跑几趟，朝廷可以在抽分中多赚点钱。所以说，在一门心思赚钱时，宋人其实已经很有现代人的经济头脑和经营理念。

对蕃商的优恤和保护，两宋比唐代做得更好。建炎元年（1127年），宋高宗下诏令，“有亏蕃商者，皆重置其罪”。这条规定主要是针对市舶司官员克扣勒索蕃商的行为而言。宋代不少市舶官员，以“和买”为名，要挟外国舶商，“择其精者，售以低价”[2]，以从中渔利。所以，宋朝廷规定，“违法抑买者，许蕃商越诉”[3]，也就是说，如果有发生市舶官员侵吞舶商利益的事情，外国舶商可以直接向官府申诉。朝廷法令规定，“市舶务监管，并见任官，诡名买市舶司及强买客旅舶货者，以违制论”，一旦违制，惩罚亦很严重，“其知（州）通（判）诸色官员，并市舶司官并除名。使臣决配，所犯人亦决配”[4]。对于廉洁奉公的市舶官员，仁宗天圣八年（1130年）规定，在任三年“委实廉慎，别无公私过犯者”[5]，可得到皇帝的特别嘉赏。

对于走失的海船，去世的海商，两宋政府也表现出极大的善意。或许是为了收拢人心，招揽生意，或许是为了展现大国仁义的良好形象，总之，宋代的做法完全合乎现代的人道主义精神。如高丽、日本的海船，常因风暴漂流到明州等沿海州县。明州知州曾巩为此上疏，奏请对受灾的海商“置酒食犒设，送系官方房舍安泊，逐日给于食物，仍数日一次，另设酒食；缺衣服者，官为置造，道路随水陆，给借鞍马舟船，具折奏闻。其欲归本国者，取禀朝旨，所遣远人得知朝廷仁恩待遇之意”[6]。简而言之，就是好吃好喝好招待，免费提供衣食和日用品，临走还给负责安排“鞍马舟船”等交通工具。有宋一代，基本都是照此办理。宝祐六年（1258年），明州等地还明确规定了具体的生活补助数额。如明州对受灾的高丽商人，每天支米2升，钱1贯，归国时每人给回程钱600贯，米12石[7]。对于无主的受灾海船，元符二年（1099年），户部统一规定：“蕃舶为风飘着沿海州界，若损败或船主不在，官（府）为拯救，录货物，许其亲属招保认还，及立防盗纵诈冒断罪法。”[8]意即官府代为搭救，

[1]　《宋会要辑稿》职官44。
[2]　《宋会要辑稿》职官44。
[3]　《宋史·食货志》。
[4]　《宋会要辑稿》职官44。
[5]　《宋会要辑稿》职官44。
[6]　《宝庆四明志》卷6。
[7]　《开庆四明续志》卷8。
[8]　《宋会要辑稿》职官44。

记录并保管货物，如有亲属可来取保认领，但也严禁盗窃诈骗和冒领等不法行为。与此形成鲜明对比的是，据马可·波罗记载，当时的印度半岛各国几乎都有掠夺外国船舶的风俗。南洋的一些国家也是如此。《萍洲可谈》记载，“海外多盗贼”，经常抢劫不是去他们国家贸易的海船。例如去占城，结果失途误入真腊，则尽没其船货，还要将船主绑起来卖，称“尔本不来此间”。《岭外代答》也说，“大抵蕃舶风便南行，一日千里，若遇逆风，为祸不测，幸泊于吾境，犹有保甲之法，苟泊外国，则人货俱没”。

对于世代在中国经商的蕃商，一旦去世，其留下的资财，宋代也有相应的外商遗产保护法，即有遗嘱者，按遗嘱办理；无遗嘱又无继承人时，由市舶司保管。有一个广为流传的故事，充分证明宋代政府在对待外商遗产时，非常遵循仁义之道。南宋赵伯圭出任明州知州兼主理市舶务期间，有一名来自真腊的海商“死于城下，囊赀百万，吏请没入”，赵伯圭不同意，而是“为具棺敛”，命该海商的徒弟护送其遗体和财产归国。海商的遗族为此十分感动，特将归还的财产用来修建一座三级浮屠，以颂扬中国的德政。真腊国还就此事致书宋朝廷，表示“吾国贵近亡没，尚籍其家，今见中国仁政，不胜感慕，遂除籍没之例”[1]。因为受中国仁政的感化，真腊国也废除了贵人死便籍没其家产的法例。

以上都是非正常或非常规事件的处理，还不能充分体现两宋政府对蕃商的招揽之意。实际上，两宋时期，对于来华贸易的外国海商，市舶司还有一项专职，就是尽地主之谊行招待之事。海外的商船抵港时，市舶司必派官员前往迎接，备轿马送蕃商们到馆驿休息，然后举行盛大的宴会欢迎他们到来。每年十月，蕃商归国时，市舶司还要组织规模更为盛大的慰劳送别宴，称“燕犒”或“犒设”。《岭外代答》介绍，“岁十月，提举市舶司大犒设蕃商而遣之”。《宋会要辑稿》记载，“每年于十月内，依例支破官钱三百贯文，排办筵宴……犒设诸国蕃商”，蕃船上的重要船员也都参加，“各令与坐，无不得其欢心，非特营办课利，盖欲招徕外夷，以致柔远之意”。高宗建炎二年（1128年），提举两浙市舶司吴说上疏奏请罢废“犒设”，理由是“每年犒宴，诸州所费不下三千余贯，委是枉费”，于是朝廷以“减省冗费”的名义，“罢每年燕犒”，但蕃舶抵港，“依旧例支送酒食”。四年以后，即绍兴二年（1132年），广州市舶司首先请求恢复犒设，理由是“窃虑无以招邀远人，有违祖宗故事”。后来泉州也援例请求，于是燕犒之设复行。

北宋时，西北的陆上丝绸之路虽有西夏阻断，但经吐蕃的青海道仍可与西

[1] 楼钥：《玫瑰集》卷86。

域进行贸易往来，所以对东南的海上贸易虽极为重视，但毕竟不属于国家命脉所在。南宋偏安江南，国土缩小了一半，一方面要继续维持国家机器的运转，另一方面还要北御强敌，兼应付每年庞大的岁贡支出，军事和经济上都是极大的负担。缺钱的地方实在太多，所以南宋朝廷对海上贸易的态度，较之北宋就显得更为热衷，而且也更为用心地经营。顾炎武在《天下郡国利病书》中说，“南渡后，经费困乏，一切倚办海舶，岁入故不少”。北宋的市舶收入，在40万～60万缗（缗同贯）之间，南宋的市舶收入，则稳定在200万缗以上。尤其南宋初年，全国总收入才不过1千万缗，东南海上贸易就占了五分之一强[1]。

元代的“胡萝卜加大棒”政策

元代秉承了宋的开放贸易政策。与两宋一样，在开国之初就设置海外诸蕃宣慰使和市舶使。至元十五年（1278年），元世祖派大臣唆都、蒲寿庚奉玺书“诏谕南夷诸国”[2]，表示“诸蕃国列居东南岛屿，皆有慕义之心，可因蕃舶诸人宣布朕意，诚能来朝者，将宠礼之，其往来互市，各自所欲”[3]。其后，又陆续遣派使节赴南亚及印度洋诸国，进行招诱贸易活动。比较著名的有亦黑迷失四下南亚，杨廷壁三使俱兰，周达观出使真腊并撰《真腊风土记》，以及孛罗和杨枢出使波斯湾的伊利汗国（蒙古四大汉国之一，成吉思汗四子拖雷之子旭烈兀所建）。在元政府的频频招诱下，“占城、马八儿二国首来通商，其他诸国次第效之，元代互市遂臻于盛”[4]。元代的海上贸易，在两宋的基础上更

图5.2 元代海外贸易联系地区略图

[1] 林家劲：《两宋时期中国与东南亚的贸易》，《中山大学学报》，1964年第4期。
[2] 《元史·唆都传》。
[3] 《元史·世祖纪》。
[4] 桑原骘藏：《蒲寿庚考》，中华书局，1929年版，第186页。

加繁荣。按宋人赵汝适《诸蕃志》的记载，与宋朝与海上贸易往来的国家是50多个；按元人陈大震《南海志》的记载，与元朝有海外贸易关系的国家和地区多达140多个，遍及亚、非、欧三洲。

元代的对外贸易政策多循宋制，但不及宋的面面俱到。元代既没有宋代花样繁多的激励政策，也没有针对蕃商利益提供细致的优恤和保护措施。只有一条总纲，任其往来所欲。为防止侵犯外商利益，元代制定的市舶管理条例明确规定，必须选择"谙练钱谷"的廉干官员负责外国商舶的货物发卖；现任官员与权豪势要之人不得诡名、串通购买蕃商的货物，若有违令者，"许令诸人首告，得实，将见（现）获物价尽数没官断罪"，同时，对举报人实行奖励，即"于没官价内一半付告人充赏"[1]。

对于本国出海贸易的商人，元代实行免役政策，算是一项优惠措施。官府对本国的海商，不可以随意支差，以防影响航行贩运经纪；船商、船员及其家属，可在所属州县免除差役，以示优待。当然，与宋代不同的是，元代的海外贸易，主要是官方性质的垄断贸易，即所谓"官本船"贸易。由朝廷提供船只和买货的资本，"选人入蕃贸易诸货"，民间的海商负责出海贸易，并与官府三七分成，即"其所获之息，以十分为率，官取其七，所易人得其三"[2]。元朝政府是想利用这种官资民营的方式垄断丰厚的航海收益，但民间海商显然也想博取更多的利益，所以私商贸易在元代依然存在，而且屡禁不止。至元三十一年（1294年），元成宗继位之后，索性放开禁令，诏"有司勿拘海舶，听其自便"。仁宗延祐元年（1314年），"仍禁人下蕃，官自发船贸易"。元英宗至治三年（1323年），重申"听海商贸易，归征其税"[3]。于自此以后，"富民往诸蕃商贩率获厚利"，"商者益众"[4]。尽管"海外蕃夷之国，去中国数万里，舟行千日而后始至"，然而"嗜利者必至焉"[5]。

两宋的航海贸易，是非常直白的经济利益至上，故对前来贸易的国家，以怀柔为主。元代虽然同样执行开放的航海政策，同样积极招诱和开展贸易活动，但在获取经济利益的同时，很重视国威远扬海外。对于周围的近邻，通商的另一层含义，还意味着"臣服"。元代是我国历史上少有的一个极其热爱侵略和扩张的朝代，所以，即使在海外贸易一片繁荣的大好形势下，元代政府仍然没有忘记要动用武力震服周邻小国。比如对日本的两次侵略，以及向南对占

[1] 至元三十年《市舶抽分则例》二十二条。
[2] 《元史·食货志》。
[3] 《元史·食货志》。
[4] 《元史·铁木迭儿传》。
[5] 《闻过斋集》卷3。

城和爪哇的两次用兵。这几次战争都是发生在元世祖忽必烈的统治期间，其时，元朝正气势如虹，所以态度相对也更强横一些。元军东征日本，是因为忽必烈发牒文要求日本“通向结好，以相亲睦”，否则就“以至用兵”，“夫孰所好，王其图之”[1]。日本方面则以“蒙古之号，于今未闻”[2]为由，置之不理。忽必烈遂发大军东征日本，然而神奇的是，两次浩浩荡荡的东征都莫名其妙地毁于台风之手，因为被猛烈的风暴摧毁大部分的船只和兵力，所以不得不无功而返。因为元朝莫名其妙的侵略行为，中日在元代一直没有正式建立外交关系，但民间的贸易往来依然活跃。元世祖南征占城、爪哇，起因也都是些微小事，或者是因为不肯臣服，“既服复叛”，或者是因为礼数不周，藐视天威，所以两次南征也都稀里糊涂地以失败告终，不久以后，都恢复了正常的贸易往来。蒙古的铁骑可以横扫亚欧地区，偏偏在与近邻小国的海战中频频失利，不能不说是一个异数。

宋元海外贸易繁荣的基础

唐代开拓的远洋航线，已经可以深入波斯湾，甚至可抵东非海岸。宋元时期的航海，主要是在前人的基础上加以补充、细化和进行小范围的拓展。不过，事关海外贸易的三个重要因素：航海技术、造船技术以及通商货物，宋元是在唐代的基础上大大地进了一步。

宋代在航海上最大的贡献无疑是指南针的发明。早在春秋战国时期，古人已经发明了“司南”，即指南针的前身。但这种用天然磁石简单加工而成的测向器在海面上却无法使用，定向不准。北宋年间，利用人工磁化技术，用于航海导航的指南针终于问世。沈括在《梦溪笔谈》中详细介绍了四种指南装置，其中以水浮针最为简单实用。北宋朱彧《萍洲可谈》记曰，“舟师识地理，夜则观星，昼则观日，阴晦观指南针”。南宋赵汝适也在其《诸蕃志》中说，“舟船来往，惟以指南针为则，昼夜守视惟谨，毫厘之差，生死系矣”。不难看出，两宋时期，指南针用于海上导航，已经相当普及，而且随着它在航海中所表现出的优越性，指南针很快成为主要的导航手段。南宋后期，指南针技术继续演进，水浮针被水浮式针罗盘——“针盘”所取代。随着针盘的广泛应用，元代的航海渐渐形成了以针盘定位为基础的针位航路，即针路。14世纪的元代官修政书《经世大典》中，已经注明当时航海“惟凭针路，定位行船；仰

[1] 《元史·日本传》。
[2] 营原长成：《本朝文集》。

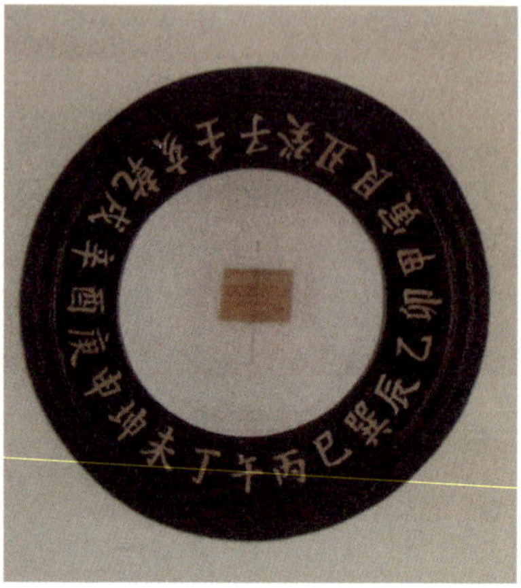

图5.3　水罗盘

观天象，以卜明晦”。罗盘定位成为使用的导航手段。这一发明，在航海史上具有划时代的意义。在西方历史文献中，即使是最擅长航海的阿拉伯人，使用指南针导航的记载，也在12世纪末13世纪初，比宋人晚了整整一个世纪。

此外，宋元时期，在天文观星、地文测深、季风和潮汐知识、气象预测，以及驾驶帆船的操舵、使帆、定锚技术等方面，古人的航海术都发展到一定的高度。比如观星术，李约瑟在《中国科学技术史》中评论古阿拉伯海员擅长天文导航术时说：“真实的情况是，唯一的观星鼻祖——更北方的中国人，就已经这么做了。但不过他们的记述，被包含在表意的语言之中，直到近代才被西方人了解和重视。”航海图最早也是出现在宋元时期。北宋咸平六年（1003年），广州地方官曾向朝廷进呈《海外诸蕃图》[1]；宣和五年（1123年），徐兢奉使高丽，“在神州所经岛洲苫屿而为之图”[2]；南宋时，赵汝适也曾“阅诸蕃图”[3]。可惜，这些海图至今早已流失，难识其貌。现今流传下来的最早的航海图始于元代。

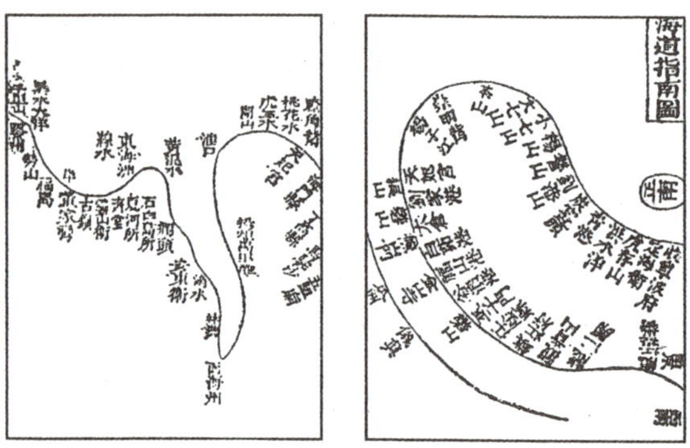

图5.4　元代北洋《海道指南图》

宋元时期的造船业也发展到了一个高峰。全国各内河、沿海地区均有造船基地。宋元三大港广州、泉州、明州所造的海船都极负盛名。如元代在中国旅行的摩洛哥旅行家伊本·白图泰（IbnBatuteh）在其游记中所言，印度和中国之间的交通，都使用中国的大船。大船有四层，设备齐全，可载一千人，“此类商船，皆造于刺桐（Zaitun，即泉州）和兴克兰（Sinkalnan，即广州）二

[1]　《续资治通鉴长编》卷54。
[2]　徐兢：《宣和奉使高丽图经》卷34。
[3]　赵汝适：《诸蕃志》。

埠”[1]。明州和温州也是宋代主要的造船基地，如哲宗元祐五年（1090年），诏“明州、温州每年造船以六百为额”[2]，约占全国造船总数的20%以上。元丰元年（1078年），宋神宗命安焘、陈睦出使高丽，用的就是明州所造的“万斛船”，一艘名曰“凌虚致远安济神舟”，另一艘名曰“灵飞顺济神舟”[3]。宣和七年（1125年），宋徽宗遣徐兢等出使高丽，也是在明州制造了两艘更大的神舟，一曰“鼎新利涉怀远康济神舟”，一曰“循流安逸通济神舟”，都是取其平安到达之意。神舟之大，据称在海面上可以“巍然如山，浮动波上，锦帆鹢首，屈服蛟龙”，到达高丽时，“倾国耸观，欢呼嘉叹”[4]。明州的民间造船业也很发达。理宗宝祐五年（1257年），为征用民船作沿海警备之用，朝廷曾对明州六县的民船做过一次统计，除了小而不能充军需者外，共计有7916艘，其中船辐一丈以上者1928艘[5]，从中也可见两宋民间航海之盛。

图5.5 元代刺桐（泉州）海船模型

宋元制造的海船大小不等。按伊本·白图泰的记载，大者叫艟克，中者叫艚，小者叫舸舸姆。大船可载一千人，内有水手六百人，兵士四百人，一般装“三帆以至十二帆”，航行之时，“帆若垂天之云”[6]，场面十分壮观。宋元海船在坚固度和安全性上也有较大发展，如水密隔舱技术的使用。每艘船一般分隔为十几个小舱，即使其中的一、二个舱破损，也不致全船沉没。马可·波罗在其游记中记载了水密隔舱的好处，“设偶触礁，或与巨鲸相撞，致船底洞穿海水渍入者，因各部紧固隔离之故，海水不致淹没全船”。为适应远航的需要，宋元的海船在舒适性上也有所改进。伊本·白图泰在其游记中说，海船上各类房间极多，有房舱，官舱，商人舱，以备商客之用，厕所私房，无不设备周到。马可·波罗也提到，“船商有舱房五六十所，商人皆处其中，颇宽适”。在他的游记中，还对中国和阿拉伯的海船进行过对比，他认为相比中国海船，阿拉伯的海船十分简陋。造船的木材过于干脆，铁钉打不进去，而且

[1] 张星烺：《中西交通史料汇编》第2册，中华书局，1977年版，第55页。
[2] 《宋会要辑稿》食货50。
[3] 《宋史·神宗纪》。
[4] 《宋史·高丽传》。
[5] 《开庆四明续志》。
[6] 《岭外代答》。

容易震裂。船板只用椰索缝合。船底不涂沥青，只用鱼脂油再加絮捻缝。船体也很小，仅一桅、一舵、一舱，连铁锚都没有。中国的海船“用枞木（sapin）制造”，“各有一舵，而具四桅，偶亦别具二桅，可以竖倒随意。船用好铁钉结合，有二厚板叠加于上，不用松香，盖不知有其物也，然用麻及树油掺合涂壁，使之绝不透水。每船舶上，至少应有水手二百人，盖船甚广大，足载胡椒五六千担。无风之时，行船用橹，橹甚大，每具需用橹手四人操之。每大舶各曳二小船于后，每小船各有船夫四五十人，操棹而行，以助大舶。别有小船十数助理大舶事务，若抛锚、捕鱼等事而已。大舶张帆之时，诸小船相连，系于大舟之后而行。然具帆之二小舟，单行自动与大舶同”[1]。

除了造船和航海技术在当时非常先进之外，宋元的贸易输出商品也较前代更加丰富而且广受欢迎。如农业方面，水利工程的兴建以及占城稻的引进，使农业产量大幅提高，粮食成为大宗的贸易货物。广东、福建、两浙一带的沿海粮食贸易就十分兴旺，有些还被贩卖出口到南洋诸国。如南宋时，两浙一带沿海州县就有“奸民豪富，广收米斛，贩入诸蕃，每一海舟所容，不下二千斛”[2]。

北宋时茶叶也开始出口。据蔡襄《茶录》所记，从北宋皇祐二年（1050年）起，福建就有茶叶出口。《宋会要辑稿》记载，嘉定十五年（1222年），有官员进言：“国家置舶司于泉广，招徕岛夷，阜通货贿，彼之所阙（缺）者，如瓷器、茗（茶）、醴（酒）之属，皆所愿得。”可见，两宋时，茶叶已有一定的海外市场。宋代的江南、福建等地都是茶叶盛产地。如北宋元丰七年（1084年），福建仅建州一地出产的茶叶就有三百万斤[3]。

图5.6　南宋《耕织图》之一

传统的丝织业和瓷器业在宋元时期更加发扬光大。丝织业以江南地区最为兴盛，自宋以后，“天下丝缕之供，皆在东南，而吴丝之盛，唯此一区（两浙）”。两浙的丝绸产量彼时已超过四川。所产的丝织物与蜀

[1]　冯承钧译：《马可·波罗行纪》，上海书店出版社，2001年版，第385页。
[2]　《宋会要辑稿》食货38。
[3]　《宋史·食货·茶下》。

锦齐名，并列为全国之首，都是海外贸易的畅销品。宋代，全国经济中心已经南移，如《宋史·范祖禹传》所言，“国家根本，实仰给东南”。南宋初年，“东南诸路每岁起绸三十九万匹，绢二百六十六万匹，绫罗絁缎二万余匹”[1]。与此同时，全国重要的对外贸易港口也都分布在东南沿海一带，货物的供应更加丰富而且便捷，对海外贸易的发展无疑是一种促进。

宋元时期的瓷器，也较唐代的花色、品种、制作工艺等，都有所丰富和提高。唐代的瓷器号称“南青北白”，宋元的瓷器品种更多，除了青瓷、白瓷，还有影青瓷、青白瓷、黑瓷、釉下彩等，以北方的定窑、磁州窑、钧窑、耀窑和南方的景德窑、越窑、龙泉窑、建窑等八大名窑为代表，其中又以景德窑和龙泉窑的制品最为著名。当时的制瓷中心景德镇，有民窑二三百座，工匠数十万人。根据宋人笔记小说的记载，瓷器在宋代民间日常生活中的使用已经十分普遍，如酒楼一般都用耀州青瓷碗，饮食担也是用定州的白瓷瓶等。在海外，中国瓷器业风靡世界各地，如12世纪时，埃及著名的抵抗十字军的英雄人物萨拉丁（Saladin）就曾用40件中国瓷器作礼物，送给大马士革国王努尔艾丁（Nar Eddin）。伊本·白图泰在其游记中也写道：“中国人将瓷转运出口至印度诸国，以达吾故乡摩洛哥。此种陶（瓷）器，真世界最佳也。”元人汪大渊根据游历海外的见闻，在其《岛夷志略》中记述元代中国的青白瓷器、青瓷器、青白花碗、青花碗等产品，已经远销51个国家和地区。《萍洲可谈》也记载瓷器外销诸国时，为了多运一点，已经采用了套装的方式，即“海舶深阔各数十丈，商人分占贮货，人得数尺许，下以贮物，夜卧其上，货多陶器，大小相套，无少隙地”。

港口与市舶机构的设置

宋元时期，为加强对海外贸易的管理和控制，开始全面实行市舶管理制度。重要的对外港口均设有市舶司（务）。宋代，最初以州为单位设市舶司；后来又改为以路设司，每路设一司，司之下设市舶务。但在实际运行中，只有两浙路采取了这样的设置，广南东路和福建路在宋元两代都只有广州市舶司和泉州市舶司的存在。

北宋初，市舶使最早由地方长官兼任，即“以知州为（市舶）使，通判为（市舶）判官（后改为监官），及转运使司掌其事；又遣京朝官三班内侍三人

[1] 马端临：《文献通考》。

专领之"[1]。元丰三年（1080年），市舶司改以路为单位，市舶使一职也改由掌管一路财赋之责的转运使兼任。崇宁元年（1102年），设专职提举，不再由地方官兼任。其后市舶提举一职屡置屡废。罢废期间，就由知州、通判、转运使或提点刑狱、提举常平、提举茶盐等地方官兼领。市舶使和市舶监官之下，设有各色名目的办事人员，负责不同的分工。如孔目、手分、贴司、书表掌管文书档案；都吏负责巡检；专库负责舶货的保管；客司负责接待；前行和后行负责警卫[2]。

北宋先后设置过5个市舶司和1个市舶务。宋太祖开宝四年（公元971年），在广州设置第一个市舶司；其后，公元989年和公元999年先后在杭州和明州设司，与广州市舶司合称"三司"。泉州设司相对较晚，而且也不是一帆风顺。熙宁五年（1072年）和元丰五年（1082年），泉州转运使薛向和泉州太守陈偁分别奏请置市舶司于泉州，均未获批准。直到元祐二年（1087年），户部尚书李常再请，朝廷才正式在泉州设立市舶司。翌年（1088年），又在山东密州板桥镇设市舶司，这是宋元时期北方唯一的市舶管理机构。政和三年（1113年），在秀州（嘉兴）华亭县设置北宋唯一一个市舶务。北宋后期，杭州和明州市舶司都曾一度罢废，但很快又诏令"依旧复置"。

宋室南渡后，密州市舶司即不复存在。建炎元年（1127年），也就是南宋初年，宋高宗以市舶司"枉费国用"之名，废"两浙、福建路提举市舶司"，将其并入转运司，但"并废以来，士人不便，亏失数多"，国家财政收入锐减。所以，一年后，"依旧复置两浙、福建路提举市舶司"。自此以后，广州、泉州两路市舶司保持不变，而两浙路的变动则比较多一些。绍兴元年（1131年），杭州市舶司更名为临安市舶务。同年或更早一点，在温州也设立了市舶务。绍兴二年（1132年），两浙路市舶司从杭州移至秀州华亭，其下统辖临安、明州、温州、秀州华亭四个市舶务。绍兴十五年（1145年），又增设了江阴军市舶务。这是两浙路市舶贸易最兴盛的一段时期。乾道二年（1166年），因临安府等五处市舶务机构健全，完全可独立承担本地的市舶管理工作，在五务之上凌驾一个两浙路市舶司，颇有尸位素餐之嫌，因此有大臣因此建言，"两浙路置官委是冗蠹，乞赐废罢"[3]。于是，两浙路市舶司就此罢废。绍熙元年（1190年），光宗即位，他从国防角度考虑，认为杭州是国都，应禁止外国船舶进出，于是临安府市舶务告废。庆元元年（1195年）后，温

[1]　《宋会要辑稿》职官44。
[2]　《宋会要辑稿》职官44。
[3]　《宋会要辑稿》职官44。

州、秀州、江阴军的市舶务也相继被废。《宝庆四明志》记载：“光宗皇帝嗣服之初，禁贾舶至澉浦，则杭务废。宁宗皇帝更化之后，禁贾舶泊江阴军及温州、秀州，则三郡之务废。凡中国之贾，高丽与日本诸蕃之至中国者，惟庆元（明州）得受而遣焉。”此时，两浙路仅余明州市舶务。从北宋初至南宋灭亡，明州港始终都是两浙地区最重要的对外贸易口岸。南宋末年（1248年），杭州又重置“行在市舶务”，淳祐十年（1250年），在杭州的外港澉浦设市舶场，属杭州市舶务管辖，表明杭州的对外海港功能重新开放。

元代的市舶司大致与宋代相同。以广州、泉州、庆元（明州）三港为主力，其他港口则屡有兴废。至元十四年（1277年），元军攻取浙、闽之地后，就迅速在泉州、庆元、上海、澉浦四处，设立市舶司。之后，陆续增设广州、杭州、温州三处市舶司。至元三十年（1293年），元政府制定市舶管理法规时，对市舶司也进行整顿。温州市舶司被并入庆元市舶司。大德二年（1298年），澉浦、上海市舶司也并入庆元市舶司，且直隶中书省。其后，庆元市舶司也开始历经数次罢废。1304年罢，1308年复；1312年又罢，1314年再复；1320年再废，1322年结束罢废循环，一直维持到元末。

图5.7　国画《泉州市舶司图》

由市舶司的设置可知，宋元时期最主要的对外贸易港口就是广州、泉州和明州。杭州则因其特殊的城市功能而有兴有衰。其他较为活跃的港口则有温州、秀州、华亭（上海）、江阴等处，都在江浙沿海一带。北方唯一的对外贸易港是密州，而不是自古以来一直承担主要对外港口功能的登州和莱州港。原因在于，北宋时，登、莱二港因处于宋辽边界而被关闭；南宋时失去半壁江山，登、莱二港不再是宋之领土；元代北方主要实行的是大规模的漕粮海运，而且元代定都大都（北京），山东半岛一带的海港距离京城太近，自然不可能轻易对外开放。种种变故，促成了宋元两代东南海上贸易极为繁荣、北方海港却一蹶不振的局面。日本学者桑原骘藏在《蒲寿庚考》中曾对北宋设置市舶司的五个海港（广州、泉州、杭州、明州、密州）做过评价，认为实际上这几个港口可分为三个等级，泉、广为一，杭、明为二，密州只能算三等港。杭、明、密三港“远不逮泉、广之盛，且未必皆蕃商密处之地”，“如密州等港，阿剌伯人之至者，数必远逊泉、广，彼处蕃客，当以来之东海诸国者为多也”。从宋元时期的全局来看，这样的分析很有道理。泉州和广州贸易之盛，其他港口确实无与争锋。杭州和明州的主要贸易对象是高丽和日本，从规模和收入上都较泉州、广州要相差一截。实际上，宋元时期的市舶贸易收入，以广州和泉州所得为主要，至少占90%以上。但仅以北宋而言，泉州的重要性显然还不够突出。北宋后期泉州才设立市舶司，在此之前，杭、明、广三司并立，尽管“唯广最盛”，但从北宋几次发布的诏令来看，杭州和明州的地位亦相当之重要。其时，本国商船出海贸易，需向官府申请许可证。最初，这个颁发许可证的权限是在杭州。端拱二年（公元989年），宋太祖诏曰，“自今商旅出海外藩国贩易者，须于两浙市舶司陈牒，请官给券以行，违者没其宝货”[1]。两浙市舶司（杭州）垄断商人出海贸易的审批权，致使全国的海船都要从这里出入，从而增加了杭州港的影响力和繁荣度。然而，这样一来，广州等地的海船如果出海贸易要南行，为了领取许可证却要先北驶杭州，既不经济也不方便，所以元丰三年（1080年），诏令改为“诸非广州市舶司辄发过南蕃纲舶船，非明州市舶司而发过日本、高丽者，以违制论”[2]。由此，发往南海的商船，签证地改为广州；发往高丽、日本的商船，其签证地改为明州。元丰八年（1085年），诏令再次改为“诸非杭、明、广州而辄发海舶者，以违制论”。也就是说，三司都有签发海外贸易许可证的权限，证明北宋时期，广州、明州、杭州三者的地位大致相等。就此而言，北宋时期最主要的海港应是广州、杭州、明州三处。

除了以上设置有市舶管理机构的重要港口，宋元时期通航的海港还包括长江口以北的通州（江苏南通）、楚州（江苏淮安）、海州（江苏连云港），以及长江口以南的越州（浙江绍兴）、台州、福州、漳州、潮州、雷州、琼州等地，在宋代的地理书《太平寰宇记》《舆地纪胜》中都有记载[3]。元代漕运的起点和终点——刘家港和直沽港，也在这一时期崭露头角，走上历史舞台。

[1] 《宋会要辑稿》职官44。

[2] 《东坡奏议》卷8。

[3] 章巽：《我国古代的海上交通》，商务印书馆，1986年版，第53页。

宋元的市舶管理制度

《宋史·职官志》中，对于市舶司的职责，有明确的解释，即："提举市舶司，掌蕃货、海舶、征榷、贸易之事，以来远人，通远物。"桑原骘藏在《蒲寿庚考》中对市舶司的职责进行了更通俗的归纳：

对进口的海船和蕃商，船舶到港时检查有无禁品；保管货物；征收关税；买进政府专卖品（如香药）；保护外商。

对本国出海贸易的商船，起程和归国时，检查有无违禁品；征收关税。

宋代的市舶管理承唐制，主要功能并无太大变化，但比唐代更加严密和具体。最初宋代各市舶司的管理，是由各地官员根据实际情况自行判断和处理。宋神宗熙宁九年（1076年），诏令各部门"详议广、明州市舶厉害，先次删立抽解条例"[1]。经过四年的讨论，元丰三年（1080年）出炉了一部"广州市舶条（法）"，并要求全国推行。后世称其为"元丰法"。这是我国历史上第一部正式的市舶管理法规。不过，在后来的施行过程中，因为市舶管理屡有新情况、新变化发生，所以历届执政者屡次进行"续降冲改"[2]，导致新旧条法之间矛盾不一，"官吏无所遵守，商贾莫知适从"[3]。元祐五年（1090年），苏轼担任杭州知州时，就曾上疏说："若不将前后条贯看详，别加删定，严立约束，则奸民猾商往来无穷，必为意外之患。"[4]后来的执政者如宋徽宗、宋高宗都曾经考虑过重新修订一个统一的版本，可惜直到宋亡，这一想法也未见其成。

元代吸取宋代的经验教训，在宋代市舶法规（元人称其为"亡宋市舶则例"）的基础上，于至元三十年（1293年），颁布"整治市舶司则法二十二条"。仁宗延祐元年（1314年），又颁布了修订版的新市舶法则二十二条。宋元两代的市舶管理条例，虽属一脉相承，但一则宋为先、元为后，元代市舶法规较宋代的更加系统和严密；二则因为时代差异，元代市舶法规较之宋代也有若干变动。

简单来说，宋元的市舶管理大致可分为三大块。

第一，对进口货物的管理。

宋代分为三个环节：抽解、禁榷和博买。抽解就是征收关税，从商人货物中征收一定的比率，解赴京城。这个比率在两宋时期经常变动。最早是"十

[1] 《宋会要辑稿》职官44。

[2] 《宋会要辑稿》职官44。

[3] 《元史·唆都·伯家奴传》。

[4] 《东坡文集》卷58。

先征其一”[1]，即征收十分之一的货物抵税；淳化二年（991年），改为抽解二分；仁宗时又恢复“十算其一”[2]；南宋初年，国库空虚，“一时措置，抽解四分”[3]，但因蕃商陈诉抽解过重，为了不打击海外进口贸易的积极性，绍兴十七年（1147年），“依旧抽解一分”[4]。另外，北宋末年，官府曾将货物分为粗色和细色两种，分别设定税率。粗色即容量比较大、价格比较便宜的货物，如玳瑁、苏木；细色即容量比较小、价值比较贵重的货物，如真珠、龙脑等。《萍洲可谈》记载，北宋末年“真珠、龙脑，凡细色抽一分；玳瑁、苏木，凡粗色抽三分”。南宋后期，税率又有所提升。《宝庆四明志》记载，“细色五分抽一分，粗色物资七分半抽一分”。因为对细色货物抽税过重，所以海外的蕃商往往只贩粗色杂货。为鼓励细货进口，后期进口税率又重新加以修改，取消粗细之分，改以地域进行差别抽税。高丽和日本的海船“纲首、杂事十九分抽一分，余船客十五分抽一分”，南海的商舶则“不分纲首、杂事、稍工、贴客，例以十分抽一分”[5]。

禁榷，就是由官府专买专卖。北宋初年，所有进口的货物，统一由官府收购。后来因民间缺少香药，于是对禁榷物品有所放宽。太平兴国七年（982年），初定为珠贝、玳瑁、犀牙、镔铁、龟皮、珊瑚、玛瑙、乳香八种，后又增加紫矿和鍮石[6]，一共十种。南宋时，因为牛皮筋骨“堪造兵器之物”[7]，于是将它们也列入禁榷范围。对于禁榷之物，朝廷严禁民间私下贸易。早在宋初（976年），朝廷就明确规定，民间敢与蕃商私下交易禁榷物品者，超过100文钱就要量其罪；超过15贯的，“黥面配海岛”，即流放充军。

博买，即和买，又称官市。在抽解之后，对剩下的货物选择一部分进行收购（包括禁榷品在内）。北宋淳化二年（991年）规定，“除禁榷物外，他货择良者止市其半，如时价给之，粗恶者恣其卖，勿禁”[8]。官府收购的这一部分，通常是货物中比较精良、利润较大的物品。虽然规定“以时价给之”，但实际上官府收购一般都会压低价钱。《萍洲可谈》称，“凡官市价微，又准他货与之，多折阅，故商人病之”。为此，商人一般都会想方设法避免货物被官

[1] 《宋会要辑稿》职官44。
[2] 《文献通考》卷20。
[3] 《宋会要辑稿》职官44。
[4] 《宋会要辑稿》职官44。
[5] 《宝庆四明志》卷6。
[6] 《宋会要辑稿》职官44。
[7] 《宋会要辑稿》职官44。
[8] 《宋会要辑稿》职官44。

府博买，如“有象牙稍大者，并截为三十斤以下，规免官市”。宋代市舶司博买货物所用的资金，叫市舶本钱，又称博易本钱或折博本钱，由朝廷配给。根据所在市舶司贸易额的大小，进行分配。如宣和七年（1125年），广州和泉州市舶司各十万缗（同“贯”），两浙路市舶司六万缗。

元代的入关手续简化了许多。废除了禁榷和博买，只保留抽解一项。按至元二十年（1283年）的规定，“船货精者取十其一，粗者十五之一”[1]。延祐元年（1314年），元政府重新修订市舶则例二十二条，将抽分率提高了一倍，即粗货十五抽二，细货十分抽二。不过，元代在抽解之外，增加了船舶税。“市舶司更于抽讫货物内以三十分率，抽要舶税钱一分”[2]。抽解后的货物，还要再抽取三十分之一的货物作为船税上缴官库。

元代对“蕃货”和“土货”实行不同的抽税政策。海外进口的货物，在入港抽解之后，如果还要贩到内地去卖，就需要再行抽解一次，谓之“双抽”；对于国内南北贩运的土货，因其本小利薄，抽解一次后，再行贩卖就不复抽解，谓之“单抽”。“时客船自泉、福贩土产之物者，其所征亦与蕃货等，上海市舶司提控王楠以为言，于是定双抽、单抽之制。双抽者蕃货也，单抽者土货也。”[3]现在认为这是一种关税保护政策的萌芽。

第二，对出港商船的管理。

市舶司最主要的工作是颁发出海贸易许可证。宋元时称其为公据、公凭或公验。舶商申请许可证，需呈报所载货物的明细、船员姓名，以及经商地点，并需要有保人作保。未经申报私自出海者，宋代的规定是：“不请公据而擅乘船自海道入界河及往高丽、新罗、登莱州界者，徒二年，五百里编管；往北界者，加二等，配一千里。”[4]元代则是：“海商不请验凭，擅自发舶船，并许诸人告捕，犯人断罪，船物没官。”[5]

船舶出港时，先由“不干碍官”（与市舶司无关的官员，防止串通舞弊）登船检查有无违禁品夹带出口，然后，派官“复视，候其船放洋，方得回归”[6]，即还要派官员一直在船上监视，直到船只驶入海口，进入大洋，方可返回。船只回港时，宋元的规定都是从哪来的回哪去，不可以去其他的舶司入关。这是为了防止营私舞弊，以及各地市舶司争利。宋代曾一度放宽，允许商

[1] 《元史·世祖纪》。
[2] 《元典章》户部8。
[3] 《元史》卷94。
[4] 《续资治通鉴长编》卷451。
[5] 至元三十年《市舶抽分则例》二十二条。
[6] 《宋会要辑稿》职官44。

船在“风信不便”的情况下“于非原发舶州住舶抽解”，结果“大生奸弊，亏损课额”[1]。是以宋元两代对于海舶回港的规定一直都很严格。商船到港时，为防止偷税漏税以及夹带违禁品入境，宋元都制定了一套严密的手续。首先，船只泊定后，派兵监视，“谓之编栏”[2]；然后市舶官员登船，按照公凭上所列货物清单一一清点核实，即“阅实”，作为征收关税的依据；之后，货物入库，人才可以上岸。

第三，打击走私。

宋元时期的走私活动主要包括两种：一种是夹带违禁品出境，如宋代主要是严禁武器和铜钱出境，元代则规定金、银、铜、铁货、男子妇女人口、军器、米粮等都不准出口；另一种是货物入港不依例抽分纳税。实际上偷税漏税的主要是当朝的权贵、使节以及在元代享有特权的宗教人士等。宋代还有一种特殊情况，即越界走私。北宋与辽，南宋与金，都是敌对国。是以宋代政府对于北方边界的管制十分严格。因高丽与辽、金接壤，两国贸易难免受到牵连。两宋对民间与高丽之间的贸易也时开时禁，时紧时松。如庆历年间、嘉祐年间、熙宁年间、元丰年间、元祐年间，朝廷数次颁布法令，禁止客旅海路商贩于高丽、新罗及登莱州。

两宋时期，尤其是南宋，大规模的铜钱外流是最严重的走私活动。其后果甚至影响到了国计民生，导致“钱荒”的局面出现，百货不通，“市开萧条”，而“谷帛益贱”。实际上，宋代对于铜钱走私的刑罚称得上很重。“以铜钱出外界，一贯以上，为首者处死”[3]。南宋时还规定“广、泉、明、秀，漏泄铜钱，坐其守臣”[4]，连地方官员都要连坐，却依然无法遏止铜钱外流之势。如《宋史·食货志》所言，南渡后，三路舶司岁入固不少，然“金银铜钱，海舶飞运，所失良多，而铜钱之泄尤甚”，“法禁虽严，奸巧愈密，商人贪利而贸迁，黠吏受赇而纵释，其弊卒不可禁”。铜钱外流的主因，是海外市场有大量需求。宋人张方平在《论钱禁铜法事》中说，“钱本中国宝货，今乃与四夷共用”。藤家礼之助《日中交流二千年》记载，“随着货币经济的发展，中国在北宋时代已铸造了大量铜钱。据说最多的时候一年的铸造额突破了五百万贯”。因为宋代的冶炼技术较高，铸造的铜钱十分精美，所以“海外东南诸蕃国，无一国不贪好”[5]。有的国家“得中国钱，分库藏贮，以为镇国之

[1] 《宋会要辑稿》职官44。
[2] 《萍洲可谈》卷2。
[3] 《续资治通鉴长编》卷132。
[4] 《宋史·食货志》。
[5] 包佚：《禁铜钱申省状》，见《敝帚稿略》卷1。

宝。故入蕃者非铜钱不往，而蕃货亦非铜钱不售。利源孔厚，趋者日众”[1]。中国铜钱在国外流通，购买力很高，“每是（十）贯之数，可以易蕃货百贯之物，百贯之数，可以易蕃货千贯之物”[2]。也就是说，铜钱的购买力是其钱面价值的十倍，无怪乎商人不顾生死地走私铜钱出境。据不完全统计，日本28个地方出土的中国铜钱，自唐至明共为55.3万余枚，其中北宋钱占82.4%，这些北宋钱绝大部分是南宋时输入日本的。日本商船在温州、台州一带偷运铜钱时，曾一度使台州城内铜钱绝迹[3]。是以当时不乏有人反对海外贸易，认为“贩于中国者皆浮靡无用之物，而泄于外夷者乃国家富贵之操柄。所得几何，所失者不可胜计矣”[4]。然则终宋一世，一直都大力推行海外贸易，可见还是利大于弊。

图5.8　宋元通宝

对于权贵阶层经营海外贸易，宋元政府的态度都是明令禁止。如至道元年（995年），宋太祖就诏示，“食禄之家，不许与人争利”，以及“内外文武官僚，敢遣亲信于化外贩鬻者，所在以姓名闻”[5]，同时敕令“市舶司监官及知州、通判等，今后不得售卖蕃商杂货及违禁物色，如违，当重置之法”[6]。不过，禁令虽严，仍有人大行其道。最著名的莫过于南宋的大将张俊。罗大经《鹤林玉露》记载，有一天张俊在后花园发现一个老兵因无事可做在睡懒觉。老兵自承会做生意，张俊遂给付他五十万贯作本钱，令其出外贸易。一年后老兵归来，贩回珠犀、香药及骏马等物，获利几十倍，成为传奇故事在后世广为流传。再如南宋宰相张清之，其子“盗用朝廷钱币以易货外国”[7]，连皇帝都只能假作不知。

元代实行“官本船”贸易。最初严禁权贵阶层涉足海外贸易，规定“凡权

[1]　《宋会要辑稿》刑法2。
[2]　包佚：《禁铜钱申省状》，见《敝帚稿略》卷1。
[3]　《温州港史》，人民交通出版社，1990年版，第21页。
[4]　《宋史·食货志》。
[5]　《宋会要辑稿》职官44。
[6]　《宋史·食货志》。
[7]　《宋史·杜范传》。

势之家皆不得用己钱入蕃为贾，犯者罪之，仍籍其家产之半”[1]。元代海运的开创人物朱清、张瑄，都以此获罪。然而，由于海外贸易利润丰厚，权贵人士们仍然前仆后继地参与其中。在法不责众的情况下，至元三十年（1293年）的市舶法则规定，诸王、驸马、权豪、势要、僧道、也里可温、答失蛮诸色人等“下蕃博易”，只要“依例抽解”，不凭借特权隐匿藏私，都在准许之列[2]。僧道、也里可温（基督教徒）、答失蛮（伊斯兰教徒），在元代属于一个特殊阶层。因崇尚宗教自由，元政府对于宗教人士格外礼遇。最初，宗教徒们往来海外所携带的舶来品是免于抽分的，然而由于这一特殊待遇，宗教徒们经常“过蕃兴贩”，“夹带俗人过蕃买卖”，回来又以宗教徒的身份享受免抽政策，令国家利益受损，所以至元三十年的市舶法则规定，各类宗教人士也被纳入依例抽解范围。

总的来说，尽管走私、舞弊、强征等不法行为依然无法杜绝，但宋元两代形成了书面成文的市舶法规，使得有法可依，有章可循，各个港口贸易因此繁荣兴旺，尤其泉广二地堪称当时世界上最大的港口，一个“梯航万国”，一个“蕃舶凑集，珍货丛聚”，证明宋元两代的市舶管理不仅较前代更加严密，也更富有成效。

长盛不衰的广州港

广州是唐代的第一大港。北宋初年，宋太祖赵匡胤平定南汉时，就在广州设立了全国第一个市舶司。其时，吴越和闽的割据政权仍然存在，所以广州也是北宋唯一的对外贸易港口。之后，两浙和福建地区相继收复，并设置杭州、明州、泉州市舶司，但“三方唯广最盛”（三方指广南、福建、两浙三路）。以两宋最大宗的进口物品香药为例，据毕仲衍《中书备对》的记录，宋神宗熙宁十年（1077年），明、杭、广州市舶司共收购乳香三十五万四千四十九斤，其中明州所收惟四千七百三十九斤，杭州所收惟六百三十七斤，而广州所收则有三十四万八千六百七十三斤。宋代诗人程师孟有一首诗描述了当时广州港的盛况：“千门日照珍珠市，万瓦烟生碧玉城；山海是为中国藏，梯航尤见外夷情。”南宋初年，广州市舶收入仍居全国首位。《宋会要辑稿·职官》记载，南宋高宗绍兴二年（1132年），广南东路经略安抚提举市舶司奏曰，“广州自祖宗以来，兴置市舶，收课入倍于他路”。南宋后期，泉州渐渐迎头赶上，遂

[1] 《元史·食货志二·市舶》。
[2] 《通制条格·关市·市舶》。

成一时之瑜亮。

按宋人赵汝适《诸蕃志》记载，宋代与广州有贸易往来的国家有50多个。元人陈大震《南海志》则说，元代与广州有贸易往来的国家和地区，达140多个，并称赞广州为“蕃舶凑集之所，宝货丛聚，实为外府，岛夷诸国名不可殚”。说明元代的海外贸易较之宋代更加繁荣，贸易范围也更为广大，同时也证明广州在元代依然是一个繁忙的对外贸易大港，所以其市舶收入“抽赋帑藏，盖不下巨万计”[1]。阿拉伯旅行家伊本·白图泰称赞广州是“世界大城中之一也。市场优美，为世界各大城所不能及，其间最大者，莫过于陶器场，由此，商人转运磁器（瓷器）至中国各省及印度、夜门”[2]。与马可·波罗齐名的意大利旅行家鄂多立克（Odoric）也在其著作《东游录》中写道，广州是一个比威尼斯大三倍的城市，“该城有数量极其庞大的船舶，以至有人视为不足信，确实，整个意大利都没有这一个城的船只多”。

尽管有泉州港的崛起，尤其是到了元代，泉州的声名远扬海外，但广州并没有就此衰落。在总的发展趋势上，广州港历经宋元两代而一直保持了长盛不衰。当然，在这个过程当中，广州港也有过几次中落。宋人朱彧在其《萍洲可谈》中提到“三方唯广最盛”时，也说“官吏或侵渔，则商人就易处，故三方亦迭盛衰”。广州在北宋期间的几次中落，主要都是由“官吏侵渔”造成。因为官吏巧取豪夺，导致“海舶久不至”，所以广州的市舶收入锐减。不过，吏治清明之后，很快就恢复一派“外国香货及海南客旅所聚”的繁荣景象。其次，战乱对广州的海外贸易也造成一定影响。比较大的事件有两次。一次是仁宗年间，中越边境的广源州蛮族首领侬智高攻打广州，历时57天，虽然城未破，但城外的港口、商业区、住宅区（多为外国海商所居）等都遭到严重破坏，海外贸易一片萧条。直到神宗熙宁年间，官府采取一系列扩建和加固措施保障外国海商的安全，广州港才再次恢复如初。另一次则发生于宋元交替之际。广州作为南宋最后一个堡垒，几经拉锯战，城池遭受严重破坏。中外商旅纷纷避祸远徙，广州贸易因而衰微。不过，1279年，元军攻占广州后，元太祖即派广东招讨使出使俱兰（宋代称其为故临），诏谕印度半岛和东南亚国家前来通商朝贡，1286年又在广州恢复市舶司的设置。是以虽经战乱破坏，但广州的海外贸易在元代仍然迅速得到恢复。“珍宝之盛，亦倍于前志所书者”[3]。元仁宗时，宫廷专门派人来广州榷买蕃货证明广州的对外贸易仍占有重要地

[1] 吴莱：《南海山水人物古迹记》，《渊颖集》卷1。
[2] 张星烺：《中西交通史半年汇编》第二册，中华书局，1977年版，第79页。
[3] 《南海志》。

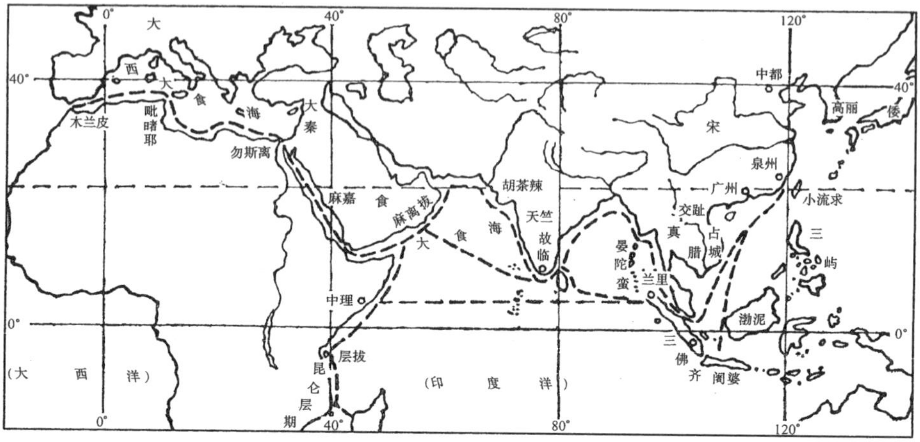

图5.9 宋代主要远洋航路示意图

位。

宋元时期，从广州出发的海船可通达阿拉伯及非洲东海岸。虽然航程上较唐代的拓展不多，但一路上通航贸易的国家却大为增加，呈现“东西南数千万里，皆得梯航以达其道路”，“虽天际穷发不毛之地，无不可通之理”[1]的鼎盛局面。“凡大食、古逻、阇婆、占城、勃泥、麻逸、三佛齐、宾同胧、沙里亭、丹流眉，并通货易”[2]。其中，比较重要的通商贸易国家有大食、阇婆、三佛齐等。南宋周去非《岭外代答》中记载，“诸蕃国之富盛多宝货者，如大食国，其次阇婆国，其次三佛齐国，其次乃诸国耳”。大食、阇婆、三佛齐，因其物产丰富，宋元的中国商船前往贸易者络绎不绝。此外，还有故临、兰里，因其位于印度洋上的交通要道，所以也是重要的国际贸易口岸。

三佛齐是宋元海商在南洋进行直航贸易的主要口岸。位置在今苏门答腊岛东南部，唐代称其为室利佛逝国，与中国的航海贸易历史悠久。三佛齐贸易的优势在于“舟行迅速，无有艰阻”，航程短，“泛海便风二十日到广州”[3]；而且利润丰厚，“获利百倍，前后之贾于外蕃者，未尝有是”[4]。是以中国商船前往三佛齐争利者舟帆接踵。三佛齐与中国的贸易往来亦很频繁。仅在宋代，三佛齐官方朝贡的次数就达30多次。宋代的规定，凡“海外贡方物者”必先在广州登陆入境。按宋人庞文英《文昌杂录》的记载，除了三佛齐，交趾、渤泥、拂菻、大秦注辇、真腊、大食、占城、阇婆、丹流眉、陀罗离、层檀、

[1] 《岛夷志·序》。
[2] 《宋会要辑稿》职官44。
[3] 《文献通道》卷332。
[4] 《闽中帙略》卷8。

俞卢和、勿拔等东南亚、南亚甚至波斯湾的国家，其官方的朝贡都要从广州出入。三佛齐在广州的民间贸易也相当可观。据《广州重修天庆观记》碑文所载，皇祐四年（1052年），侬智高出兵攻打广州，天庆观因此被毁。治平四年到元丰二年（1067—1079年），三佛齐的大首领兼大海商地华迦罗出资重建了天庆观，并发愿“发舟同舶，跨洪涛之险，常得安济，无曩日之惊危”[1]，证明三佛齐与广州之间的贸易往来当十分之密切。

阇婆即爪哇。宋时的阇婆，其富盛超过三佛齐。从广州出发，可顺风直航阇婆，回程时通常在渤泥、三佛齐中转。阇婆盛产胡椒，宋元时期胡椒是大宗进口物品。赵汝适《诸蕃志》记载，“此番胡椒萃聚，商舶利倍蓰之获，往往冒禁，潜载铜钱博换。朝廷屡行禁止兴贩。番商诡计，易其名曰苏吉丹”。因阇婆“胡椒萃聚”，中国商船经常走私铜钱前往“博换”，以赚取更多利润，朝廷屡禁而不止。阇婆对中国的商人也十分欢迎，《宋史·阇婆传》记载，中国商人至，阇婆国待以宾馆，饭食丰洁。《宋史·渤泥传》记载，阇婆的邻国渤泥，仰慕中华文明，渴望与中国通商交好，只是苦于不识航路，恰逢北宋商人蒲卢歇的商船遇风暴漂流到渤泥国，于是“国人皆大喜”，马上打造海舶，请蒲卢歇做向导，遣使入宋朝贡。因其航路必经占城，渤泥国主担心本国的海船如果“因风吹占城界”可能会被扣留，于是请求宋朝廷诏示占城，凡是渤泥的商船，“不要留”。这段轶事讲的是渤泥的商船贸易，其实也反映了宋代的中国在海外的影响力依然很强大。《诸蕃志》也记载，中国商人到渤泥，其国王率大臣亲自慰劳，返航时国王设宴饯行并赠送番布土产等物。

兰里和故临都位于印度洋航道之要冲。兰里地处苏门答腊岛西北端，扼孟加拉湾与马六甲水道之交口，是东西方航程必经的咽喉区域。该地盛产苏木和象牙。中国商船前往印度洋，通常在此过冬，并进行交易，次年再发舶续航。故临地处印度半岛南部，地理位置更为重要。《岭外代答》介绍，从广州出发的海船，约四十日到兰里，住冬，次年续航，约一月到故临。故临的重要性，在于它是东西方海商必须在此换船中转的一道分界线。《岭外代答》记载，“中国舶商欲往大食必自故临易小舟而往”，“大食国之来也，以小舟而南行，至故临国，易大舟而东行”。中国的海船，载重量大，吃水深，适合在西太平洋和孟加拉湾的开阔洋面上航行，而在阿拉伯海和波斯湾作沿岸航行，就显得不够灵便；阿拉伯人使用的单桅海船刚好相反，灵活性好，适合港湾河流的穿行，但到了印度半岛以东的大洋上就显得过于单薄，经不起风浪的冲击。

[1] 《宋史·三佛齐传》。

故临因此就成了东来西往的舶商们更换大船（小船）的中转地。此外，故临本地物产丰富，有椰子、苏木等土产可供交换。是以宋元时期，故临是一个海船云集的重要贸易口岸。

距离中国最远的大食，是自唐代以来中国最重要的贸易对象。宋元时期，古阿拉伯帝国已经分裂成许多小国，其时的大食是对阿拉伯诸国的统称。《岭外代答》说，“诸蕃国之富盛多宝货者，莫如大食国”；《诸蕃志》也说，“其国雄壮，其地广袤，民俗侈用，甲于诸蕃”。由此可知，宋元的南海贸易诸国中，大食依然是实力最强盛的一个。广州和泉州往来贸易的外国商人，也多以大食人为主。

广州自唐代以来设立的蕃坊，虽遭到唐末黄巢起义的严重破坏，但在宋元时期，因贸易兴盛，又重新得到修建并较之前代更为繁荣。蕃坊的规模有所扩大，附属设施也更加完善，如增加了蕃市、蕃学等。宋代的蕃坊继续沿用唐制，设蕃长一名，“管勾蕃坊公事，专切招邀蕃商人”[1]。宋元时，居住在蕃坊的外国商人，其人数无从考证。仅《续资治通鉴》记载，熙宁五年（1072年），广州城外蕃汉杂居已有数万家之多，其中不少携妻带子女来华侨居者，《萍洲可谈》称其为“住唐”。书中介绍说，“北人（华人）过海外是岁不归者，谓之住蕃；诸国人至广州，是岁不归者，谓之住唐”。《宋会要·刑法》亦提及，“每年多有蕃客带妻儿过广州居住”。这些居留在广州的蕃商，不乏大富之家，如阿拉伯商人辛押陁罗，他曾担任广州蕃坊的蕃长，朝廷封其为“归德将军”，不仅在衣着打扮上完全汉化，而且累积家财巨万。苏辙《龙川略志》卷五云，“番商辛押陀罗者，居广州数十年矣，家资数百万缗”。《东南纪闻》卷三云，“番禺有海獠杂居。其最豪者蒲姓，本占城之贵人也。后留中国，以通来往之货。居城中，屋室侈靡，富盛甲一时”。岳珂所著《桯史》也提及这位豪富的“蒲姓商人”，称其居室侈靡逾禁，“宏丽奇伟，益张而大，富盛甲一时”。《宋会要·职官》记载了阿拉伯商人蒲里亚在广州与华人通婚之事。“市舶司全藉蕃商来往货易。而大商蒲里亚者，既至广州，有右武大夫曾纳利其财，以妹嫁之。里亚因留不归”，当时的皇帝宋高宗担心“里亚不归”会影响广州市舶收入，于是诏令广州的地方官员，“劝诱亚里归国，往来干运蕃货”。宋人书籍中对广州蕃坊（蕃商）的风情民俗等记载较详的是朱彧的《萍洲可谈》。朱彧的父亲曾经担任广南东路经略安抚使，朱彧本人也在广州居住过一段时间，《四库全书提要》提及，朱彧的书中所描述的多是“其

[1] 《萍洲可谈》卷2。

父之所见闻，而于广州蕃坊市舶言之尤详”。如宋词中有一词牌名为“菩萨蛮”，《萍洲可谈》记载，“乐府有菩萨蛮，不知何物，在广中见呼蕃妇为菩萨蛮，因识之”。庄绰《鸡肋篇》中也有类似关于广州蕃坊衣食住行等的描述，如称蕃商“家家以篾为门，人食槟榔，唾地如血。北人嘲之曰，‘人人皆吐血，家家尽篾门’”；又描述当时蕃商妇女的装扮，称“广州波斯妇，绕耳皆穿穴带环，有二十余枚者”。北宋时，广州的蕃坊已经设有蕃市和蕃学。《续资治通鉴长编》卷128记载，康定元年（1040年），广州知州段少连在上元灯节宴客，忽报蕃市失火，少连沉着应对，很快火灭，无人伤亡，众人皆佩服其沉稳和持重。在这个小故事的细节中，透露了一个重要信息，即广州当时已经有了蕃市。蕃学的建设也有类似记载。南宋龚明之《中吴纪闻》称，北宋程师孟在熙宁年间（1068—1077年）出任广州知州时，曾大修学校，“负笈而来者相踵，诸蕃子弟，皆愿上学”，证明广州当时可能已经建有蕃学。蔡绦《铁围山丛谈》进一步明确了这点，书中说，“大观（1107—1110年）、政和（1111—1117年）之间，天下大治，四夷响风，广州泉州请建蕃学”。以上记述或可以推想，宋代广州蕃商之多以及蕃坊之盛。

广州是宋代最主要的对外贸易港，大多数种类的商品都经此地流入流出。按《宋会要辑稿》的记载，北宋时进口的商品有七八十种之多，南宋时更为丰富，有三百三十多种。这些进口商品主要分为香药、宝货、金属制品、布匹、食品、器用品、工业原料等几大类，其中又以香药为最大宗。出口的商品仍以丝绸、瓷器为主，增加了各种金属制品和生活用品（如草席、绢扇等），以及农副产品（如粮食、茶叶、酒、糖等）的外销。元代广州进口的商品，据《南海志》记载，分宝货、香货、药物、木材、布匹、皮货、牛蹄角、杂物等类，出口仍以丝绸、瓷器、铜钱、铁骑、铜器为大宗。宋元的进出口商品大致上差别不大。其中，值得一提的是，在整个古代的舶来品中，香药一直是非常重要的组成部分。广州进口的香药占宋代进口商品的三分之一以上。宋代的皇室配有专门的香药库，如真宗时，京师的香药库竟达28个。这些香药，除了部分药用，部分用作食物调料，还有很多是为了满足权贵阶层的奢华享受，作焚烧、薰衣、装饰及其他享乐之用。如陆游在《老学庵笔记》中所记，京师权贵之家的女眷出行时，“皆用二小鬟持香球在旁，而袖中又自持两小香球，车驰过，香烟如云，数里不绝，尘土皆香”。庄绰《鸡肋篇》也有记载，北宋末年的大权臣兼大奸臣蔡京接待下属，先令女童焚香然后其本人才出来会客，只见“香气自他室而出，霭若云雾，濛濛满座”，可是“无烟火之烈”，宾客回家之后，“衣冠芳馥”，数日不绝。

宋元时期，各市舶司港口征收的舶货一般都需要直接解送京城，只有少部分粗重价廉者和收购数量过多的可以在本地直接拍卖。如《宋会要·蕃夷》记载，大食商人蒲亚里，有一次进贡大象牙209株，大犀35株，广州市舶司收购需要花费本钱五万余贯，因“数目稍多，难以转变，乞起发一半，将一半就便搭息出卖给还”。宋代，广州舶货解送京城，仍沿用唐代以来整治的大庾岭道，即从广州水运到南雄，转大庾岭陆道运送到江西的南安军，再转水运到北宋都城开封或南宋的杭州。《宋史》卷263《刘熙古传》云，“岭南陆运香药入京，诏（刘）蒙正往规画。蒙正请自广韶江溯流至南雄；由大庾岭步至南安军，凡三铺，铺给卒三十人；复由水路输送”。这条交通线前后都是相对便利的水运，只有大庾岭一段是陆路，所以，大庾岭陆路的畅通就显得十分重要。虽然在唐代，有张九龄大力整治过大庾岭道，但为了保证舶货运输的通达和便捷，宋代仍然派遣广东和江西的官员一起，再次整修大庾岭道，将原来的平坦大路继续扩建，使“南北三十里，若行堂宇间”，每隔数里设置一亭以供休憩，路边“左右通渠，流泉涓涓不绝”，兼栽种“红白梅夹道”，以使“行者忘劳”[1]，所有这些整治措施都从侧面反映了宋代朝廷对广州舶货贸易之重视。

除了海外贸易，国内的南北贸易，广州也参与其中。海外输入的舶货，一部分由官府收购解送京城，而官方征榷之后留下来的那一部分则可由舶商自由贩卖，再加上官府就地拍卖的部分，这些就构成了广州的舶来品集散市场。这些自由出卖的舶来品，以广州为原点，转运到全国各地。苏过《斜川集》卷6《志隐》说，广州的犀、象、珠、玉，走于四方。“这些外货的分配，有一显著的特点，即分配于当时大消费中心的汴梁与杭州，以及沿着各重要交通线而分配于其两旁的都会”[2]。宋元时期，两广地区经过多年的开发，已经成为重要的粮食产区。苏过《斜川集》卷6《志隐》描述北宋时两广的农产情形：“天地之气，冬夏一律。物不凋瘁，生意靡息。冬絺夏葛，稻岁再熟。富者寡求，贫者易足。”当时的福建地区（尤其是滨海地带），因山地多，平原少，地狭人稠，粮食供给需要借助于外省的接济。是以广州与福建之间，一直都有大宗的粮食海运贸易。《真文忠公文集》记曰，“福兴漳泉四郡，全靠广米以给民食”，即福州、兴化、漳州、泉州一带的粮食供应，常年依靠“商贾转贩，舶交海中”[3]。广州是两广粮食汇集和中转的主要港口。《岭外代答》

[1] 王巩：《闻见近录》。
[2] 全汉升：《宋代广州的国内外贸易》，《中国经济史研究》下，稻香出版社，1991年版，第529页。
[3] 《朱文公集》卷25。

记载，“广西斗米五十钱，谷贱莫甚焉”。有精明的广西商人“以下价籴之，而舳舻衔尾，运之番禺，以罔市利”。刘克庄在咏广州城南诗中也说，“濒江多海物，此屋尽闽人”，意即福建海商在广州从事国内贸易者很多。南宋时期，福建与广州之间的粮食海运，除了满足福建本地需求，还负责为南宋首都杭州储备粮食。如绍兴五年（1135年），宋高宗赵构命“广东漕臣市米到闽中，复募官舟赴行在”[1]，即从广东运送粮食到福建，再水运到杭州。灾荒之年，广州的粮食也直接运销到江浙一带，如《宝庆四明志》所载，“明（州）之谷……不足以赡一邦之民也……至取米于广州以救荒”。朱熹《朱文公文集》卷21《乞禁止遏籴状》也记曰，“缘本路（浙东）两年荐遭水旱，无处收籴……印榜遣人散于浙西、福建、广东沿海去处，招邀客贩”。这些由广州贩往浙东的米，多由温州及明州等海港输入，然后分配于浙东各地。

后来者居上的泉州

整个宋元时代，与广州并列的另一个大港是泉州。

与广州平稳发展的步调不同，泉州港是以螺旋式上升的姿态，一步步后来者居上，最终在元代被冠以“第一大港”的标签。在后世的研究中，最纠结的莫过于广州与泉州的比较。泉州在南宋末年超越广州坐上头把交椅，尽管这一结论已获得多数派的认可，但在广州港的支持者当中仍保留了不少质疑和不同见解。毕竟此结论的得出，并非取自精确的数据报告，而仅是综合了同时代的一些史料记载，尤其是主要依据外国旅行家的游记见闻进行推测，未见得十分可靠。

北宋时期，泉州港的地位，大约相当于一个中等的港口级别，位列广州、明州和杭州港之下。元祐二年（1087年），泉州才设立市舶司，比广州晚了整整116年。在这之前，泉州的商船出海贸易，向北往高丽、日本需到明州注册办理许可证，向南去南海诸国则需到广州办理。泉州市舶司成立之后，一度也曾罢废，直到徽宗政和二年（1112年）恢复，至钦宗靖康元年（1126年）北宋灭亡，泉州设司只有30多年的历史。但泉州港的发展速度很快，宣和七年（1125年），朝廷颁发“空白度牒”给三路市舶司“充折博本钱”，两浙得三百道，广州和泉州各得五百道，证明泉州此时的市舶收入或可与广州并驾齐驱。宋人称其时泉州已经有“蕃舶之饶，杂货山积”[2]。

[1] 李心传：《建炎以来朝野杂记》卷12。

[2] 《宋史・杜纯传》。

宋室南渡后，泉州获得更好的发展机会。南宋的都城定在了杭州，海外的舶货也将从解送到开封改为解送到杭州。这一点对泉州更为有利，因为从地理距离上来看，泉州至杭州，远比广州至杭州更为方便快捷。按《宋会要辑稿》的记载，南宋朝廷规定，泉州市舶司运送舶货到杭州的期限为三个月，而广州到杭州的期限为六个月。也就是说，泉州的运输时间可以比广州节约一半，这使泉州比广州在舶货运输上更具有竞争优势。所以，南宋的贸易政策等也渐渐向泉州倾斜。如每年犒设蕃商的规格与广州相等，福建沿海的商船，都需从泉州市舶司领取“官券”才能出海。宋孝宗乾道三年（1167年），朝廷专门从福建的上供银中拨出二十五万缗给泉州市舶司，作为“抽买乳香等本钱”[1]，以促进泉州的对外贸易。

泉州港的另一个发展机会，是在宋高宗建炎二年（1128年）。金兵南下，明州和杭州都受到战火的波及和破坏，商船不敢停泊，而泉州距两浙较广州更近，却又未受战乱影响，所以两浙的海商纷纷聚集泉州。建炎四年（1130年），两浙路诸港均遭劫掠，泉州市舶司安然如故，“抽买乳香一十三等八万六千七百八十斤”[2]。另外，宋室南渡后，管理皇室宗族的两大宗支——南外宗正司和西外宗正司分别迁到了泉州和福州。1128年金兵南下劫掠，宋高宗仓皇出逃，乘海船从杭州逃到明州，金兵一路追击，于是又逃到定海、温州一带的海上。绍兴四年（1134年），因福建未受战乱波及，宋高宗命“六宫自温州泛海向泉州退避”，大批随驾难逃的皇室贵族避难泉州，仅隶属南外宗正司的皇室人员就达二千三百余人[3]。这些皇室贵族及其管理服务机构自此移居泉州，一方面，带来了先进的生产技术，如南外宗正司附属的织染坊，出产的丝织品十分精美，无形中也带动了泉州地区丝织业的发展；另一方面，这些贵族们一旦安居下来，仍然要享受旧时的优裕和奢华生活，这笔生活费都需要地方政府承担。按南宋泉州太守真德秀所言，“惟泉为州，所恃以足公私之用者，番舶也”[4]。泉州因此不得不更加努力地拓展海外贸易。同时，这些皇室贵族对于“金银犀象香药百货”等海外舶来品的消费需求，也促使泉州本地成为一个大的舶来品消费市场，从积极的意义上来说，也促进了进出口贸易的繁荣。

泉州港之所以发展迅速，与其自身优良的港口条件和经济腹地也有莫大关系。《隆庆府志》描述泉州“居八闽之南，山势蜿蜒，不见刻削；海港逶

[1] 《宋会要辑稿》职官44。
[2] 《宋史・食货志》。
[3] 《建炎以来系年要录》“绍兴五年九月”条。
[4] 《西山先生真文忠公文集》卷50。

迤，不至波扬”。泉州的港区深阔，可停泊各种中外船只，又有自唐和五代以来积累的发展基础，整个大泉州地区在宋元时期的发展也很突出。元丰年间（1078—1085年），泉州与潭州、吉州、洪州、开封府、京兆府、福州、杭州并列为全国八个人口在20万户以上的府州[1]。大观元年（1107年），泉州由上郡升为望郡[2]。人口增加，说明社会安定，经济形势发展良好。泉州本地的丝织业和瓷器业因此也都发展迅速。丝织品被誉为“绮罗不减蜀吴春”。泉缎远销南洋、印度、西亚、东北非等地。赵汝适《诸蕃志》记载，宋时泉州有绢、锦绫、缬绢、丝帛等各种类的丝织品销售到占城、真腊、三佛齐、阇婆、故临、层拔、三屿、新罗等十三个国家和地区。汪大渊《岛夷志略》也说，元代泉州的丝织品，远销六十八个国家和地区。泉州本地出产的木棉布，织染成各种花纹和颜色，也很受国外市场的欢迎。伊本·白图泰说，“刺桐城（泉州）出产的绸缎，较汉沙（杭州）及汗八里（北京）二城所产者为优”。这里面自然有主观和夸张的成分。张星烺《中西交通史料汇编》中对此加以注释，认为实际上“刺桐城在中国宋时，为丝业中心者，与杭州并称一时之盛”。

宋代泉州地区兴建了大量的瓷窑。目前所发现的宋元窑址就达一百一十多处，比宋代以前的窑址增加了6倍以上。窑址的密度堪与浙江龙泉、江西景德镇等名窑相提并论。其中，以德化、安溪、南安、晋江的窑址最多，以德化出产的青白瓷最负盛名。晋江《安平志》说，“白瓷出德化，元时上供”。德化出产的军持（宗教徒装净水的用具，又称净瓶），主要以外销为目的，在印尼、菲律宾以及日本等地，都有大量出土。马可·波罗在其游记中记载，“迪云州（德化）制造碗及瓷器，既多且美”。

图5.10　德化军持（南宋）

与泉州同属福建的闽北地区的建阳，出产一种黑釉瓷，历史上称其为“建盏”，当时被列为宫廷用品。其中，尤以兔毫盏最为名贵。宋徽宗赵佶说：“盏以青绿为上，兔毫为上。”程大昌《演繁露》称：“前御前赐茶皆用建盏。”蔡襄的《茶录》载：“茶色白，宜黑盏，建安所造者绀黑纹如兔毫，其坯微厚，熁之久，热难冷，最为妥用，出他处者皆不及也。”清代朱琰《陶说》也称：“宋代茶尚瓷器，以建安

[1]　王存：《元丰九域志》卷9。

[2]　《宋史·地理志》。

图5.11　建安兔毫盏

兔毫盏为上品，传到后代，与龙泉、均州诸窑一样名贵”。宋代的建窑黑瓷是南方三大瓷系之一。自从日本高僧将其带回国内（日本称其为天目碗），就在日本茶道中获得崇高地位，至今仍被视为“重要文化财产”而珍藏[1]。

瓷器和丝织品向来都是中国出口外销的最大宗物品。泉州本地及其周边地区瓷器业和丝织业的发达，无疑为泉州港的对外贸易提供了强有力的货源保障。此外，福建还盛产茶叶，冶铁冶铜业也相当之发达。熙宁年间（1068—1077年），全国共有17监铸铜钱，每年共铸500万贯，其中20万贯铸于福建丰国监[2]。得地利之便，宋代大量铜钱外流，有不少是从福建本地经由泉州出海，舶运海外。《诸蕃志》和《岛夷志略》对此都有记述。泉州的铁鼎、铁针、生铁、铜鼎、银等物品，都由“海舶飞运”，远销南洋各国。茶叶、酒、糖、荔枝干等农副产品，也都是“泛海售商”的外销名品。所以说，泉州港的崛起，除了良好的发展机遇之外，优良的港口条件和丰富的外贸资源，亦是十分关键的要素。

南宋时，泉州与广州一样，并列为海南诸国来华贸易的主要港口。周去非《岭外代答》说，东南亚、印度、阿拉伯等国家的商船来中国，“其欲至广者，入自屯门；欲至泉州者，入自甲午门”。南宋吴自牧在《梦粱录》中提及，两浙的海商欲往南洋贸易，都是从泉州出航，即“若欲船泛外国买卖，则是（自）泉州便可出洋”。泉州和广州的南洋航线基本相同，又以与大食、占城、三佛齐、阇婆等国家的贸易往来最为密切。与广州一样，泉州也聚集了一批外国海商，固定从事进出口贸易，著名者如罗辛、施那帏、蒲霞辛、佛莲等人，都在史书上留有事迹。南宋周密《癸辛杂识》中记载：“泉州由巨贾南蕃回回佛莲者，蒲氏之婿也，其家富足，凡发海舶八十艘。”绍兴年间，大食商人罗辛因贩来泉州乳香价值三十万缗，被朝廷授予“承信郎”的官职。泉州本地的民间海商也很活跃。前述与罗辛同获“承信郎”官衔的蔡景芳，就是泉州的海商。洪迈《夷坚丁志》记载，泉州有一名杨姓商人，从事海外贸易“致资二万万”，相当之富有。还有像专门从事阇婆贸易的毛旭，阇婆欲与宋朝廷

[1]　［日］《陶瓷大系》卷38。

[2]　《文献通考》卷9。

交好，需要借助毛旭“响导来朝贡”[1]。另一名泉州海商王元懋，精通蕃汉文字，占城国王嫁之以女，占城使臣入宋也经常需要搭乘泉州海商的海船。由泉州海商的活跃，其实还可以引申到在泉州与广州的竞争中，泉州之所以后来者居上，有一个重要的职业选择的因素。宋人廖刚说，“七闽地狭人稠，为生艰难，非他处可比”[2]，福建本地为了谋生从事航海贸易的人很多，苏轼就曾说，“福建一路，以海商为业”[3]。故《宋会要辑稿》记载，“漳、泉、福、兴化，凡滨海人民所造舟船，乃自备财力，兴贩牟利而已”。广东在宋元时期已有大批中原人士南迁，带来先进的技术和文化，土地肥沃的珠江三角洲因而得到开发，尽管历来也有航海的传统，但土地资源丰富，谋生手段相对多元化，因此，福建海商之多，非广州所能比拟，尤其是明中叶之后，福建的武装海商集团，其势力之大，影响范围之广，在历史上可以称得上是一个特殊的现象，足以令人惊叹不已。

宋代泉州的海外航线，较之广州更加多样化。广州基本都是与南海诸国的贸易，泉州的地理位置较广州更加偏北，所以高丽、日本的商船也会停泊泉州，泉州海商赴高丽、日本者亦为数不少。尤其是高丽，《云麓漫钞》中明确记述南宋常到泉州贸易的海船中，有高丽的船舶。苏轼在《论高丽进奉状》中亦有数度提及，如“泉州多有海舶入高丽往来买卖”以及“福建狡商专擅交通高丽，引惹牟利”。《宋史·高丽传》记载，高丽王城“有华人数百，多闽人因贾舶至者”。朝鲜史书《高丽史》中也有不少泉州海商进献方物的记载。如高丽德宗二年（1033年），“泉州商都纲林蔼等五十五人来献土物”。两宋与高丽的关系因为一直处于变动之中，所以其中的通好往来常常需要借助海商先行牵线搭桥，如北宋哲宗元祐四年（1089年），泉州海商徐戬载高丽使者寿介等来杭州，与宋通好；回去的时候，因明州一时没有便船，也是“往泉州，附舡归国”。这些史料可以证明，两宋期间，高丽与泉州之间的商贸往来一直存在。当然，因为与辽、金的对峙关系，朝廷对往来高丽的民间贸易也一直管理严格。南宋明确规定，“凡中国之贾高丽与日本及诸蕃之至中国者，唯庆元（明州）得受而遣之”[4]。所以，泉州与高丽、日本之间的航线，亦需经明州中转，实际上就相当于是明州对外航线的延长线之一。

除了经由明州远航海外，泉州与国内许多海港之间也有贸易关系。前述与

[1]　《宋史·阇婆传》。
[2]　《高峰集》卷1。
[3]　《苏东坡全集》卷56。
[4]　《宝庆四明志》卷6。

广州之间的粮食贸易（其实这两个大港之间也有其他商品的贸易交换），只是其中的一条。泉州与海南之间亦有众多的商船穿梭往来。苏轼当年谪居海南，欲渡海北归，要等“泉人许九船来才可”[1]。海南的“槟榔、吉贝（棉花）独盛，泉商兴贩，大率仰此”[2]，作为交换，泉州运往海南的商船总是满载“酒、米、面、粉、纱、绢、漆器、瓷器”[3]。两者之间的贸易额也不算小。元丰三年（1080年），海南的贸易税收达“万余缗”，当然不仅包括泉州的商船与之交易，两浙、湖广、福州等地的商船，也都到海南兴贩。往北，泉州与两浙的明州、温州、台州，以及南宋都城杭州，都有极为密切的商贸往来。两浙也是盛产丝绸、瓷器的地区，当地的名特产品往往经由广州、泉州运销南海诸国。宋代的杭州是一个繁华的商业消费城市，南宋时全国的物资几乎都向这里集中。泉州的商船出入杭州也很频繁，宋代关于杭州的记载中不止一次提及于此。如《舆地纪胜》卷二《帝都赋》描述杭州“江帆海舶，蜀商闽贾，水陆浮趋”；欧阳修记述钱塘江风潮汹涌，亦提到“闽商海贾，风帆浪舶，出入于江涛浩渺、烟云杳霭之间”[4]。

总的来说，两宋期间泉州港一直是以快速上升的姿态出现，但其中也并非没有反复。南宋绍兴末年，泉州市舶收入近百万贯，但嘉定、绍定时就急剧回落到一年只有十余万贯甚至四五万贯的地步。主要原因仍然是吏治的问题。朱熹《直秘阁赠朝议大夫范公神道碑》中说，南宋时移居泉州的南外宗正司的皇室贵族，“挟势为暴”，侵夺外国舶商的“浮海巨舰”，地方官不敢管，舶商在市舶司投诉三年也没有结果。《宋史·真德秀传》载，嘉定十年（1217年），真德秀任泉州知州，其时“番船畏苛征”，每年来者只有四五艘；真德秀整顿市舶，减轻舶税之后，“至者骤增之三十六艘”。理宗绍定五年（1232年），真德秀再任泉州知州，发现泉州港依然“征榷大苛，蛮琛罕至”。嘉定十年（1217年），他初任泉州知州时舶税收钱“犹十余万贯”，绍定四年（1231年）再任时，只能收“四万余贯”，原本赴泉州交易的海船大部分转向广州或邻近泉州的潮州、惠州等港。直到咸淳年间至元初，泉州港的对外贸易，又重新繁荣起来。南宋末年，泉州已是“风樯鳞集，舶计骤增”，“涨海声中万国商”[5]，一派兴隆景象。这一期间，在泉州海港史上，出现了一位大名鼎鼎也颇具争议的人物——蒲寿庚。

[1] 正德《琼台志》卷42。
[2] 《诸蕃志》卷下，海南条。
[3] 《诸蕃志》卷下，海南条。
[4] 《欧阳文忠公文集》卷40。
[5] 《舆地纪胜》卷130。

在泉州与广州争夺第一大港的过程中，后世很多史学家认为，蒲寿庚在其中起到了举足轻重的作用。一般的观点，泉州超越广州是在南宋末年。这其中一个重要的因素是蒲寿庚主管泉州市舶贸易，利用个人的海外影响力，广招蕃舶，令阿拉伯商人云集泉州。《宋史·瀛国公本纪》记载，“蒲寿庚提举泉州舶司，擅蕃舶利者三十年”。按后世的考证，蒲氏任提举泉州市舶司是在淳祐十年（1250年）。淳祐十二年（1252年）就更换为杨瑾。也就是说，蒲寿庚实际担任市舶使，只有不到三年的时间，与宋代地方官员三年一轮换的惯例基本相符。但蒲寿庚可以“擅蕃舶利者三十年”，一则是因为他作为海商的实力雄厚，二则是在咸淳十年（1274年），蒲寿庚与其兄弟依靠强大的海上力量，助官兵击退海寇对泉州的进犯，因功被授为福建安抚使兼沿海都制置使，统领海防，执掌福建兵事民政要职。故而，蒲氏是典型的官商结合，可以垄断泉州的香料贸易，“以善贾往来海上，致产巨万，家僮数千”。南宋末年，仅宋军以军资不足为由掠夺蒲寿庚的海船就达两千艘，可见其家财之雄厚。按桑原骘藏《蒲寿庚考》，蒲寿庚的父亲是从广州移居泉州的蒲氏家族一员，这个蒲氏家族即前述岳珂《桯史》所记的“富盛甲天下”的蒲氏商人，他们本是侨居占城（越南）的阿拉伯商人，后航海遇风暴来到广州，因“惮于波涛之苦”，遂留居广州从事进出口贸易事宜。蒲寿庚这一支则是在南宋时迁到泉州。因此，以蒲寿庚的阿拉伯人身份，以及其家族在中国经营多年的人脉关系，他在泉州可以独揽贸易三十年，并带动泉州港航海贸易的繁荣，就不足为怪了。

元代第一大港

宋末元初，泉州与广州迎来的是不同的命运。广州是南宋小皇帝逃亡途中的最后一个堡垒，宋军和元军在此展开激烈的拉锯战。元世祖至元十四年（宋端宗景炎二年，1277年），元军攻占广州，后被宋军收复，同年十一月和第二年的正月，元军又两次攻占广州，后均被宋军收复。直至第四次元军攻占广州，宋军反攻失败，这场拉锯战才宣告结束，留下的自然是满目疮痍。城中居民“或罹锋镝，或被驱掠，或死于寇盗，或转徙于他所，不可胜计”[1]。广州的海外贸易遂遭受沉重打击。与广州的命运相反，泉州安然无恙地实现了政权交接。元世祖至元十三年（1276年），元军在攻陷临安前，就开始派人招诱泉州“素主市舶”的蒲寿庚，同年十二月，由于蒲寿庚降元，元军兵不

[1] 《永乐大典·南海志》。

血刃占领泉州。从中亦可见蒲寿庚在泉州的势力之强大。尽管泉州城内的南宋宗室子弟被蒲寿庚尽杀，但泉州港却因此得到最大限度的保全。元世祖在拿下泉州之后，于1277年迅速成立新的市舶司，并委任蒲寿庚主持其事。蒲氏在海外舶商中具有非凡的影响力。至元十五年（1278年），元世祖又委派蒲寿庚和唆都为海外诸蕃宣慰使，诏谕南洋各国，占城、马八儿等国首来通商，其余20余国亦次第而来。由此，元初的泉州港贸易，不仅未见停顿，反而较之从前更为繁荣。

元政府对泉州也格外重视，种种特殊优遇非广州可以抗衡。至元十四年（1277年），于泉州设立行宣慰司，兼行征南元帅府事；至元十五年（1278年），改宣慰司为行中书省，开泉州路总管府，将泉州从府治提升为福建行省的首府[1]。正如时人所云，“泉本海隅偏藩，世祖皇帝混一区宇，梯航巨国，此其都会，始为东南巨镇。或建省，或立宣慰司，所以重其镇也”[2]。至元三十年（1293年），元政府制定市舶法规，参考的是泉州定例（宋代比照的则是广州）。《元史》记载，“泉州、上海、澉浦、温州、广东、杭州、庆元市舶司七所，独泉州于抽分之外，又取三十分之一为税，自今诸处，悉依泉州例取之”。或者也可暗示元代泉州已经取代了广州地位。前朝经常从广州出发的使节，元代也已经改为泉州居多。历史上比较重要的几次外交和军事活动，如杨廷壁出使俱兰，马可·波罗护送元公主远嫁伊利汗国等，都是从泉州出发，元世祖对爪哇的用兵，亦是“三军会泉州，自后渚启行”[3]（后渚是泉州的港口之一）。

元代的都城定在大都（今北京），舶货的运送主要通过京杭大运河，所以杭州就成了南方各港舶货集中和转运的中心。至元二十六年（1289年），元政府自泉州至杭州沿途建立了15个海道水站，每站配备船只五艘，水军二百，“专运番夷贡物及商贩杂货，且防御海道为便”。显然，这15处海道水站（驿站）是专为输送泉州抽解的舶货所设，“自泉州发舶，上下递接”，这样优厚的待遇唯有泉州一处得享。在各种有利发展因素的推动下，泉州港在元代臻于极盛。时人称，“泉，七闽之都会也，番货远物，异宝珍玩之所渊薮，殊方别域，富商巨贾之所窟，号为天下最”[4]。

当然，泉州所获得的赞美，更多的是来自元代那些曾经旅居泉州的外国商

[1] 《元史·地理志》。
[2] 《泉州府志》卷11。
[3] 《元史·爪哇传》。
[4] 吴澄：《送姜曼卿赴泉州路录事序》，《吴文正公集》卷16。

人、传教士以及游历者。如大名鼎鼎的马可·波罗，其称赞泉州是“世界最大良港之一，商人商贾聚积之多，几难信有其事”，又说，“应知刺桐港即在此城。印度一切船舶运载香料，及其他一切重要货物，咸莅此港，是亦为一切蛮子商人常至之地。由是商货宝石珍珠输入之多，竟至不可思议，然后从此港转贩蛮子（指原南宋统治的南方各省）境内。我敢言亚历山大（Alexandrie）或他港运载胡椒一船赴诸基督教国，乃至此刺桐港者，则有船舶百余，所以大汗在此征收税课，为额极巨”[1]。另一位比马可·波罗晚了半个世纪来到泉州的摩洛哥旅行家伊本·白图泰对泉州也是满口溢美之词：“这是一座巨大的城市。此城制造的锦缎和绸缎，也以刺桐为名。该城港口是世界大港之一，甚至是最大的港口，我看到港口停有大艟克约百艘，小船多得无数。”[2]犹太商人雅各·德安科纳则说，这是一个比辛迦兰（广州）还大的港口，也是一个优良的避风港，每年有几千艘满载胡椒的巨船在此装卸，这些船舶来自阿拉伯、大印度、锡兰、小爪哇、靼旦、犹太和法兰克等王国[3]。意大利佛罗伦萨的医士保罗·托斯加内里在致哥伦布的信中称赞泉州：“盖诸地商贾，贩运货物之巨，虽全世界之数，不及刺桐一巨港也，每年有巨舟百艘，载运胡椒至刺桐，其载运别种香料之船舶，尚未计及也。”[4]

众多外国商旅给予泉州至高的评价，其实也可以反映，元代泉州是一个非常国际化的城市。在泉州经商、游历、传教的外国人“数以万计”，宋元时期的泉州，也以“民夷杂处”著称。当时泉州民间流传着“回半街”“半蒲街”等说法，是因为旅居泉州的外来者以阿拉伯人和波斯人居多。据考证，现在泉州居民中的金、丁、夏、马、郭、葛、蒲、卜、哈等姓，其祖先都与阿拉伯人有一定的血缘关系，如泉州《陈江雁沟里丁氏族谱》记载，当地的丁姓一族，是“回回人赛典赤瞻思丁”的后裔。在泉州及其周边地区，已发现了数百座伊斯兰教、古基督教、摩尼教和婆罗门教的墓碑和其他石刻，这些沉默的古代遗存，也都是宋元时期泉州外来与本土文化交汇其间的历史见证。如阿拉伯人的墓葬就有数百座，因阿拉伯人人数众多，贫富不均，在泉州还建有公共墓地。1965年，泉州东郊出土一块石碑，刻有阿拉伯铭文和汉字“蕃客墓”，据分析，这可能是一块公墓区的标志。《诸蕃志》记载，“有蕃商曰施那帏，大食人也，侨寓泉南，轻财乐施……作丛塚于城外之东南隅，以掩胡贾之遗骸”，

[1] 冯承钧译：《马可·波罗行纪》，上海书店出版社，2001年版，第375-377页。
[2] 马金鹏译：《伊本·白图泰游记》，宁夏人民出版社，1985年版，第551页。
[3] 雅各·德安科纳：《光明之城》，上海人民出版社，1999年版，第152页。
[4] 张星烺：《中西交通史料汇编》第一册，中华书局，1977年版，第337页。

图5.12　泉州的阿拉伯人墓碑

说明阿拉伯人的公墓自宋代就有。据白寿彝的考证，十二三世纪时，泉州阿拉伯人的公共墓地，由阿拉伯人普霞辛和纳只卜·穆兹喜鲁丁经营[1]。

阿拉伯人所信仰的伊斯兰教及其宗教艺术也在泉州留下珍贵遗产。著名的泉州清净寺，始建于北宋大中祥符二年（1009年），元至大三年（1310年）由耶路撒冷人阿哈玛特重新修葺。元代随使臣来泉州的波斯人不鲁罕丁，长期担任清净寺主持，元人吴鉴在《重立清净寺碑》中称其为“年一百二十岁，博学有才德，精健如中年人”。因为剌桐港的声名远扬，远在欧洲的罗马教皇也多次派遣传教士前来传播基督教。意大利人马黎诺里（Marignalli）记述了泉州城内的基督教传播成果，在其游记中是这样写的：“有剌桐港（Zaytun）为大商港，亦面积广大，人口众庶，吾国僧人在此城有华丽教堂三所，财产富厚，僧人又建浴堂一所，栈房一所，以储存商人来往货物。”[2]意大利传教士安德鲁也在呈交罗马教皇的信中盛赞：“泉州教堂雄壮华丽，为一方之冠。”[3]泉州各种宗教活动的活跃，与宋元时期的政治大环境有关。特别是元代，朝廷对各种宗教文化的传播都相对宽容，给予它们足够的生存和发展空间。例如波斯的摩尼教，民间又称其为“明教”，是一个在波斯本土不被见容的教派，宋代陆游在其《老学庵笔记》中称其为邪教，但在泉州，摩尼教仍得到发展机会，至今仍保留有元代所建的摩尼教寺——草庵。

图5.13　泉州清净寺

其他如侨居泉州的印度人也不少。《诸蕃志》记载有印度僧人在城南建宝林院。泉州著名的开元寺中的东塔，也是在印度僧人的协助下完成。东塔上面有四十幅浮雕，都是取材于佛经和印度的民间神话传说。在元代剌桐城的城墙

[1]　白寿彝：《回回民族的新生》，东方书社，1951年版，第15页。
[2]　张星烺：《中西交通史料汇编》第一册，中华书局，1977年版，第254—255页。
[3]　张星烺：《中西交通史料汇编》第一册，中华书局，1977年版，第231页。

遗址处，也发现了大量湿婆（印度教中的强大神祇）雕像和印度教寺院遗址。这些都证实了宋元时期泉州各种外来文化的多样性，从一个侧面反映出当时泉州港的兴盛和泉州城内的繁荣。

据《元史》所载，最盛时期，泉州港统有的海舶有一万五千艘之多，正所谓“四海舶商，诸蕃琛贡，皆于是乎集”[1]。按曾经从泉州附舶远航的元人汪大渊《岛夷记略》所载，泉州对外有贸易往来的国家和地区有99个。这个数字虽然比不上《南海志》中所记的与广州有贸易往来的140多个国家和地区，但因为作者曾经亲自出海远游，所以相对要更加可靠和准确。《岛夷记略》是一部纪实性著作，作者亲历而记之；其他地理文献如《诸蕃志》《岭外代答》等多是根据市舶之口传所记，元人陈大震的《南海志》原书久佚，现存残本仅以地名之广博可供参考，所以片面地追究数字的大小并无太大意义。

元代泉州进口的商品，仍以乳香、沉香、木香等各种香料为最多，其次是棉花、棉纱、驼毛、翠羽等衣饰用品，再次为胡椒、槟榔、椰子、豆蔻、宝石、珍珠等；外销依然以丝织品、瓷器为大宗，其次为金属制品、食品、药材等，泉州本地的“泉缎”，闽北建宁的腊茶，建窑的黑釉瓷器，建阳出产的“建宁锦”，以及浙江龙泉窑的青瓷，四川的蜀锦、药材等，都经由泉州畅销海外。马可·波罗形容说，印度、波斯、阿拉伯的商人都到泉州去，香料、珍珠、宝石输入之多，不可胜数；中国的海船从泉州运出生丝、花绸、缎绢、瓷器、金饰等，又运回胡椒、薑桂、豆蔻、纱布、珍珠、宝石等物。伊本·白图泰也说，波斯的毛毯、兵器、铜器等从泉州输入内地，而泉州的瓷器则输往印度、阿曼等地。

此外，值得一提的是，宋元时期，福建与台湾之间的联系更进了一步。南宋时，宋朝军队正式驻守澎湖，澎湖划归泉州晋江县管辖，与流求（台湾）“烟水相望”[2]。但流求因“无他奇货，尤好剽掠”，所以依然“商旅不通”[3]。元初的情况也没太大变化。《元史·流求传》载，“流求在外夷最小而险者也。汉唐以来，史所不载，近代诸蕃市舶，不闻至其国”。至元二十八年（1291年），元政府派兵6000人前往诏降流求，遭到当地居民的抵抗，此后又数次遣人“归谕其国，使之效顺”，但岛民一直不愿交往。直到元末，闽台之间才开始有小规模的贸易往来，贸易的货品多为“土珠、玛瑙珠、粗碗、

[1]　《泉州府志》卷11。
[2]　《诸蕃志》。
[3]　《诸蕃志》。

处州磁器之属”[1]。不过，元代福建来往澎湖的海船已有相当规模，“土商兴贩，以广其利，贸易至，岁常数十艘”[2]。泉州地处闽南，与台湾、澎湖之间的距离最近，又是贸易大港，所以在闽台贸易中自然占有最大优势。元以后，大陆与台湾之间的贸易往来逐渐增加。到了明代，在严格的海禁和朝贡贸易的严厉政策下，泉州的贸易范围急剧缩小，成为只能与琉球国（非台湾）进行官方贸易的指定口岸。

宋元三大港之明州

明州的市舶收入远不及广、泉二州，但地位稳固，其重要性不可小觑。宋元时期，市舶司屡有兴废，变动虽大，唯有广州、泉州、明州三司并立，贯彻始终。广州和泉州主要负责南海贸易，明州则是与东海诸国如高丽、日本的主要贸易口岸。从对外贸易的完整性来看，明州是无法绕过的一块。换句话说，如果仅从经济效益判断，宋元就是广州和泉州的天下，但如果考虑得更全面一点，照顾到政治、经济和文化的多重影响，那么明州的重要性就无法排除在外。

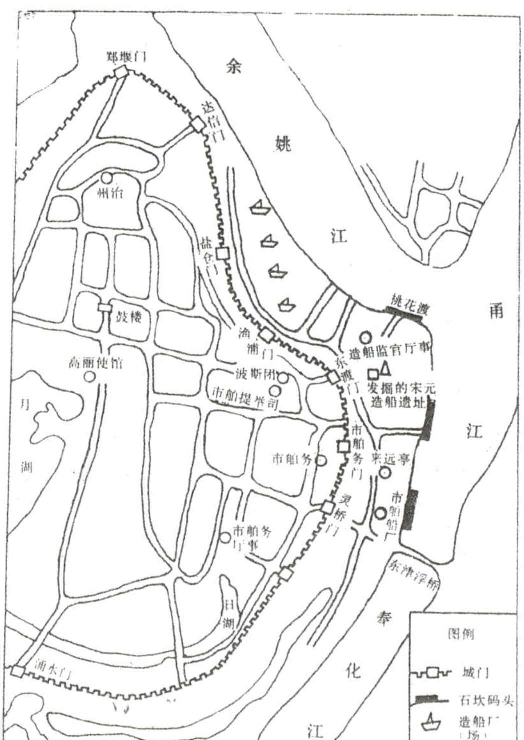

图5.14　北宋明州市舶遗址示意图

宋元时期，明州又称庆元。南宋绍熙五年（1194年），宁宗即位，下诏改年号为庆元，因其在藩王时期曾遥领明州观察使，所以明州也跟着升格为庆元府。元代改庆元府为庆元路。元至正二十七年（1367年），朱元璋攻占庆元，恢复明州旧称；明洪武十四年（1381年），为避“明”国号讳，改明州为宁

[1]　《岛夷记略》。
[2]　顾祖禹：《读史方舆纪要》卷99。

波，因明州下辖定海县，取其“海定则波宁”之意。自此以后，明州和庆元都成为历史，宁波港的时代正式开始。

明州是对高丽和日本的主要贸易口岸。北宋元丰三年（1080年）规定，“诸非广州市舶司辄发过南海蕃纲舶船，非明州市舶司而发过日本、高丽者，以违制论”[1]，也就是说，凡是去高丽、日本的商船都必须到明州来领取出海许可证。南宋时，杭州、秀州、温州、江阴市舶务和两浙市舶司相继罢废，“凡中国之贾，高丽与日本诸蕃之至中国者，惟庆元得受而遣焉”[2]。元代，虽然没有明确的规定，但上海、澉浦、温州在成立不久后相继并入庆元市舶司，杭州市舶司则并入地方税司，实际管理对高丽、日本贸易事务的唯有庆元市舶司。所以说，宋元两代，往来高丽、日本的海船主要是从明州出入，这一点当无可置疑。

明州与高丽的航路开通是自熙宁以后。北宋早期，山东半岛到高丽的航路依然畅通，但后来随着宋辽之间局势的紧张，山东沿海因过于靠近边界而成为敏感地带，大宋与高丽之间的关系也在猜忌和信任之间摇摆不定。这一时期仍有部分唯利是图的商人，“冒请往高丽国公凭，却发船入大辽国买卖”[3]，造成本国重要物资的外流，所以山东与高丽之间历史悠久的北线航路因此而关闭。神宗熙宁七年（1074年），高丽遣使节入宋，表示“欲远契丹（辽），乞改途于明州诣阙”，宋廷“从之”，自此，高丽使节来贡，大宋使节赴高丽，都改由明州出入。民间的往来贸易也于元丰二年（1079年）正式开放。朝廷规定，凡是去高丽的商人，必须具备两个条件：其一，要有5000缗以上的资金；其二，必须有人作保，然后在明州登记姓名、籍贯、资金、货物等详细资料，由官府出具公凭，才可以扬帆出海，否则以私贩违法论处。

从明州到高丽，一般多在七月到九月，乘西南季风；回航多在十月到十一月，乘东北季风。徐兢《宣和奉使高丽图经》记载，“由明州定海放洋，绝海而北，舟行皆乘夏至后南风，风便不过五日即抵岸焉”。因为航行时间不过五天至七天，所以往来高丽的明州商船，与从广州、泉州赴南海贸易的大型商船不同，多采用载重70人左右、灵活而坚固的小型海船。从明州横渡东海到日本差不多也是一周左右的时间，所以中日之间航行的海船规模与高丽的大致相同。这种船多为明州本地打造（明州造船业在宋元时期首屈一指），故也被称为“庆元船”。

[1] 《东坡全集》。
[2] 《宝庆四明志》。
[3] 《东坡全集》。

高丽使节入宋，通常会携带大量的金、银、土产等以做交易，归国时则买入彩帛、珍货、书籍、金箔等物。大宋使团入高丽，同样是在其都城开城“聚为大市，罗列百货”，所以两国使节往来除了外交，也兼做贸易买卖。在北宋后期，两国的交往十分密切。为迎接高丽使团入贡，政和七年（1117年），朝廷特意在明州兴建了高丽使行馆，置高丽司（也称来远局），高丽的使馆俗称之东藩驿馆或宝奎精舍[1]。又造巨船二艘及小船百艘，专为接待高丽贡使及客商使用。

南宋时，北方尽为金国控制，高丽也臣服于金。南宋朝廷担心高丽入贡是从“海上来窥”，以探听虚实，与金国互通消息，所以对高丽遣使入贡采取了疏离的态度，并多次“诏止之”。隆兴二年（1164年），最后一批高丽使者从明州到临安入贡之后，两国官方的使节往来就宣告终止。在这期间，往来明州与高丽之间的民间舶商常常充当非正式的使者传递文牒，即“与其（高丽）礼宾省以文牒相酬酢，皆贾舶通之”[2]。

与官方忽冷忽热的外交关系不太一致的是，两宋与高丽之间的民间贸易往来一直都很活跃。据《高丽史》记载，北宋末年的55年中，明州赴高丽贸易的商船达120多次，每次少则十几人，多则百余人。高丽的都城开城设有清州、忠州、四店、利宾四馆，“皆所以待中国之商旅”[3]。从北宋神宗至南宋理宗（1068—1225年）的150多年间，两国的商贸往来始终络绎不绝。明州输往高丽的货物，主要有瓷器、绢帛、锦绮、腊茶、书籍、文具等，另外自然也有大量铜钱外流。庆元年间（1195—1200年），南宋明令禁止“商人持铜钱入高丽”[4]，可见高丽是南宋铜钱外流比较严重的输出国之一。

元代庆元港与高丽依然有贸易往来，但史籍上记载不多。《至正四明续志》市舶物货条中，列有新罗漆、高丽青瓷、高丽铜器等物，似可佐证两国贸易关系并未中断。张政烺等著《五千年来的中朝友好关系》也描述了元代高丽与中国之间的贸易往来：“中国人所喜欢的高丽镶嵌的青瓷、铜器、纸张和蒙古人喜欢吃的新罗参、高丽松子、鷂鴣肉等高丽食品，更大量运来，而中国的茶、瓷器、丝织、书籍也增加对高丽的输出数字。”1976年，在韩国附近海域发现一艘元代沉船，因船中有“庆元路”字样的器物，多怀疑这艘船是从庆元开往高丽或日本的途中遇难。船中满载的都是瓷器和铜钱，包括各种青瓷、黑

[1] 《宝庆四明志》。
[2] 《宝庆四明志》。
[3] 《宣和奉使高丽图经》卷27。
[4] 《宋史》卷487。

釉瓷、钧窑瓷等6463件，以及铜钱数百公斤，证明了两个事实：一，元代铜钱外流依然存在；二，瓷器依然是中国出口的大宗货品。

宋元时期，中国与高丽的贸易往来都是官方使节与民间商人并重；与此不同的是，与日本的交往则是以民间贸易为主。宋元两代，官方都未与日本正式建交。北宋时，日本奉行的是闭关锁国政策，严禁国人出海贸易。这一时期的中日贸易，全部都是中国商船前往日本的通商贸易。史籍记载有确切年份的赴日中国海船就有70多次。这些海船主要是从明州出发，横渡东海直达日本的肥前值嘉岛，再转航博多。北宋末年，不少中国海船甚至深入到日本都城附近的越前嘉贺。南宋时，日本经历了改朝换代，废弃以往的锁国政策，积极开展对外贸易。日本朝廷对南宋的海商实行招揽政策，营建招待宋人的宾馆，修筑港口，开通濑户海峡，使南宋的商船可以直泊京都附近。这一时期日本前往中国贸易的海船也逐渐增多。日本史学家井上靖说，“十三世纪，每年有四十到五十艘日本船只开往中国中部的浙江方面”。《开庆四明续志》也记载说，“倭人冒鲸波之险，舳舻相衔，以其物来售”。两宋与日本的官方往来主要是通过民间贸易的商船传递消息，互通有无。如北宋熙宁六年（1073年），宋神宗托日本入宋僧人成寻等搭乘明州商人孙忠的海船带去赠送日本政府的泥金《法华经》等礼物；元丰元年（1078年），日僧仲回搭乘孙忠的海船自日本带回答谢南宋朝廷的复信和礼物。元丰三年（1080年）和元丰五年（1082年），孙忠的海船分别再度充当使者，在中日之间传递明州府与日本的往来牒文。南宋乾道八年（1172年）和乾道九年（1173年），又有明州商船代为转达宋孝宗令明州知府致日本的敕文和礼物，以及日本大宰府平清盛致明州府的复牒和描金橱、描金提箱、黄金剑等回赠礼物。

两宋时，中国佛教禅宗思想对日本佛教文化形成巨大的吸引力，所以出现了自唐以后的第二次日僧入华求法的潮流。入宋僧多从明州登陆，然后赴杭州进行修习。但明州本地的育王寺、天台国庆寺等也有不少日僧前去参佛，如著名僧人重原、荣西等。育王寺的舍利殿、天童寺的千佛阁等，都是由日僧从日本运来木材进行修建或重建。据日本史学家木宫泰彦统计，仅南宋末年的80多年间，就有至少100多个日本僧人搭乘海船在明州登陆，其中有些人往来中日之间达2～3次之多。

南宋时期中日贸易的商品流入和流出，也出现一种有趣的现象。日本的黄金大量流入南宋，南宋的铜钱和银锭则大量流入日本。其原因自然是两国贸易所带来的巨大利润所驱使。理宗绍定五年（1232年），1两黄金在中国值钱4万文，而在日本只相当于630文，价格相差63倍。而且，自宝祐六年（1258年）

开始，南宋对日本进口的黄金实行免税政策，简直如“火上浇油”一般刺激了日本黄金的大量流入。据日本学者加藤繁的考证，“理宗宝祐年间（1253—1258年），庆元府一年间的日本商人输入黄金总额约四五千两……不但是商人，就是公家、武家，也把黄金运到中国”[1]。中国的银锭和铜钱在日本也很抢手。其时，以绢做标准进行换算，日本的银价相当于中国的8倍，而铜钱在日本是可以作为货币直接进行流通的，所以日本黄金大量流入南宋的同时，中国的银锭和铜钱则大量流出。

元代政府与日本的官方关系更加微妙。元世祖两次东征日本之后，元政府曾数次派僧人赴日斡旋，表达和解意愿。前两次都因风折返，未能踏上日本国土，最后一次是由妙慈弘济大师（普陀僧一山）搭乘日本商船自庆元出发，成功东渡日本，并引发日本朝野上下的轰动，但终元一世，两国都没有正式的官方建交，反而是民间的航海贸易尤其是日本对中国的海船往来，表现出蒸蒸日上的势头。木宫泰彦在《日中文化交流史》中记述，“元末六七十年间，恐怕是日本各个时代中商船开往中国最盛的年代”。日本的海船在至元二十九年（1292年）开到庆元港进行交易，元政府对此采取了默许的态度，自此以后日本商船就开始频繁往来中日之间，成为中日贸易的主力。与此相反的是，中国的商船赴日贸易者却大为减少，其原因或许是与元中期以后倭寇的活动有关。据《元史》记载，武宗至大元年（1308年），日本商船“焚掠庆元”；延祐三年（1316年），“浙东倭奴商舶贸易致乱”；至正二十三年（1363年），“倭人寇蓬州，守将刘暹击败之。自十八年以来，倭人连寇濒海郡县”。为害明代的倭寇活动，其实自元代中期开始就种下了祸根。

另一方面，元代中日僧人之间的文化交流却极为繁盛。中国的僧人东渡弘法，其中不少为得道高僧，不仅佛学造诣精深，而且诗文功底深厚，对日本历史上的佛学思想以及书法、绘画、文学等都产生了深远的影响。据日本《本朝高僧传》所记载，“大凡东渡宗师十有余人，皆法中狮也”。同一时期，日本僧人赴中国求法者也纷至沓来。木宫泰彦《日中文化交流史》记载，“入元僧名传至今的，实达二百二十余人之多，至于无名的入元僧更不知几百人了”。以庆元为中介的连接点，以两国僧人为主流，中日之间频密的文化交往，成为宋元时期两国往来的一个重要特征。

至于中日之间的贸易往来，从明州（庆元）出口的货物与前朝无太大差异，依然是以丝织品和瓷器为最大宗。两浙与川蜀所产的丝织物并列为全国之

[1] 加藤繁：《中国经济史考证》第二卷，商务印书馆，1959年版，第249—251页。

首。全国上供的丝织物和丝绵，两浙分别占1/3和2/3。神宗年间，两浙年供绢帛达98万匹[1]。可证其丝织业之盛。瓷器业亦同。据《宋会要》所载，明州出产的越窑青瓷，仅开宝到太平兴国十年之间，上贡朝廷的就有17万件之多。南宋时，浙江地区又有龙泉窑兴起，其名气和产量在后期甚至超过了越窑。所以，明州港在出口物资方面称得上是拥有“天时地利”，货源十分充足。崇宁元年（1102年），一名明州商人所报的船载货物就包括：象眼40匹，生绢20匹，白绫20匹，瓷碗200床（每床20件），碟子400床，载货合计5种，前3种为丝织品，后2种为瓷器。可见丝织品和瓷器在明州出口贸易中所占比重之大。除了这两大项，宋元时期，香药在明州的出口贸易中也很热门，其主要的出口对象是日本。《日中文化交流史》记载，唐宋以来，日本宫廷和权贵阶层之中用香之盛，不亚于中国。香药在中国亦属南洋的舶来品。所以说，明州的香药出口实质上是一种转口贸易。其货源一部分是通过闽、广转贩而来，另一部分则是明州与南洋诸国的直接贸易得来。北宋元丰八年（1085年），朝廷规定，“诸非杭、明、广州而辄发过南海船舶者，以违制论”[2]，说明其时明州有权颁发赴南海贸易的许可证，民间的商船可以从明州直航南洋诸国，南洋诸国的商船亦可以直接到明州进行贸易。史书上记载，与明州有直接贸易关系的南海诸国主要有阇婆、真里富（真腊）、占城、渤泥、麻逸、三佛齐、波斯等国家。其中，波斯商人在明州留下的历史遗迹最多。北宋时明州就建有专门的波斯馆，波斯商人自己还建造了清真寺，明州的波斯人聚居之处被称为“波斯巷”。

明州港的进口货物，最大宗者来自于日本和高丽。日本进口的主要有砂金、水银、铜、硫黄、锦、绢、刀、剑、扇子等，高丽进口的则有金器、银器、青器、铜器、人参、毛皮等。《宝庆四明志》记载，南宋时明州进口的货物有160多种，除了日本和高丽，还有来自海南、占城西、丰泉、广州以及“化外蕃船”的商品。《至正四明续志》记载，元代的明州港贸易继续扩大，进口货物的种类增至220多种。这也可以看作是明州港在宋元时期一直保持兴盛的证据之一。元人描述庆元港的繁荣，称其“是邦控岛夷，走集聚商舸，珠香杂犀象，税入何其多”[3]。

明州地处我国南北海岸线的中段，发展沿海贸易亦很便利。下可通闽、广，上可达山东半岛的密州一带，自长江口亦可进入江淮以至荆襄，所以《乾道四明志》概括明州的地理形势和对外贸易状况，称其“虽非都会，乃海道辐

[1] 《宋会要辑稿》食货50。

[2] 《东坡全集》。

[3] 张翥：《送黄中玉之庆元市舶》，《元音》卷9。

辏之地，故南则闽广，东则倭人，北则高句丽，商舶往来，物货丰衍，东出定海，有蛟门虎踞之险，亦东南之要会也”。

以城兴港的杭州

杭州是南宋的都城。宋室南渡后，1138年正式定都杭州，并更名临安，1176年元灭宋，改临安为杭州路，领江浙行省，这期间杭州建都亦有140多年的历史。与此同时，宋代的杭州也是一个著名的贸易海港。杭州的发展模式与其他港口城市有所不同。一般来说，港口带动城市的发展，例如广州、泉州、明州等，都是因港兴市，以港口贸易的繁荣带动整个城市各个层面的进步；杭州恰恰相反，海港功能的强化，很大程度上是出于城市整体影响力及其中心集聚功能的推动。

杭州本身作为港口的自然条件不算优越。钱塘江潮猛流急，所以直接从杭州湾驶入杭州的海船并不多。前来贸易的商船大半都是经由明州登陆，再从余姚江转浙东运河进入杭州，即“海商船舶怖于上滩，惟泛余姚小江，易舟而浮运河达于杭越”[1]。南宋后期，考虑到作为一国之都的安全需要，杭州的海港功能基本转移到附近的澉浦港，澉浦作为杭州外港因而兴盛一时。

先天上的不足，需要后天来补助。杭州作为海港的自然条件虽然一般，但自宋至元的大部分时间内，杭州都是作为一个重要的海港而存在。这个推动力主要来自于三个方面：第一，杭州是内河航运在江南地区的主要枢纽港；第二，杭州是南宋的国都；第三，杭州本身就是一个最大的商业消费城市。

杭州是南北大运河在江南地区的起点。北宋和元代，江南地区的漕粮（元代以海运居多）、食盐、上供的丝绸等物品，以及全国各大海港对外市舶贸易所征收的舶货，都要在杭州先行集中，然后经运河输送到北宋的汴京（开封）或元代的大都（北京）。来自海外各国的使节，不管是东面的高丽、日本，还是南面的南洋诸国，也都需要先在明州或泉州或广州登陆，转道杭州，再沿运河北上入贡。大规模的官方活动也带动了民间各种贸易物资在杭州的集散，特别是茶叶、丝绸等江南盛产的物品。正如欧阳修所言，杭州当时是“四达之冲，舟车之会”，所谓“四方之所聚，百货之所交，物盛人众，为一都会”[2]，所以港口“官商驰骛，舳舻相衔，昼夜不绝”[3]。

[1] 《梦粱录》卷2。

[2] 《乾道临安志》卷2。

[3] 《西湖游览志》卷13。

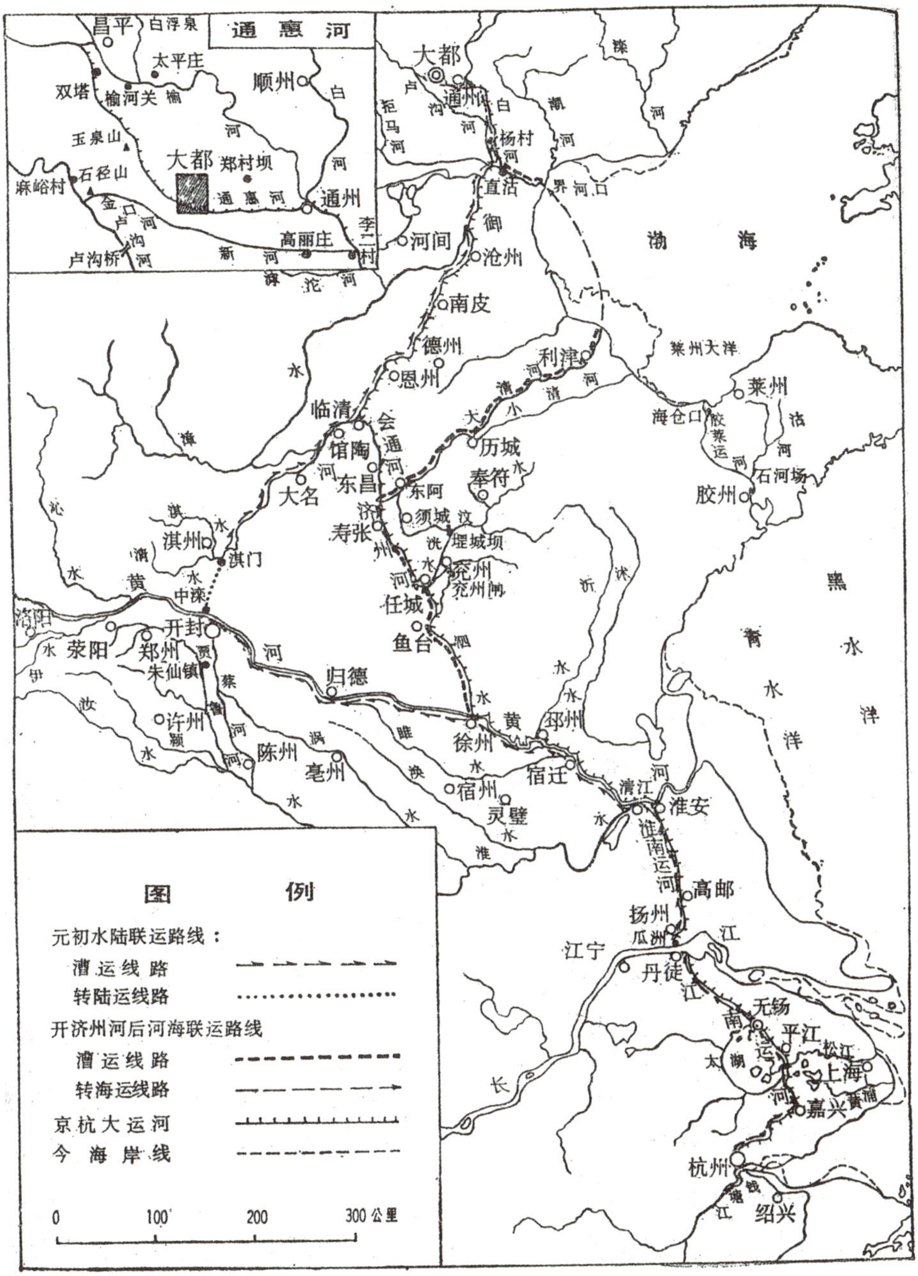

图5.15 元代京杭大运河

南宋时，杭州是一国之都，全国的漕粮贡赋、舶货以及海外来使等直接在此汇聚。从中转地上升为目的地，杭州不仅在经济上更加繁荣，政治、文化地位也大为提高。一国政治中枢所影响的不仅是大量官员的向心性流动，还有全国各地的人才向京城的汇聚。杭州在南宋时拥有国家最高学府——太学，各种书院如雨后春笋般散落其间，全国各地的文人墨客等也在此流连，凡此种种都直接或间接地提升了杭州的声名。作为全国最繁华的城市，四方游客纷沓而至，正如柳永词所描述的那样，“东南形胜，三吴都会，钱塘自古繁华，烟柳画桥，风帘翠幕，参差十万人家……市列珠玑，户盈绮罗，竞豪奢”，《梦粱录》也说，“南渡以来，杭州行都二百余年，户口蕃盛，商贾买卖者十倍于昔，往来辐辏”。这样一座城市本身就对外界构成了巨大的诱惑和吸引力。

图5.16　宋刻《大观本草》插图中“螺蛳门（清泰门）外盐担儿”场景

因为极度的繁华，南宋时杭州的商业消费也发展到了一个惊人的鼎盛阶段。按《梦粱录》所记，“盖杭州乃四方辐辏之地，即与外郡不同，所以客贩往来，旁午于道，曾无虚日”，城内“处处有茶坊、酒肆、面店、果子、彩帛、绒线、香烛、油酱、食米、下饭鱼肉鲞腊等铺”。杭州的商铺之多，甚至于“自大街乃诸坊巷，大小铺席连门俱是，即无虚空之屋”。经营的时间也从白天直到晚上，“买卖昼夜不绝，夜交三四鼓，游人始稀；五鼓钟鸣，卖早市者，又开店矣”。南宋时，杭州仅本地的住户就有261692户，人口为130万左右，放到现在也是一座人口密集的大都市，因而也形成了一个巨大的消费市场，每年消耗的米粮就有200多万石，食盐有20多万石。除了漕粮供应之外，杭州因不是产粮区，所以大量的粮米需要倚赖苏州、湖州、常州、秀州以及江淮地区。人口众多，商业兴盛，富庶的杭州对于海外诸国以及全国各地的客商来说，都是一个上等的淘金地。再者，杭州位处经济发达的两浙地区，本地的丝织业、制瓷业、印刷业、造纸业、造船业等都颇负盛名，又有来自全国的物资百货在此集散，资源丰富，供给与需求市场同样庞大，所以，钱塘江上自然是一片海舶云集、帆樯林立的盛况，港口贸易的繁荣完全可以想象。

图5.17 南宋杭州凤山门

元代的杭州，在元兵入城时曾遭到洗劫，但由于京杭大运河的通航，杭州的枢纽港地位依然稳固；作为江浙行省的首府，杭州的商业经济持续繁荣；湖光山色、美景依旧，所以马可·波罗盛赞杭州依然是“世界最富丽名贵之城”。谈到杭州的商业繁荣，他说，“城内，除了各街道上有不计其数的店铺外，还有十个大广场或市场，这些广场每一边长八百多米，大街在广场的前面，宽四十米，从这座城市的一端，笔直地伸展到另一端”；“每逢开市集日，市场上摩肩接踵、熙熙攘攘的小商贩满地摆着各种用船运来的货物”。在外国旅行家眼中，杭州依然是“最好的通商之地”。

作为海港，杭州在北宋时最为兴盛。南宋时，出于国防需要，自1190年开始外国商舶禁止在杭州湾靠泊；元代初期，杭州及其外港澉浦都设立了市舶司，但很快就相继被并转或罢废。从市舶司的设置变动来看，杭州作为海港的直接对外贸易功能显然摇摆不定；从实际的运行情况来看，宋元两代的杭州始终保持了一定的海港功能，不仅是依赖于直接的物资贸易进出，更主要的是表现为官方的使节往来和舶货的中转、集聚。

各处市舶司征收的舶货，北宋和元代都经杭州转运京城。南宋时，杭州作为国都，更加便利了广州、泉州、明州三司的舶货运送。这些舶来品，除了部分由皇室自用，还有一些会在京城由官府拍卖，这也在某种程度上促进了杭州市场的繁荣。元代为更加有效地运输舶货，在杭州与泉州之间建立海道水（驿）站，又在杭州成立市舶都转运司，专门负责“各处市舶每年办制舶货”起解赴杭州的舶货中转事务。可见，杭州港与其他贸易海港的不同之处在于，它是一个可以直接对外贸易征收舶货的港口，同时也是全国舶货的中转港或目的港，后者是杭州独一无二的功能。

从北宋熙宁年间，高丽来使经明州登陆之后，杭州就成为高丽使者进入汴京的必经之路。北宋时，高丽入贡的频率很勤，史称“贡使接踵”。杭州因此建有专门接待高丽贡使和商人的亭馆。因为杭州的印刷业十分有名，高丽使者归国时，经常在杭州购买大量书籍带回。元祐三年（1088年），海商徐戬曾不

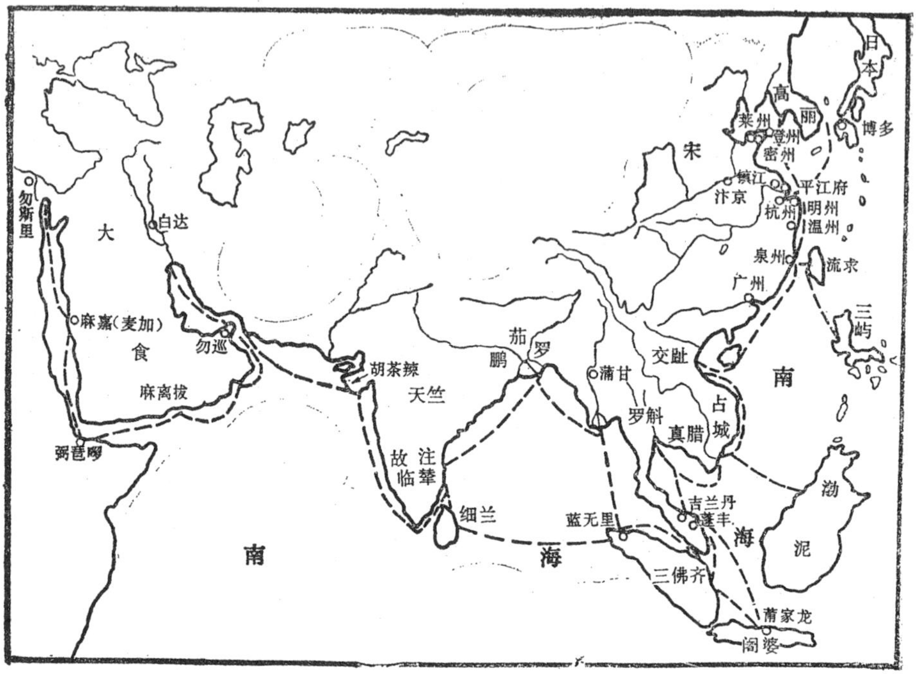

图5.18　宋代杭州港海外贸易联系地区示意图

惜犯禁，为高丽偷运杭州雕刻的夹注《法严经》印版2900余片。

南海诸国如安南、占城、三佛齐、真里富、阇婆、大食、渤泥等国的入贡使节，也都需要假道杭州或直接在临安贡献方物。两宋时，这些国家的入贡十分频繁。如官方记载，仅北宋时，安南入贡就有30多次，占城40多次，三佛齐20多次。贡使前来往往携带大量的本国特产，如南宋绍兴二十五年（1155年），占城贡使萨达琳抵达杭州，“贡沉笺等香万余斤，乌里香55000余斤，另有犀角、象牙、翠羽、玳瑁等物”[1]。

杭州与日本的交流，最突出的是以僧人为载体的文化输出。宋元时期，中国的禅宗思想深刻影响了日本的佛教界。杭州的灵隐寺、径山寺、净慈寺、下天竺寺等都有大批日僧前来学习。南宋祥兴二年（1279年）从杭州东渡日本的僧人祖元曾经对日本友人说，“老僧虽在大唐（中国），与日本兄弟同住者多”，可知彼时杭州日僧之多。其中，杭州径山寺的临济宗所提倡的“寡欲朴素”的思想，甚为日本当时的执政者北条时赖以及镰仓武士们所推崇，径山寺的多名僧人受邀赴日，与从杭州学习归国的日本僧人一起，共同开创了日本的

[1]　《杭州古港史》，人民交通出版社，1989年版，第137页。

禅宗。日本的名刹圆觉寺也是全部仿照杭州径山寺的式样和规模兴建。

日本僧人在杭州学习佛教时，也十分注意吸收其他方面的优秀文化成果。如嘉定四年（1211年），日僧俊芿归国，带走天台教观文字716卷，律宗大小部327卷，华严章经175卷，儒书256卷，杂书463卷以及法帖、堂帖、御笔碑文等计76卷，合计2013卷。日僧辨圆归国时也携带经论、章疏、语录、儒书、医书、字帖等数千卷。大量的中国书籍就此流入日本，从而也扩大了中国文化在海外的影响力。

杭州的印刷业在南宋时堪称天下第一。日僧将杭州的大量印书带回日本的同时，也将杭州先进的印刷技术引入国内，如京都镰仓的泉涌寺开办的印刷工场，仿印杭州宋刻本，获得极大成功，即为日本印刷史上著名的“泉涌寺版”。

杭州也是著名的茶叶产地。宋代时，杭州吃茶之风十分盛行，并发展出茶道这种风雅的学问。日僧荣西从灵隐下天竺一带的寺庙中带走了一批珍贵茶种，并根据在杭州学到的茶道知识，编著了《吃茶养生记》一书，从而开创了日本的茶道艺术。

元代日僧赴杭州修习的也有数十批次。中国的佛教文化继续输出日本。元代流入日本的13个禅派中，从杭州传过去的就有4个。杭州余杭县的大普宁寺制版印刷十分精良，经由日僧的学习和传播，也带动了日本寺院印刷业的蓬勃发展，如日本天龙寺的云居庵和金刚庵都是日本刊本的主要印刷地，其他如京都的相国寺、镰仓的净妙寺以及东福寺、南禅寺、三圣寺、建仁寺等，也都出版了不少书籍。

元代的杭州，居留的外国人很多，由此也形成了如泉州、广州一类的“蕃坊”。杭州城内开设了一些客栈，专门为接待前来经商或游历的外国客人，就如意大利旅行家所说，“有许多客栈，每栈内设十或十二间房屋”。也有不少外国人在杭州长期居留，因而形成了一定规模的聚居区。这些外国人按照宗教信仰和生活习惯的不同，居住在不同的街区。主要可分为两大类，一类由犹太人、基督教徒以及拜日教徒组成，居住在伊本·白图泰所称的“第二街区”，即章家桥、崇新门一带；另一类以信仰伊斯兰教的阿拉伯人为主，居住在“第三街区”，伊本·白图泰描述这里的“市街极为美丽，市场之配制，一如回教国，有礼拜寺，亦有礼拜告知者”。这里提到的礼拜寺，就是与扬州仙鹤寺、泉州清净寺、广州怀圣寺并称为四大清真寺的杭州凤凰寺。附近有珠宝巷，是阿拉伯商人经营珠宝舶货的主要营业场所。珠宝巷往东，还建有阿拉伯人公墓，这些都是杭州对外经济文化交流的历史见证。

简而言之，作为海港的杭州，或许不是主要的对外贸易口岸，但其商贸业的繁荣和多元文化的融汇却不遑多让，在宋元的海外文化交流史上，无疑占有极为重要的一席。

另外值得一提的是，杭州的外港澉浦，在南宋末年和元朝初期分别设立了市舶场和市舶司，主要负责接纳前往杭州贸易的海船，一时也成为“远涉诸蕃，近通福广，商贾往来”的“冲要之地”[1]，历史上亦有“小杭州”的美称。马可·波罗在其游记中说：“离该城（杭州）四十二公里远的地方，沿东北方向，就是大海。这里有一个优良的港湾，所有从印度来的货船，经常都在这里停泊。”澉浦的兴盛，实际上反映的就是杭州的兴盛。

明清时期，受海禁政策的影响，宋元的海港大部分处于萧条状态，杭州也不例外。与此同时，与唐代扬州海港功能的消退类似，杭州港的水文条件也在发生变化，钱塘江入海口北徙，江道弯曲，导致江口段淤浅，海船渐渐不能驶入。清雍正年间，杭州彻底转变为一个内河港口，作为海港的历史也正式宣告终结。

北方唯一的市舶司——密州

宋元时期，表现活跃的海港基本都在长江以南。北方的港口，唯有密州，北宋时曾位列全国五大市舶司之一，由此也成为北方港口唯一的代表。

北宋时，山东半岛传统的大港登州和莱州，因为距离宋辽边界太近而被迫关闭。苏东坡说：“登州地近北虏，号为极边，虏中山川隐约可见，便风一帆奄至城下。自国朝以来，常屯重兵，教习水战，旦暮传烽，以通警急。”[2]登、莱二港历来都在军事上占有重要地位，并且其军事功能远大于经济贸易功能，所以宋辽对峙时，这两个港口首先也以军用为主，作为抗辽的海防要塞使用。为防止军事泄密，以及有人借经商为名，行通辽之实，北宋历代政府对于登州和莱州界都实行严格的管制。

《庆历编敕》载，“客旅于海路商贩者，不得往高丽、新罗及登、莱州界”。

《熙宁编敕》载，“即乘船自海道入界河，及往北界高丽、新罗并登、莱界商贩者，各徙二年”。

《元丰编敕》载，“诸商贾由海道贩诸蕃，惟不得至大辽国及登、莱

[1] 《元典章》卷59。
[2] 《东坡奏议》卷2。

州”。

《元祐编勅》载，“或乘船自海道入界河，及往新罗、登莱州界者，徙二年”。

……

因为登、莱闭港，位于山东半岛南部的密州得到发展机会。元祐二年（1087年），密州板桥镇正式设立北方唯一的市舶司，证明它已经确立了北方主要通商海港的地位。

北宋时，日本奉行锁国政策，中日之间的贸易以明州发出的中国商船为主；另一个北方邻国高丽，自熙宁年间就开始走直达明州的航线赴中国贸易，尽管从密州到高丽早有海路相通，但使用这条航线的，或者是负有特殊外交使命的外出使节，或者是私商偷贩；而南洋诸国距离北方的路途遥远，北洋水路又风波险恶，东南地区还有广州、泉州这样兴盛的贸易大港，故断无舍近求远之理。总的来说，东南地区资源丰富，经济发达，交通便利，各国的海船都愿意在那里进行交易。密州独处北方，对外贸易的条件有各种不利，所以它并不是一个主要经营海外贸易的港口。

密州港的主要功能，是作为南北物资交流的中转港而存在。《续资治通鉴长编》卷34载：“板桥镇隶高密县，正居大海之滨。其人烟市井，交易繁伙，商贾所聚。东则二广福建淮浙之人……络绎往来。然海商至者，类不过数月，即谋还归；而其货物间有未售，则富家大姓往往乘其急，而以贱价买之。”《宋史·食货志》记载：“广南、福建、淮、浙贾人航海贩物至京东、河北、河东等路，运载钱、帛、丝、绵贸易，而象、犀、乳香珍异之物，虽尝禁榷，未免欺隐。若板桥市舶法行，则海外诸物积于府库者必倍于杭、明二州。”东南沿海的舶货北运到密州，再通过陆路或水路，分流到当时的京东、河北和河东三路，即北方广大的内地；北方各地的土特产也沿着这条通道，经密州中转，输送到南方各港，故“自来广南、福建、淮浙商旅乘海船贩到香药诸杂税物，乃至京东、河北、河东等路客般（搬）运见（现）钱、丝、绵、绫、绢，往来交易，买卖极为繁盛”[1]。这条贸易通道，“既无道途劳费之役”，“又无舟行侵盗倾复之弊”，故“三路之众，络绎往来”，密州一时“人烟市井，交易繁伙”[2]。不过，这种繁荣的贸易景象并没有持续很久。北宋末年，因为金的扩张，密州也被列入与登、莱二州同样被禁的行列。从元祐三年（1088年）建司到政和四年（1114年）被禁，密州市舶司仅活跃了26年。

[1] 《续资治通鉴长编》卷409。

[2] 《续资治通鉴长编》卷341。

图5.19　北宋时期板桥镇复原图

南宋时，密州一带尽管已经不属于大宋的国土，但与南方地区的贸易并未完全断绝。建炎四年（1130年），南宋朝廷诏令“禁闽、广、淮浙海船商贩山东，虑为金人乡导”[1]。可见其时仍有不少南宋的商船从事南北贸易。《宋会要辑稿》也称，因山东粮食比较贵，“通、泰、苏、秀（都属江浙一带）有渔民船户，贪其厚利，兴贩前去密州板桥、草桥等处货卖”。当然，冒禁而来的私贩贸易，自然不能与北宋时的兴盛状况可比。至于元代，在北方主要发展大规模的漕粮海运，北方的港口需要服从并服务于国家统一的北洋运输。南北贸易再开，要等到清代以降。

元代海运之刘家港与直沽港

唐宋以后，全国经济重心南移，主要产粮区都在长江以南。元代以大都（今北京）为全国政治中心，但“百司庶府之繁，卫士编民之众，无不仰于江南”[2]。南粮北运，是保障京师地区生活供应的唯一途径。隋代开凿的南北大运河，本来可以联结南北交通，但自唐宋以来，其中沟通河、淮的汴渠已经淤断湮废，河北的永济渠也不能完全通航，所以漕粮运输在元初只能采用水陆联运的办法。江南的漕船到达淮安以后，转入黄河逆流上行，转陆路进御河，抵通州，再经陆运抵达大都。这种水陆联运之法，既要反复装车卸舟，又

[1]　《宋史》卷26。
[2]　危素：《元海运志》。

要迁就黄河向西绕一个大弯，耗资费时，而且运力有限。为解决这一问题，元政府一方面“广开新河”，重新整治和修建从大都到杭州的京杭大运河；另一方面，采纳丞相伯颜的建议，“岁漕东南粟，从海道至京师”[1]，即实行漕粮海运。元代大规模的海运漕粮，从至元十九年（1282年）开始，“终元之世，海运不废”[2]。第一次海运只运粮四万六千石，第二年便增至二十九万石，以后随着航路的不断完善，运量不断增加。文宗天历二年（1329年），已经增至三百五十二万余石。虽然海运较陆运和内河航运要省费得多，但“风涛不测，粮船漂溺者无岁无之”[3]。尤其是山东半岛的成山头一带，最为险恶。粮船折损率居高不下，是漕粮海运最大的困扰。由于这个问题一直无法得到妥当的解决，所以到了明代，重新疏浚会通河，令京杭大运河全线通航之后，海运即被运河漕运所替代。

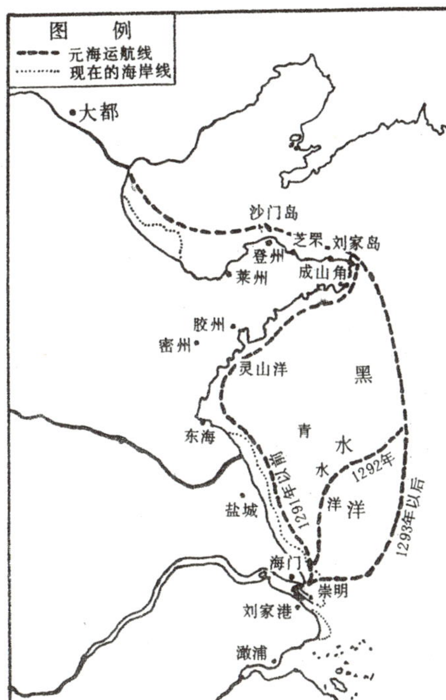

图5.20　元代海漕航线变迁示意图

元代的海漕规模很大，采用的是征租民船和官督私运的体制。初期的运粮船体型较小，载重量八百石左右；其后随着运粮数的增加而逐步大型化，延祐年间（1314—1320年）所造海船可达到“大者八、九千粮，小者二千者石”[4]。船队的规模也相当庞大。延祐元年（1314年），“浙江平江路刘家港开洋一千六百五十三只，浙东庆元路烈港开洋一百四十七只”；天顺元年（1328年），“用船总计一千八百只”[5]。

海漕的路线，简单来说就是从长江口北上至元大都。江南的漕粮首先在长江口的刘家港集中，然后统一经海上运送到大都附近的直沽港，再更换驳船运往通州。其间，自刘家港至直沽港的海上航线屡经修改（大的改

[1]　《元史·食货志》。
[2]　邱濬：《大学衍义补》。
[3]　《元史·食货志》。
[4]　《海道经》。
[5]　《大元海运记》。

动有三次），但起点和终点始终未有变化。刘家港在今江苏太仓东北30里的浏河镇一带，元代是娄江的入海口。娄江是太湖的通海水道之一，南宋时仍潮汐不通，元初才“不浚自深，潮汐两汛，可容万斛之舟”。至元二十四年（1287年），元代海运的开创人朱清和张瑄疏导娄江入海，使娄江“水阔有二里许”[1]。刘家港因而成为港口条件极佳的深水良港。由于大规模海运的发展，这里也渐渐从“田畴半辟”“居民不满百”的穷乡僻壤迅速发展成为繁荣一时的港埠。除了每年春夏两季的漕粮在此集结转运，朱清和张瑄还在这里发展了海外贸易，以“巨艘大舶，帆交蕃夷中”[2]，致使刘家港在短短数年间便“凑集成市，蕃汉杂处，闽广混居”[3]，有长堤三十余里，“名楼列布，番贾如归”[4]，“商船旅泊，货盈市集”[5]，“当时谓之六国码头”[6]。元至正二年（1342年），这里还曾设置市舶分司，进一步证明刘家港海外贸易的重要性。不过，刘家港之所以留名至今，最主要的是因其与元代大规模的海运紧密联系在一起。其后，明代同样规模庞大的郑和船队，也是从这里起航，七下西洋，创下航海史上无与伦比的辉煌纪录。虽然在对外贸易史上刘家港可能默默无闻，但奇妙的是，历史上两次具有开创性的大规模的海上活动，一次北上，一次南下，都是以刘家港为起点徐徐展开，扬帆远航。在此之前，刘家港在历史上没有留下任何痕迹，在此之后，刘家港也急速地衰落以至消亡，如烟花般短暂而灿烂，这就是刘家港的历史命运。

直沽港早在唐代小规模的漕粮海运中就已经崭露头角，当时称为军粮城。无论是唐代还是元代，直沽港的存在，从一开始就是为北京提供服务，所以它也被称为京畿门户。元代，直沽是大规模漕粮海运的终点港口，运粮船队浩浩荡荡开进来，直沽向北延伸的码头岸线长达四五十里。元代诗人描述直沽港的繁忙景象，称“晓日三岔口，连樯集万艘”[7]，以及“东吴转海输杭稻，一夕潮来集万船”[8]。三岔口是直沽港海运与河运的交接点。大型的海船在此更换驳船运往通州。由于漕粮数目庞大，元政府在直沽兴建了多处米仓，以作屯粮之用。至大二年（1309年），枢密院在直沽设置“镇守海口屯储亲军都指挥使司”，并派兵驻防，以保卫港口安全。至正九年（1349年），又在此设

[1] 弘治《太仓州志》卷9。
[2] 陶宗仪：《辍耕录》卷5。
[3] 杨譓：《至正昆山郡志》卷1。
[4] 光绪《崇明县志》卷17。
[5] 朱德润：《存复斋续集》。
[6] 弘治《太仓州志》卷1。
[7] 张翥：《代祀天妃庙次直沽作》，《天津府志》卷39。
[8] 王懋德：《直沽》。

“镇抚司”，说明直沽的地位日益重要。延祐三年（1316年），直沽寨更名为海津镇，取“海滨津渡”之意。到了明建文二年（1400年），燕王朱棣从直沽南下，夺取皇位，故改海津镇为“天津”，取“天子津渡”之意。永乐二年（1404年），以天津是海河联运的要冲，明成祖（朱棣）在此设“天津卫”，从而奠定了日后天津城市的雏形。

短暂出场的上海港

上海地区最早的港口是青龙镇，在宋代隶属秀州（今嘉兴）华亭县。北宋末年，在秀州华亭县设市舶务，具体位置即在青龙镇。青龙港位于吴淞江的通海口附近，“其地下瞰吴淞江，据户渎之口”[1]，从唐代开始就是一个“海舶辐辏”的转口贸易港。宋代在此设置市舶务之后，青龙港更趋于鼎盛。光绪《青浦县志》记载，北宋时的青龙镇“海舶百货交集，梵宇亭台极其壮丽，龙舟嬉水冠松江南，论者比之杭州”。南宋绍兴二年（1132年），考虑杭州作为国都的安全需要，两浙市舶司移至华亭，令青龙港一时达到繁盛的极点。但好景不长，青龙港所倚靠的吴淞江，出现淤塞现象，而且愈来愈严重。尽管几经疏浚，但江面仍不断束狭，河床日益淤浅，至南宋末期，海舶已经难以溯江而上。两浙市舶司和秀州华亭市舶务也相继罢废，青龙港日趋衰微。宋末元军在此大肆掠夺，元末张士诚再次劫掠，终使青龙镇变成一片荒芜之地，“鞠为茂草，潮淤水涸，民业渐衰”[2]。

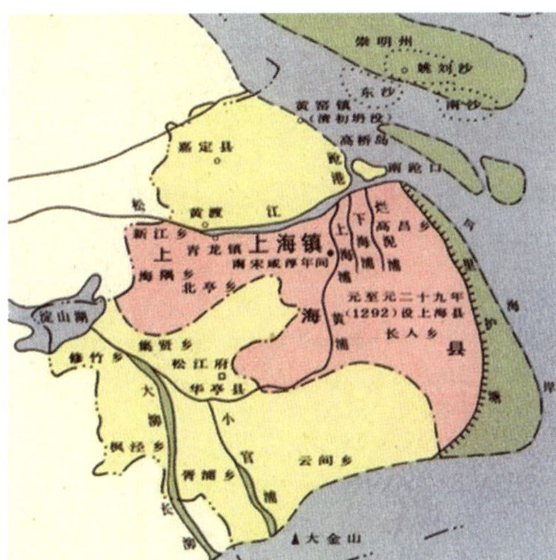

图5.21　宋元时期的上海县

青龙港之后，因水文条件的改变，代之而起的是上海港。上海港位于吴淞江与黄浦江的江浦合流处，以上海浦得名，较青龙港距入海口更加近便。南宋时无法溯江而上停靠青龙港的海舶，便多改泊于上海港。南宋末年，上海港已经“海舶辐辏，商贩积

[1]　顾祖禹：《读史方舆纪要》卷24。

[2]　光绪《青浦县志》。

聚”[1]。元至正十四年（1277年），上海与泉州、庆元、澉浦同时设立市舶司。国内外海船在此进出频繁，贸易兴盛一时。上海镇因而“有榷场，有酒库，有军隘、官署、儒塾、佛宫、仙馆、贾肆，鳞次栉比，实华亭东北一巨镇也”[2]。其时，江南一带的海商，“率皆私造大船出海，交通琉球、日本、满剌、交趾诸蕃，往来贸易，悉由上海出入”[3]。上海本地的居民也“半是海洋贸易之辈”[4]。说明此时上海镇的繁荣完全依赖于港口贸易。然则上海港的首次出场亦很短暂。吴淞江上游地区的权豪出于私人利益，种植芦苇并围田，严重阻挡了太湖向下游奔流的水势，导致江流日弱，潮沙久淤，因而下游的吴淞江“渐成废疾，不可救疗”[5]。处于通海口附近的上海港，也深受影响。前来贸易的海舶转而靠泊北面太仓港阔水深的刘家港。大德二年（1298年），上海市舶司并入庆元市舶司，上海港就此衰落。直到明代重新整治黄埔水道，上海港才再次焕发生机，五口通商后正式跃居全国第一大港的位置。

图片来源：

[1]陈高华、吴泰：《宋元时期的海外贸易》，天津人民出版社，1981年版，扉页。

[2]陈高华、吴泰：《宋元时期的海外贸易》，天津人民出版社，1981年版，扉页。

[3]孙光圻：《中国古代航海史》，海洋出版社，2005年版，扉页。

[4]孙光圻：《中国古代航海史》，海洋出版社，2005年版，第342页。

[5]http://hxd.wenming.cn/cldzgwm/disk3/0813/picture/0813pic19166.jpg，2013年6月3日访问。

[6]http://daily.cnnb.com.cn/nbwb/res/1/20090315/76761237087442994.jpg，2013年6月4日访问。

[7]http://a4.att.hudong.com/22/77/01300000377178124222774390727.jpg，2013年6月5日访问。

[8]http://e.hiphotos.baidu.com/baike/pic/item/2cf5e0fe9925bc31b0829a935edf8db1ca1370da.jpg，2013年6月5日访问。

[9]孙光圻：《中国古代航海史》，海洋出版社，2005年版，第320页。

[10]http://www.dhcm.gov.cn/uploads/200805/53.jpg，2013年6月6日访问。

[11]http://www.lincha.com/uploadfile/2011/0410/20110410110015502.jpg，2013年6月6日访问。

[12]http://oec.xmu.edu.cn/gb/teacher/hanzi/03/Images/06.gif，2013年6月5日访问。

[13]http://oec.xmu.edu.cn/gb/teacher/hanzi/03/Images/04.gif，2013年6月5日访问。

[14]《宁波港史》，人民交通出版社，1989年版，第47页。

[15]王育民：《中国历史地理概论》上册，人民教育出版社，1987年版，第292页。

[16]http://pic-hzrb.hangzhou.com.cn/0/10/75/01/10750111_335404.jpg，2013年6月5日访问。

[17]资料来源：http://www.ccnh.cn/bbs/attachments/month_0812/20081231_017e3fcf591efd61f80amb7d7h0MncHR.jpg，2013年6月5日访问。

[1] 嘉靖《上海县志》卷1。

[2] 弘治《上海县志》卷5。

[3] 崇祯《松江府志》卷1。

[4] 嘉靖《上海县志》卷4。

[5] 顾祖禹：《读史方舆纪要》卷19。

[18]《杭州古港史》，人民交通出版社，1989年版，第129页。

[19]http://images.china.cn/attachement/jpg/site1000/20090908/00080287d0980c10185056.jpg，2013年6月5日访问。

[20]《江苏航运史（古代部分）》，人民交通出版社，1989年版，第109页。

[21]http://www.qjtrip.com/BBSUploadfile/UploadFile/2011329958213.jpg，2013年6月7日访问。

第六章

明（1368—1644年）：海禁与朝贡贸易

大明王朝在历史上是一个很难定性的存在。与向来以积弱形象示人的宋相比，明的国力不可谓不强盛；与简单粗暴型的元政权相比，大明王朝虽然也免不了由盛及衰的历史命运，但相对来说仍属于励精图治、国泰民安的时代。历史就是这样奇妙，宋元开创了中国航海史上最辉煌的篇章，然而这样光辉而美好的传统到了明代却被毫不留情地丢弃。大唐以来的开放与航海贸易的繁荣，遗憾的是未能在大明王朝再现辉煌。彪炳史册的郑和下西洋如同昙花一现，最盛大的终曲就此戛然而止。当西方经历了航海大发现之后，欧美殖民主义者继阿拉伯人之后控制了东西方海上霸权，葡萄牙、荷兰、英国等殖民主义国家的武装舰队纷纷东来，中国东南海上的国际环境从未如此严峻。然而此时，在明代海禁政策的主导下，唐宋以来波澜壮阔的中国航海事业正在与世界拉开距离。朝贡贸易注定不能长久，走私贸易从未如此之兴盛，双屿、月港在历史上留下短暂的印迹。广州依然是全国最大的港口，在特定的时期，也是唯一对外开放的口岸。澳门粉墨登场，迎来了它最好的时代。

明代的海禁

从对外开放转向封闭保守，明代的海洋政策较之前代，发生了明显的转折。从立国之初的洪武四年（1371年）开始实行海禁，到明后期隆庆元年（1567年）有限度的开放，明代的海禁政策持续了大约两百年的时间。长期的海禁与闭关自守的朝贡贸易，无疑是中国航海贸易史上的一次大倒退。唐宋以来一直在世界远洋贸易中处于领先地位的中国船队，在郑和下西洋之后就彻底消失了踪影。航海业和造船业都停滞不前。即使是在邻近的东南亚地区，随着西方殖民主义者的陆续到来，中国也将这些地区的贸易主导权拱手让人。从经济的角度而言，海禁导致长期的闭关自守，令中国游离于世界市场之外。尤其是在西方的航海业快速发展起来，殖民主义者强力对外扩张之时，整个世界都在发生天翻地覆的变化，中国因为闭关自守而错失发展良机，着实令人扼腕。既然如此，为什么要实行海禁？后人给出很多答案，譬如南倭北虏的威胁，重农抑商政策的制约，中央集权和君主专制的需要，以及配套天朝以礼治天下为核心的朝贡贸易体系的建立等。需要特别注意的是，明代是我国历史上第一个遭遇海上外来势力侵扰的王朝，从岛寇倭夷到后来的西方殖民主义者，明代一直面临着前所未有的海上全面防御的问题。鉴于海禁与海防密不可分，明代海禁政策的实施，有其特殊的时代背景，不能一概否定。

历史上的大明王朝并不是一个积弱的政权，然而海疆不靖也是事实。倭乱和海禁这一对关键词，共同构成明代海防的显著特征。倭寇自元代开始侵扰中国沿海，元末明初时已经十分严重，“北自辽海、山东，南抵闽浙、东粤，滨海之区，无岁不被其害”[1]。据《明史》和《明实录》记载，从1368—1374年这七年间，倭寇对中国沿岸的侵扰次数就多达二十三次[2]。直到永乐十七年（1419年），明朝在辽东对倭作战取得了“望海埚大捷”，同年朝鲜攻击了倭寇盘踞的对马岛。倭寇受到严重打击，从此以后侵扰大减，尤其是北方海防廓然清明。嘉靖年间，倭寇为祸再次猖獗。其中最严重的时期被称为“嘉靖倭患”，始于嘉靖三十一年（1552年），持续至嘉靖四十五年（1566年），前后达15年之久。史书上描写，倭寇“联舟数百，拥众数万，沿海如杭之海宁，嘉兴之嘉善，海盐，平湖，嘉秀等县；南直隶则松江之华亭，上海，苏州之昆山，嘉定，常熟，太仓，长洲；常洲之江阴，靖江，无锡；扬州之通洲，海门，如皋，贼至必焚毁室庐而烟焰数十里，劫杀人民而死亡动数千人”[3]。东南沿海一带全面遭受倭寇的骚

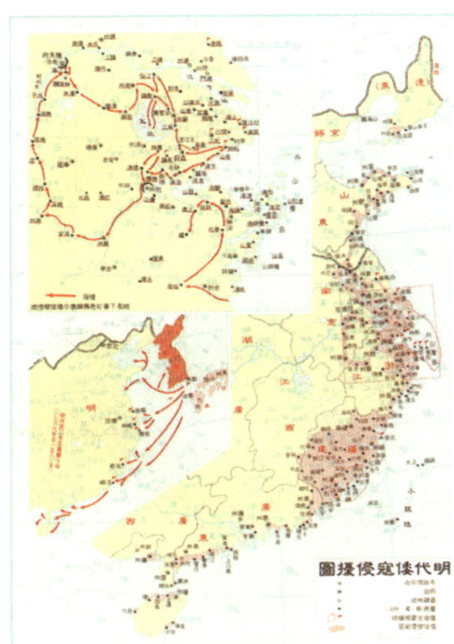

图6.1　明代倭寇侵扰图

[1]　谷应泰：《明史纪事本末》卷55，《沿海倭乱》。
[2]　熊远报：《倭寇と明代の“海禁”》，载大隅和雄、村井章介编：《中世后期における东アジアの国际关系》，山川出版社，1997年版，第90页。
[3]　诸葛元声：《三朝平壤录》卷1，《海寇》。

扰，“数千里间受其荼毒，所焚劫子女、金帛、庐舍以数万计，所杀将、吏、士、民以数千计，所陷城邑、卫所、乡镇以数十百计”[1]。然而，嘉靖年间的倭患与明初已经大有不同，有真倭和假倭之分。时人郑晓认为，“大抵贼中皆华人，倭奴其十之一二”[2]。真倭源自日本国内战乱不断、局势动荡的影响，假倭多是中国沿海的渔民，因“近来海禁太严，渔樵不通，生理日蹙，转而为盗”[3]，所以“寇与商同是人，市通则寇转为商，市禁则商转为寇，始之禁禁商，后之禁禁寇。禁之愈严而寇愈盛”[4]。嘉靖年间厉行海禁，其结果是禁之愈严，盗起愈烈，海禁与倭患成了一对恶性循环。

明代海禁年表

年份（公元）	事件	年份（公元）	事件
1371年	海禁令	1433年	海禁令
1381年	海禁令	1449年	海禁令
1390年	海禁令	1452年	海禁令
1394年	禁用番香及番货	1459年	海禁令
1397年	海禁令	1524年	海禁令
1402年	海禁令	1525年	海禁令
1404年	海禁令	1529年	海禁令
1431年	海禁令	1533年	海禁令

大明立国之初，海禁的实行无疑首要是为了巩固海防建设，维护新生的大明政权。其时，北元（1368—1402年）是明朝的心腹大患，应该说北疆的安全问题是明朝的海洋政策趋向保守的重要砝码。在东南沿海，倭寇侵扰也一直不断，再加上与朱元璋争夺天下失败的张士诚、方国珍余部遁入海岛，与倭寇互相勾结，劫掠海上，“国初，既降张士诚，灭方国珍，其余烬亡入海者，每诱岛倭入掠”[5]，“焚民居，掠货财”[6]。为了维护政权的稳定，同时防止国内外反对势力相互勾结，洪武四年（1371年），明太祖朱元璋开始颁布诏令实行海禁，“禁濒海民不得私出海”[7]。其后又数度发布诏令重申“严交通外番之

[1] 谢杰：《虔台倭纂》下卷，《倭绩》。
[2] 郑晓：《吾学编》卷67，《皇明四夷考》上卷。
[3] 赵文华：《嘉靖平倭役记略》卷5。
[4] 谢杰：《虔台倭纂》上卷，《倭原》。
[5] 曹履泰：《靖海记略》。
[6] 谷应泰：《明史纪事本末》卷55，《沿海倭乱》。
[7] 《明太祖实录》卷70。

禁”。除了海防安全的因素外，明太祖对民间下海通番所持的否定态度也在一定程度上强化了海禁政策的实施。“朕以海道可通外邦，故尝禁其往来……苟不禁戒，则人皆惑利而陷于刑宪矣。”[1]洪武二十七年（1394年），明太祖明令禁止民间使用及买卖舶来的番香、番货等，意图以禁止番货流通的方式彻底禁绝民间海外贸易。不过，海禁虽然关闭了民间的对外贸易通道，但官方贸易仍然存在，而且是与朝贡体系紧密结合在一起，形成明代特殊的朝贡贸易体系。由此，明初海禁政策的实施，也被认为是与朝贡贸易政策相配套，是官方调控重要物资的流通，垄断对外贸易并使之专营化的需要。洪武三十年（1397年），禁海令被明文列入《大明律》，包括禁止官民二桅以上远洋船出海，禁止私运货物出海及私贩洋货等，违者将视情节轻重分别处以斩、绞、充军、杖刑等。开国之初就以立法的形式存在，这也是明代海禁政策可以长时间被执行下去的原因之一。

“从内容上分析，海禁政策包含有海防意义。明初遭遇来自海上外来势力侵扰是客观事实。明初海禁政策出台，遍设卫所于海岛，建起了万里海防，成为保卫国土的海上长城，是积极的海上防御……从实质上分析，明朝初年出于全面集权的需要及对海外贸易利权在上的考虑，惟留朝贡贸易为对外贸易惟一孔道，积极推行朝贡贸易这一官方海外贸易，海禁主要是与之配套出台的政策。郑和下西洋便是推行官方海外贸易开放政策的突出实例。因此，明朝初年的海外政策是开放的，而不是封闭的。明初的海禁，也不是完全意义上的海禁。”[2]

明太祖之后，海禁政策作为一项基本国策一直延续到了隆庆年间。尽管海疆不靖的问题在明代几乎一直存在，但海禁政策能够长期地执行下去，更多是与其后代不敢违祖训有关。洪武之后的永乐至宣德八年（1403—1433年），正是规模庞大的郑和船队七下西洋的时间。朝廷对海外贸易的态度是积极开放的，官方朝贡贸易处于繁荣发展的高峰期，但法律上仍然禁止民间下海通商。明成祖朱棣的即位诏书宣告：“缘海军民人等，近年以来往往私自下番，交通外国今后不许。所司一遵洪武事例禁治。”[3]永乐二年（1404年），又诏令“禁民间海船，原有海船者悉改为平头船。所在有司防其出入”[4]。由于平头船无法进行远洋航行，这是以釜底抽薪之法，意图从根本上杜绝民间船只远洋

[1]　《明太祖实录》卷70。

[2]　万明：《中国融入世界的步履——明与清前期海外政策比较研究》，社会科学文献出版社，2000年版，第380—381页。

[3]　《明太宗实录》卷10。

[4]　《明太宗实录》卷27。

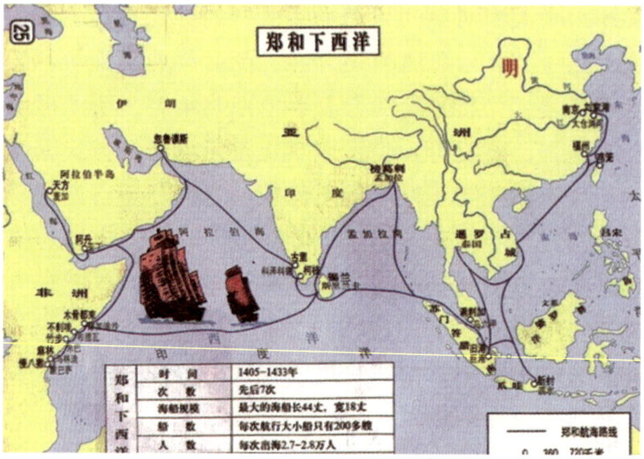

图6.2　郑和下西洋路线图

航行的可能性。不过在其后的数十年，由于官方垄断的对外贸易十分兴盛，留给民间私人贸易的空间不大，再加上明军对倭寇作战也取得决定性的胜利，所以朝廷对海禁的态度有所缓和，“永乐年间，禁例片帆寸板不许下海。继因小民衣食所赖，遂宽其禁”[1]。

宣德八年（1433年），郑和下西洋回国后的第三天，朝廷再次重申海禁令：“近岁官员军民不知遵守，往往私造海舟，假朝廷干办为名，擅自下番，扰害外夷，或诱引为盗，比者已有擒获，各置重罪，尔宜申明前禁，榜谕沿海军民，有犯者许诸人首告，得实者给犯人家资之半，知而不告，及军卫有司纵之弗禁者，一体治罪。”[2]海禁趋严，国家对外贸易政策再次转向保守，郑和下西洋从此成为绝响。正统初年至正德年间（1436—1521年），北方有蒙古人的军队入侵，东南沿海也不太平，除了倭寇，葡萄牙人也开始侵扰广东沿海，引发屯门海战。郑和下西洋之后，朝廷几乎不再派遣使团远航海外招徕入贡，而且严格限制海外各国的入贡次数及贡品的数量。弘治年间，规定对贡舶实行抽分制（真正开始抽分是在正德年间）。朝贡贸易日渐衰落。史书所载，“自弘治元年（1488年）以来，番舶自广东入贡者，惟占城暹罗各一次”[3]。与此相反，违禁出海的民间海商活动日趋频繁。“成、弘（成化、弘治年间）之际，豪门巨室间有乘巨舰贸易海外者”[4]。15世纪后期，朝廷内部出现开放海禁的呼声。正德年间（1506—1521年），海禁愈加松弛，朝廷默许海外各国的商船入广东贸易，“不拘年份，至即抽货”。此举亦大为助长了广东的私人通番贸易。正德九年（1514年），广东布政司参议惊呼：“近许官府抽分，公为贸易，遂使奸民数千，驾造巨舶，私置兵器，纵横海上。”[5]

[1]　顾炎武：《天下郡国利病书》，《浙江》下。

[2]　《明宣宗实录》卷103。

[3]　《明孝宗实录》卷73。

[4]　张燮：《东西洋考》卷7。

[5]　《明武宗实录》卷113。

嘉靖二年（1523年），日本细川政权和军阀大内氏势力各派朝贡使团来华贸易，因勘合真伪之辩而在宁波爆发“争贡之役”，日本贡使在宁波和绍兴之间烧杀劫掠，当地官民死伤无数。按《明世宗实录》记载：“日本国夷人宗设、谦导等赍方物来，已而瑞佐、宋素卿等后至，俱泊浙之宁波，互争真伪，佐被设等杀死，素卿窜慈溪，纵火大掠，杀指挥刘锦、袁琎，蹂躏宁、绍间，遂夺舡出海去。”朝廷震惊，认为这都是“市舶贸易”惹的祸，于是礼部请罢市舶司，同时为防止倭寇作乱，再次厉行海禁，“从禁止私人海上贸易，进一步发展到禁止制造和使用航海大船，从由海商自行承担责任发展到邻里连坐”[1]。在浙江、福建两省，一度连下海捕鱼都被禁止。嘉靖年间执行海禁的力度和广度都远超之前任何一个皇帝。然而，一方面国家三令五申严格海禁，迫使“非往来海中则不得食”的沿海渔民“民贫而盗愈起”[2]，市不通则转为寇；另一方面，地方官员大开绿灯，放任走私贸易，置海盗的骚扰于不顾[3]。与此同时，葡萄牙人北上闽浙，与倭寇相勾结，大规模的民间走私贸易和武装海商集团在嘉靖中后期逐渐形成。倭寇之祸越演越烈，“嘉靖二十年后，海禁愈严，贼使愈盛”[4]。海禁政策宣告失败。

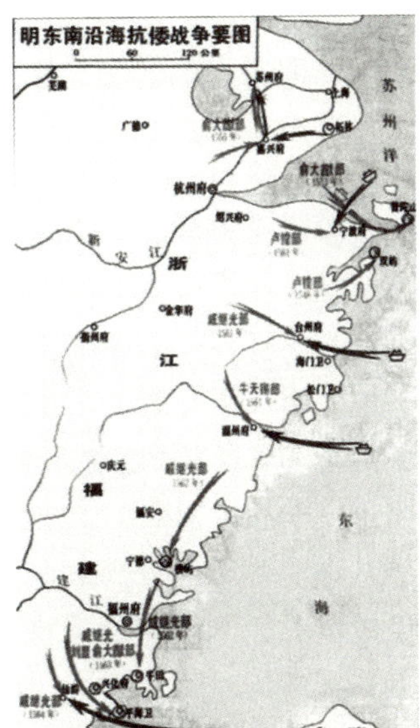

图6.3 明东南沿海抗倭战争要图

嘉靖后期，文以胡宗宪为代表，武以戚继光、俞大猷为首，朝廷终于明确了整顿海防、坚决抗击倭寇的方针政策。嘉靖四十五年（1566年），抗倭战争取得全面胜利，东南沿海的倭患基本平定。然而，朝廷内部也认识到，这次“嘉靖倭乱”，尽管起因于日本海盗的侵扰，但厉行海禁无疑加剧了倭患的严重性，正所谓：“市通则寇转而为商，市禁则商转而为寇……片板不许下海，艨艟巨舰反蔽江而来；寸货不许入番，子女玉帛恒满载而去……于是海滨人人为贼，有诛之不可胜诛者。”[5]海禁致使缘海为生的渔民无法维持生计，他们才会被迫加入倭寇的阵营。随

[1] 金普森主编：《浙江通史（明代卷）》，浙江人民出版社，2005年版，第466页。
[2] 《明世宗实录》卷538。
[3] 牟复礼、崔瑞德：《剑桥中国明代史（上卷）》，中国社会科学出版社，1992年版，第536页。
[4] 《明经世文编》卷270。
[5] 谢杰：《虔台倭纂》上卷《倭原》2。

着朝贡贸易日益衰落，民间走私贸易日益蓬勃发展，“嘉靖倭乱”在后期其实质已经演变成为一场海禁与反海禁的斗争。

大势所趋之下，1567年，明穆宗隆庆帝宣布停止海禁，开放福建漳州月港，允许民间私人海外贸易船申请文引，缴纳饷税，出洋远贩东西两洋[1]，唯日本不在通商范围之内（去日贸易仍被视为“通倭”），史称“隆庆开关”。

“隆庆改元（1567），福建巡抚都御史涂泽民请开海禁，准贩东西二洋。盖东洋若吕宋、苏禄诸国，西洋若交阯、占城、暹罗诸国，皆我羁外臣，无侵叛，而特严禁倭奴者，比于通番接济之列。”[2]

隆庆开海在本质上是一种有限度的解禁。朝廷开海的初衷并不是真正想发展海外贸易，而是为了“于通之之中，寓禁之之法”，即通过有限地开放，更好地贯彻海禁政策，稳定东南沿海的社会秩序。譬如，仅开放福建漳州月港。月港远离内地腹地，“僻处海隅，俗如化外”，既非深水良港，也没有直接的出海口（其出海口在厦门）。朝廷之所以选择月港，首先是因为月港当时的走私贸易最为猖獗，选择开放这样一个小港，正是为了对走私贸易者因势利导，即“有禁，然不绝其贸易之路者，要以弥其穷魇易乱之心”[3]。其次，福建多山少田，“闽人滨海而居，非往来海中则不得食”[4]。嘉靖年间厉行海禁，导致倭寇中有相当大一部分是漳、泉人，“夫海贼称乱，起于缘海奸民通番互市，夷人十一，流人十二，宁绍十五，漳泉福人十九，虽概称倭夷，其实多编户齐民也”[5]。嘉靖年间的抗倭名将胡宗宪也引《御海策要》说：“今之海寇，动计数万，皆托言倭奴，而其实出于日本者不下数千，其余则皆中国之赤子无赖，孑入而附之耳。大略福建漳郡居其大半，而宁绍往往亦间有之，夫岂尽为倭也。”[6]隆庆年间朝廷在月港开禁，亦是为了安抚民心，稳定秩序，防止民变或重蹈倭患之覆辙。福建巡抚许孚远在其《疏通海禁疏》中称：“奉旨允行，几三十载，幸大盗不作，而海宇宴如。”[7]即开禁之后四海清平，可见政策有效。谢杰在《虔台倭纂》中也说：“禁之太严，奸民势穷，必至为盗。自纳饷过洋之利开，豪狡之徒咸趋利畏法。故海澄之开禁，凡以除中国之

[1] 张燮《东西洋考》所记：“文莱，即婆罗国，东洋尽处，西洋所自起也。”东西洋以加里曼丹岛北段的文莱为界，东洋主要指吕宋、苏禄等国（即今菲律宾群岛），西洋主要指占城、交阯、暹罗等国。

[2] 张燮：《东西洋考》卷7，《饷税考》。

[3] 《明神宗实录》卷476。

[4] 《明世宗实录》卷538。

[5] 《明世宗实录》卷422。

[6] 胡宗宪：《筹海图编》卷11。

[7] 许浮远：《疏通海禁疏》，《明经世文编》卷400。

害也。”事实上，开禁之后，不仅社会安定，民间出海贸易也呈现一片繁荣景象。有人形容，尽管隆庆开关只是在关闭的大门上开了一条小缝，但“饥渴多年”的民间贸易仍如燎原之火，一发而不可收。张燮在《东西洋考》中也发表感言：“中国而商于夷，未有今日之伙者也。”

尽管这次开禁有重重限制，如港口的限定，地域的限定，出海手续、货物种类和船只数量的限定等。“凡走东西二洋者，制其船之多寡，严其往来之程限，定其贸易之货物，峻其夹带之典刑，重官兵之督责，行保甲之连坐，慎出海之盘诘，禁番夷之留止。”[1]然而，在经历了近两百年的海禁之后，隆庆开禁无疑有其积极意义。隆庆之后，万历、天启和崇祯年间又有数次短时间的海禁，但总的来说，晚明的70多年是以开放为主调。海外贸易迅速复兴，中国开始融入世界发展的步伐。国内的丝织品和瓷器远销世界各国，美洲、日本的白银大量流入中国。据统计，自1571年马尼拉大帆船贸易兴起之时，到1644年明朝灭亡，仅通过马尼拉一线输入中国的白银总计就有约7620吨[2]。明代后期的海外贸易直接推动了晚明白银货币化的进程，伴随着海外市场对中国各种手工艺品的强烈需求，国内商品经济也快速发展起来。

明代的朝贡贸易

“朝贡与贸易既不是一体性的，也不是完全各自独立的。就最复杂和最根本性的层面言之，朝贡与贸易的关系可以被描述为普天之下的一种礼仪与商业活动的适当结合。”[3]

在古代中国与外国的交往中，朝贡是一种非常重要的形式。一般来说，外国使团来华贡献方物，中央王朝给予回赐（有时也包括册封）。这是政治外交层面上的活动。此外，这些使团往往还会携带大量货物来华交易，并采购中国的特产回国。也就是说，在朝贡的过程中，总会伴随着经济贸易关系的往来。只不过，政治外交是纸面上的冠冕堂皇，经济贸易则是纸面下的心照不宣。按明太祖朱元璋的话说，海外诸国“虽云修贡，实则慕利”[4]。物质需求构成古代中外各国交往的本质特征。

明代的朝贡体系与前代不同的是，它创造性地将“贸易系统和进贡系统结

[1] 许浮远：《疏通海禁疏》，《明经世文编》卷400。
[2] 万明：《明代白银货币化：中国与世界连接的新视角》，《河北学刊》，2004年第3期。
[3] 费正清：《中国的世界秩序——传统中国的对外关系》，中国社会科学出版社，2010年版，第68页。
[4] 严从简：《殊域周咨录》卷8。

合了起来”[1]，从而形成明代特有的朝贡贸易体系。从政治上考量，它要延续的是古代中国以天朝自居、礼治天下、四夷威服的国际关系体系；从经济上审视，它以贸易为主要形态，并将全国的海外贸易严格限定在朝贡形式之下。简单来说，明代的朝贡贸易之所以特殊，是因为在明代大部分时间内，朝贡贸易是海外贸易唯一合法存在的形式。正如明人王圻所言：“贡舶者王法之所许，市舶之所司，乃贸易之公也，海商者王法所不许，市舶之所不经，乃贸易之私也。”[2]

前朝的海外政策基本都是积极开放的，本国海民，外国番舶，都可以在市舶司的管理下自由贸易。像宋元时期是海外贸易发展的巅峰期，朝廷充分认识到东南贸易对国家财赋的重要性，经常会主动招揽外商来华贸易或采取奖励措施鼓励本国海商出海通番。到了明代，海外政策发生了巨大的转折。私人下海贩易被视为违法，海外商船来华贸易也受到严格的控制。全面的海禁等于关上了中国通向海外的大门，朝贡贸易则是唯一留下的贸易孔道。这条孔道由官府垄断专营，充分体现了明代高度强化的中央集权和专制主义统治的特征。

为什么明代要采用朝贡贸易这种明显不利于经济发展的海外政策？明人丘濬认为，朝贡贸易“盖用以怀柔远人，实无所利其人也”[3]。明人王圻评论说，朝贡贸易在于“通华夷之情，迁有无之货，减戍守之费，又以禁海贾，抑奸商，使利权在上”[4]。前朝历代讲求市舶之利以助国用，所以积极推动追求商业利润最大化的私人贸易；明代的朝贡贸易恰好相反，它不是以经济利益最大化为指导思想，而是更多地服从于政治外交的考量，以“怀柔远人”“厚往薄来”的原则和方式对海外诸国实行“羁縻之道”，展示所谓的大国风度，以示天下正统的地位。另一方面，一个国家不可能没有对外贸易，尤其是宋元以来的海外贸易已经发展到一个相当的高度，中国的丝织品和瓷器在海外享有广阔的市场，而舶来品如东南亚盛产的香料在中国的需求量也非常大，这些都不可能骤然断绝。由此，官府集中控制和管理的朝贡贸易应运而生。一方面，朝贡贸易包含了贡物和回赐，在名义上仍然代表了“宗主”和“藩属”的从属关系，因而“它自始至终处于官方的严格控制之下，是中国政治活动的一部分”[5]，另一方面，朝贡贸易可以与海外诸国在经济上互通有无，友好交往，创造安定的国际环境，从而减少

[1] 牟复礼、崔瑞德：《剑桥中国明代史（上卷）》，中国社会科学出版社，1992年版，第185页。
[2] 王圻：《续文献通考》卷31。
[3] 丘濬：《大学衍义补》卷25，《市籴之令》。
[4] 王圻：《续文献通考》卷31。
[5] 费正清：《中国的世界秩序——传统中国的对外关系》，中国社会科学出版社，2010年版，第68页。

不必要的军费开支。在国内，朝贡贸易与海禁政策相辅相成，既可以打击所谓“奸商”的私自通番贩易，又可以垄断海外贸易的物资并从中得利（如进口的大量胡椒、苏木在明代前至中期一直用于抑制大明宝钞的通货膨胀，形成特殊的折俸制度）。

所谓“朝贡贸易”，即先“朝贡”后“贸易”；由官方垄断专营海外贸易，并与朝贡制度严密挂钩，从而形成朝贡与贸易合二为一的“贡市一体化”格局。所谓“贡市”，即先朝贡才能互市，有朝贡才允许互市。也就是说，贸易与朝贡紧紧捆绑为一体。按明人王圻在《续文献通考》中的记述：“凡外夷贡者，我朝皆设市舶司以领之……其来也，许带方物，官设牙行与民贸易，谓之互市。是有贡舶即有互市，非入贡即不许其互市明矣。”

海外诸国前来朝贡所携带的“方物”一般分为两类：贡品与私货，又称为正贡和附贡。贡品（正贡），顾名思义，是进贡给明王朝的宝物。明朝廷（特别是洪武和永乐年间）通常给予丰厚的回赐。明太祖朱元璋一早就表示说，“其朝贡无论疏数，厚往而薄来可也”，又说，“诸蛮夷酋长来朝，涉履山海，动经数万里。彼既慕义来归，则赍予之物宜厚，以示朝廷怀柔之意”[1]。不过，正贡在整个朝贡贸易中仅占极少的一部分。明人张瀚在《松窗梦语》中说：“且缘入贡为名，则中国之体愈尊，而四夷之情愈顺。即厚往薄来，所费不足当互市之万一。”私货（附贡），是海外国家王室及其他私商借朝贡之名附搭前来互市贸易的货物，实际上也是明代朝贡贸易的主体部分。如成化二十一年（1485年），日本国王进贡的刀是3610把，而各大名、寺社附搭的刀却达35000余把，几乎是进贡物品的十倍。[2]《明史·天方传》载：“番使多贾人，来辄挟重资与中国市。”仍以日本为例，每次来朝贡的人员一般是正使、副使各一人，居座、土官、通事各数人，其他还有船员、水手以及搭乘的随从商人等。在朝贡初期，由于朝贡船是由幕府、大名、寺社等自己经营，故随从的商人还比较少。后来，朝贡

图6.4 海外番国向明朝进献奇珍异兽——《皇都积胜图》局部（复制品）

[1] 《明太祖实录》卷71。

[2] 郑梁生：《明代中日关系研究：以明史日本传所见几个问题为中心》，台北：文史哲出版社，1985年版，第66页。

船全部承包给博多港和堺港的商人，于是随从商人便大大增多，商人已从搭乘转而成为朝贡贸易的主体[1]。

一般认为，明朝对于私货的处理分为两类，即《明会典·外夷上》所载："正贡外，使臣自进并官收买附来货物，俱给价。不堪者令自贸易。"一类由官府给价收买，另一类许其自行交易，但交易场所由官府限定，或者是贡使的随行人员在京中会同馆进行交易，或者是随团商人在国境上或在（市舶司所在）沿海港口进行交易[2]。在明代前期，官府"给价收买"的部分仍遵循"厚往薄来"原则，高出时值数倍。直到景泰年间，才因"民间供纳有限，况今北虏及各处进贡者众，正宜撙节材用"，"议令有司估时直给之"[3]。此外，明代前期对私货实行免税政策。按《明太祖实录》记载，洪武二年（1369年），明太祖朱元璋规定："若附至番货与中国贸易者，官抽六分，给价以尝之，仍除其税。"洪武十七年（1384年），朱元璋再次申谕有关官员："凡海外诸国入贡，有附私物者，悉蠲其税。"所以明人丘濬说："明虽沿前代市舶司之名，而无抽分（征收实物税）之法。"[4]弘治时这条免税原则才被废止，改为："以十分为率，五分抽分入官，五分给还价值……如奉旨特免抽分者，不为例。"[5]但实际上，抽分制真正开始实施是在正德年间。

明代主要朝贡国	贡期[6]	明代主要朝贡国	贡期
朝鲜	一年三贡（永乐年定）	安南	三年一贡（洪武年定）
占城	三年一贡（永乐年定）	暹罗	三年一贡（永乐年定）
日本	十年一贡（永乐年定）	琉球	二年一贡（永乐年定）
爪哇	三年一贡（正统八年定）	撒马尔罕	五年一贡（嘉靖二年定）
真腊	贡无定期	三佛齐	贡无定期
渤泥	贡无定期	苏门答腊	贡无定期
满剌加	贡无定期	吕宋	贡无定期

[1] 木宫泰彦：《日中文化交流史》，商务印书馆，1984年版，第554页。
[2] 滨下武志：《中国、东亚与全球经济——区域和历史的视角》，社会科学文献出版社，2009年版，第23页。
[3] 《明英宗实录》卷236。
[4] 丘濬：《大学衍义补》卷25，《市籴之令》。
[5] 《正德大明会典》卷102。
[6] 转引自戚畅：《海禁与朝贡：明朝官方海外贸易研究（1368—1567）》，暨南大学硕士论文，2012。

由于明朝（特别是洪武和永乐年间）的朝贡贸易实行“厚往薄来”的原则，“诸番贪中国财帛，且利市易”，致使“四方蛮夷朝贡之使相望于道，实罢（疲）中国”。为此，朝廷不得不严格规定海外诸国的贡期（朝贡期限）、贡道（入贡的路线）、入贡的船只和人数等。在明代不同皇帝执政期间，对于海外番国的朝贡期限有不同的规定。大部分东南亚国家都是三年一贡，朝鲜因关系特别密切特许一年三贡（永乐年定），琉球两年一贡（永乐年定），而日本因有倭寇问题，只能十年一贡（永乐年定）。然而，诸番国贪图厚利，“慕贡犹农望岁”，虽规定了朝贡期限，但大多不愿遵守。如朝鲜一年三贡，实际上却是“岁辄四五至焉”[1]。据统计，永乐年间（1403—1424年），朝鲜朝贡91次；洪熙、宣德年间（1425—1435年），朝鲜朝贡67次，平均每年竟达6次之多[2]。另一个关系密切的邻国琉球，永乐年间规定两年一贡，实际上经常一年两贡甚至三贡。仅永乐年间（1403—1424年）就达54次之多[3]。日本在永乐年间才与明朝建立官方关系。明成祖“诏日本十年一贡，人止二百，船止两艘，不得携军器，违者以寇论。乃赐二舟为入贡用”[4]。然则实际上从永乐二年（1404年）到永乐八年（1410年），日本的贡舶就来了六次[5]，因为“燕赏优渥，捆载而归。是以其贡而来也，于利不于义，往往各道争先受遣之为幸”[6]。

同样，因为利厚，经常有海外的私商冒充贡使前来朝贡贸易。为了防止私商借朝贡贸易从中谋利，以及限制那些频繁来贡的海外番国，洪武十六年（1383年）开始实行勘合制度。朝廷规定，海外前来朝贡贸易的使团，除了要出具本国政府的“表文”（即外交国书）外，还必须出示明朝廷颁发给海外各国的“勘合”。所以，明代的朝贡贸易又被称为“勘合贸易”。所谓“勘合”，又称符簿、符券，是官府公差往来、公文行移的一种重要形式，种类甚多，用途甚广。除了朝贡贸易，也应用于官吏任

图6.5　日本的勘合贸易船

[1]　《明史》卷320，《朝鲜传》。

[2]　李云泉：《朝贡制度史论——中国古代对外关系体制研究》，新华出版社，2004年版，第75-76页。

[3]　参见郑永常：《来自海洋的挑战——明代海贸政策演变研究》，台北：稻乡出版社，2004年版，第91页。

[4]　《明史》卷322。

[5]　木宫泰彦：《日中文化交流史》，商务印书馆，1984年版，第528页。

[6]　李言恭、郝杰：《日本考》，卷2。

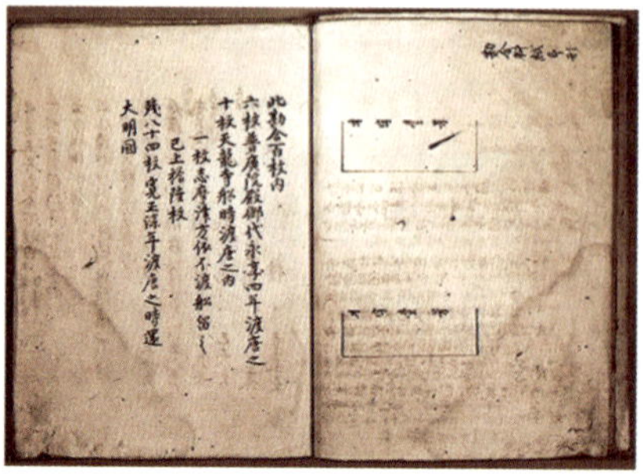

图6.6　大明勘合符

免、传达军令、物资收发等方面。通俗地来说，勘合就是通过比对校验真伪的一种凭证。按《明太祖实录》记载："乙未，遣使赍勘合文册。赐暹罗、占城、真腊诸国。"《明会典》的记载更为详细："凡勘合号簿，洪武十六年，始给暹罗国，以后渐及诸国。每国勘合二百道，号簿四扇。"

按郑永常的考证，明朝的海外诸藩国主要包括东海、南海、西洋等区域的国家。他们自身的条件各异，在与明朝的交往过程中受到的待遇也不同，因此在朝贡贸易体系下呈现多元类型。主要分为四类：一，附庸国：只有琉球一国，琉球一国三王都有自己的贡舶及商舶，而且不必持有勘合即可入贡。二，勘合国：计南海有十一国；西洋有三国，总计勘合国十四国。勘合国原则上应具有远程航海能力的藩国，这些国家通常与明朝保持着较为密切的贸易联系。三，非勘合国：随船来朝贡的关系者。四，有限勘合国：只有日本一国[1]。

以上种种，从厚往薄来的给赐制度，到规定贡期人数、交验表文勘合等限制措施，都清楚地表明了明朝对于朝贡贸易的态度，根本不是为了从中获利，更绝非为了发展海外贸易。所以，日本学者内田直作认为："明代之朝贡贸易，不论从贸易政策上或财政政策上讲，都没有重大的价值，只是举扬所谓朝贡礼的服从关系而已。"[2]李剑农在《宋元明经济史稿》中也批评明初的海上贸易，谓之曰："明初海上之商业关系，已呈变态。"这种"变态"表现在："以市舶附于贡舶，优于贡直而免市税；有贡则许市，非贡则否；凡定期入贡，皆预给勘合，勘合不符者不受；宋元舶商之公凭公据，至明变为贡使勘合；由于倭寇海盗剧烈，明初严禁人民下海贩易，市舶司时置时废，很不正常，等等。"正因为朝贡贸易无视经济法则，几乎全靠国力的强盛来维持，所以在明初两位强势的皇帝明太祖和明成祖之后，由于国力渐衰以及时势发生变化，朝贡贸易也走向衰微。

洪武年间，由于明太祖朱元璋积极主动地派出各路使节赴海外宣谕，以重利诱诸番国入贡，所以"诸蕃贡使不绝，迩者安南、占城、真腊、暹罗、爪

[1]　郑永常：《来自海洋的挑战——明代海贸政策演变研究》，台北：稻乡出版社，2004年版，第87页。

[2]　《明代的朝贡贸易制度》，载《食货》第3卷，1935年第1期。

哇、大琉球、三佛齐、浡泥、彭亨、百花、苏门答剌、西洋等三十国”[1]。洪武末年，位于海路要冲的三佛齐被爪哇所灭，马六甲海峡险阻不通，导致“贡使渐稀”。《识大录》载：“爪哇既杀（明廷）使臣，三佛齐亦诱中国他使羁留不遣，三佛齐……天朝之使，欲往海外者，亦所必经。自使臣被羁，行者恐诛，而道以不通，番商遂绝。”

永乐年间，明成祖朱棣“锐意通四夷”，推行更为积极的海外开放政策。在其执政的20多年的时间里，“明朝廷派了62个使团至东南亚各国，并接待了95个回访的使团；这不算派至安南和安南派来的使团，因为安南在1406至1427年期间是在明朝的统治之下。”[2]仅在永乐元年（1403年）八月到十月的三个月间，明成祖就先后8次遣使分赴安南、爪哇、西洋、苏门答剌、暹罗、占城、真腊、朝鲜、满剌加、柯枝等国，邀其入贡[3]。当然，明成祖最伟大的功绩之一是郑和下西洋。由于郑和下西洋的推动，海外诸国络绎来贡，使明初的朝贡贸易达到鼎盛。例如，郑和六下西洋返航时，就有西洋、古里、忽鲁谟斯、锡兰山、阿丹、祖法儿、剌撒、不剌哇、木骨都剌、柯枝、加异勒、溜山、南勃利、苏门答剌、阿鲁、满剌加等十六国随船队“遣使千二百人贡方物至京”，以致“诸番使臣充斥于廷”[4]。据统计，洪武年间贡使来华183次，平均每年6次；永乐年间贡使来华318次，平均每年15次[5]。可见当时官方海外贸易之盛。

“自是蛮邦绝域，前代不宾者，亦皆奉表献琛，接踵中国。”[6]

“四方宾服，受朝命而入贡者殆三十国。幅员之广，远迈汉唐。”[7]

“自永乐改元，遣使四出，招谕诸番，贡献毕至，奇货重宝，前代所希，充溢库市，贫民承令博买或多致富，而国用亦羡裕矣。”[8]

朝贡贸易在永乐朝达到顶峰。在郑和的远洋航海活动停止以后，海外番国的朝贡次数锐减，朝贡贸易日渐衰落。到了嘉靖年间，皇帝需要的龙涎香，竟然十余年求之而不得。[9]

[1] 《明史》卷324。
[2] 牟复礼、崔瑞德：《剑桥中国明代史（上卷）》，中国社会科学出版社，1992年版，第171页。
[3] 《明太宗实录》卷22—34。
[4] 《明史》卷326。
[5] 晁中辰：《明代海禁与海外贸易》，人民出版社，2005年版，第106页。
[6] [清] 佚名《明史稿》，《郑和传》。
[7] 《明史》卷7。
[8] 严从简：《殊域周咨录》卷9。
[9] 《明世宗实录》卷438。

图6.7 ［明］仇英：南都繁会图卷（局部）

朝贡贸易的衰落，有诸多复杂的因素。从外部环境来看，永乐时期多数海外国家的朝贡都是跟随郑和的返航船队而来，一旦明朝不再提供这种护航保护，由于海上远航风险巨大，前来朝贡的番国自然就会减少许多。再者，明代中叶以后，海上贸易的国际形势发生了变化。西方殖民主义者陆续东来并夺取了南海航路的主导权，如葡萄牙占领了满剌加（马六甲），西班牙占领了马尼拉和吕宋，荷兰占领了爪哇，新航路不断开辟，明王朝不再是这一地区的中心。从内部因素来分析，朝贡贸易实行“厚往薄来”的原则，对国家财政造成负担，其弊端随着国力渐衰而表现得越发明显。

“正是朝贡贸易发展到顶峰的标志下西洋带来的一系列社会效应，充分暴露出朝贡贸易的诸多弊病。实际上远航的后果强烈冲击并动摇了官方垄断和控制海外贸易的根基，这构成了其终止的根本原因。因此，从某种意义上说，它引发了中外民间海外贸易的勃兴，也使既定的海外政策难以为继。”[1]

此外，为了应对钞法危机，朝廷以朝贡贸易得来的胡椒和苏木折价作为军饷和官员俸禄，随着市场价格的下跌，“折俸之薄”使“卑官日用不赡矣”[2]，必然招致官员对朝贡贸易的不满。成化年间，刘大夏反对再下西洋的

[1] 万明：《中国融入世界的步履——明与清前期海外政策比较研究》，社会科学文献出版社，2000年版，第128页。

[2] 《明史》卷82。

理由“费钱粮数十万，军民死且万计，纵得奇宝而回，于国家何益”，多少可以反映出朝廷官员对朝贡贸易的敌视态度。再者，据《明会典》记载，每次贡使来华，一应水陆交通工具、日常生活供应等都由明朝政府承担，甚至连回国途中的口粮也由明政府拨给。如日本贡使在《允澎入唐记》中记载：当他们在宁波将解缆启程回国时，由“市舶司给海上三十日大米，人各六斗”。当时允澎一行入贡人员多达千余名，供给的粮食总量估计应在六百石以上。由此可见，每次贡使的接送费用，都是一笔不小的开支。另外，贡使入京，沿途各地接送宴请以及征集民夫代送贡物，耗费民力，骚扰地方，“官民以为朝廷方招怀远人，无敢与较，其为骚扰不可胜言”[1]。由于朝贡贸易所存在的弊端，不仅市舶司所在地劳民伤财，而且入京途中所经各地也无故增加民力劳作和财政负担。这些矛盾的深化无疑会加速朝贡贸易的衰落。

宣德以后，明朝的政治外交政策明显开始收缩。对外“不务远略”，不再派遣使团远航海外招徕入贡，而是“来者不拒，去者不追”；对“慕义来贡”者的态度也变得务实，减少赏赐，降低“外夷供给”规格，严格限制入贡的频率和贡品的种类，私货的“给价”也从高出时值数倍到“估时值给之”。弘治年间制定了《内府估验定价例》和《折还物价例》，并规定对私货实行抽分制。“大都海外诸藩，无事则废朝贡而自立；有事则假朝贡而请封”[2]。前来朝贡的海外诸国主要是“贪利而来”，一旦利益减少或无利可图时，官营的朝贡贸易就失去了重要的维系根基。

正德年间，明朝的海外政策发生了质的变化。朝廷默认在广东对海外来华船只实行抽分，即征收实物税。尽管《明会典》记载，弘治时已有抽分十分之五的规定，但考察浙江、福建、广东三市舶司，弘治年间并没有抽分事例。明人郑晓说，抽分之法最先行于广东市舶司[3]。然则据黄佐《广东通志》所考，“查得正统以迄弘治，节年俱无抽分”。最早的抽分记录是在正德三年（1508年）或正德四年（1509年）。据《明武宗实录》记载，广东市舶司在“正德三、四年抽过番货”。黄佐《广东通志》记载，“正德四年，该镇巡等官都御史陈金等题将暹罗、满剌加国并吉阑国夷船货物俱以十分抽三”。正德十二年（1517年），明朝廷正式核准，将税率改为十分之二，即征收20%的实物税。需要特别注意的是，抽分制的实施对象不仅是官方的贡舶，也可以是民间的商舶，即“不论是期非期，是贡非贡，则分贡与互市为二，不必俟贡而常可以来

[1]　《明仁宗实录》卷5。
[2]　《明史》卷324。
[3]　胡宗宪：《筹海图编》卷12。

互市矣”[1]。此举表明官方政策的重心已经转移到更为务实的经济层面。朝贡贸易因此自然更加冷落，然而民间前来贸易的外国商船却十分活跃，以至于“番舶不绝于海澳，蛮夷杂沓于州城”[2]。至隆庆开海以后，民间海外贸易迅速繁荣起来，朝贡贸易遂名存实亡。

明代的市舶司及其港口

明代承前朝旧制，在沿海重要口岸设有市舶司机构。吴元年（1367年），朱元璋正式即位前一年，设市舶司于太仓黄渡。其时，元朝三大港之宁波刚被明军攻占月余，泉州和广州仍在蒙元残余势力的控制之下。太仓黄渡市舶司的设立，显然是为了依托刘家港开展对外贸易。元明时期的刘家港是深水良港，靠近长江口，具有衔接江海的地理优势。刘家港地处富庶的太湖流域，离江南繁华之城苏州很近，距明代最早的都城南京也不远，依靠江南纵横密布的水道，整个江浙地区都是刘家港的经济腹地。因为可以最方便地集聚东南财赋，所以元代庞大的漕粮海运以此为起点。明初的漕运也延续了这一传统，从刘家港漕运粮食至辽东，以解决北征军队的粮食供应问题。永乐十三年（1415年）南北大运河贯通，海漕结束，不过直到嘉靖三年（1524年），明朝廷仍然通过刘家港从海上往辽东运输棉花、布匹。永乐年间，因为刘家港港阔水深，经济腹地广阔，所以郑和七下西洋都选择从这里起航。郑和船队是当时世界上规模最大、设施最完备、组织最严密的远洋船队，每次下西洋都有大、小海船数百艘，将士二万七千多人。由此可推知，刘家港的港口条件之优越。因为郑和下西洋，“自此外国贡使络绎而来”，“番商洋贾慕刘河口之名，帆樯林立……刘河之财赋甲天下矣”[3]。刘家港在明初因为朝贡贸易兴盛了一段时间，四方谓之“天下第一码头”。郑和下西洋停止以后，刘家港就开始沉寂。《刘河镇记略》称，明后期因为太仓棉花种植和棉织业的兴盛，刘家港成为国内外棉花贸易的中心，“凡江西、湖广、襄阳及海外东西洋两处，咸集太仓刘河贩花”[4]。实际上，明代中期以后娄江淤积日益严重，但因为经常疏浚的关系，刘家港还能保持江南口岸的地位。有明一代，“东西两洋及闽广沙、鸟各船俱集刘河海口”[5]。清前期康熙、乾隆年间，刘家港虽已现淤浅之势，但仍为江

[1] 王圻：《续文献通考》卷31。
[2] 王圻：《续文献通考》卷31。
[3] 郑和等：《娄东刘家港天妃宫石刻通番事迹碑》，载钱谷《吴都文粹续集》卷28。
[4] 《刘河镇纪略》卷3。
[5] 《刘河镇纪略》卷3。

南海关二十四分口之一，专收来往北洋沙船。嘉庆道光年间，因刘河河道淤塞以及河口拦门沙隆起，刘家港作为港口不得不最终宣告废弃。

洪武二年（1369年），倭寇连续进犯苏州、温州等江浙沿海地区。洪武三年（1370年），明朝廷考虑到国都南京的安全问题，太仓黄渡市舶司“以海夷黠，勿令近京师，遂罢之”[1]。同年，在宁波、泉州及广州设置市舶司，隶属布政司管辖，从此奠定明代市舶司的基本格局。洪武七年（1374年）一度罢废三市舶司，“未几，复设”[2]。洪武后期又再次罢撤，然具体年份不可考，一般认为可能是在洪武十九年（1386年）左右，因“十九年十月，胡惟庸之党林贤通倭事始发”[3]。明太祖朱元璋“怒日本特甚，决意绝之，专以防海为务”[4]，遂“绝倭朝贡，命信国公汤和筑沿海四十九城以防之”[5]。取消日本的朝贡贸易，浙江市舶司的存在就失去意义。加强海防，福建、广东市舶司因此一并撤销也是可能的。

永乐元年（1403年），明成祖在浙江、福建、广东复设三市舶司，始置内官提督，开明代市舶太监之先河。永乐三年（1405年），由于“诸番贡使益多”，在三地市舶司分别设馆招待，广州建怀远驿，泉州建来远驿，宁波建安远驿。永乐六年（1408年），在刚刚平定的安南增设交趾云屯市舶司（今越南北部广宁县境内），以接待“西南诸国贡使”[6]。宣德二年（1427年），明军北归后，交趾市舶司遂遭废弃。

嘉靖二年（1523年）爆发著名的“争贡之役”。《明史·职官志》记载，因“给事中夏言奏倭祸起于市舶，遂革福建、浙江二市舶司，惟存广东市舶司”[7]。然浙江、福建两处市舶司是否就此罢废，由于史料记载不一致且语焉不详，至今犹有争议。据傅维鳞《明书》记载，“嘉靖中有倭变，礼部请罢市舶”，给事中夏言上疏“所当罢者市舶太监，而非市舶也”，“遂不罢”。嘉靖六年（1527年）和嘉靖十年（1531年）分别又有裁撤浙江市舶提举的记载，但这个时间段前后，《明世宗实录》仍有浙江市舶司活动的记载[8]。《明会典》记载，“浙江等处承宣布政使司，旧有市舶提举司一，隆庆元年革”。可见直到隆庆（1567年）开放，浙江市舶司才明确被罢废。万历二十七年（1599

[1] 郑晓：《今言》卷3。
[2] 王圻：《续文献通考》卷31。
[3] 《明通鉴》卷9。
[4] 《明史》卷322。
[5] 洪若皋、虞隣：《海寇记》，第43页，载许旭著：《闽中记略》，台湾文献丛刊260。
[6] 《明会要》卷57，《食货五·市舶》。
[7] 《明史》卷75。
[8] 参见白斌、王慕民：《明代浙江市舶司废止考》，《海交史研究》，2008年第1期。

年），明神宗大榷天下关税，浙江市舶司又起复，仍以中官领职如故[1]。福建市舶司的情形大致相似。嘉靖年间仍有史料证实其存在，直到万历八年（1580年）才被裁革[2]。万历二十七年（1599年），与浙江市舶司同时起复，仍以中官领职[3]。不过万历年间浙江市舶司和福建市舶司的存在时间都比较短。虽然没有明确的文献记载它们何时被废止，但一般认为随着万历末年明朝廷撤回各地的矿监税使，这两个市舶司机构就自然消亡。与命运多蹇的浙江和福建市舶司相比，广东市舶司相对稳定，永乐以后不再有罢废之举，正德以后朝廷在广东实行特殊政策，所以广东市舶司在明代后期一枝独秀。

自唐代设立市舶司以来，历代市舶司的职能都是一脉相承，只是在前朝的基础上加以修订或补充而已。由于海外贸易到了明代发生了极大的变化，显然明代的市舶司机构也较前代大为不同。按《明史·食货志》所载："海外诸国入贡，许附载方物，与中国贸易，因设市舶司，置提举官以领之。"可见，明代市舶司的设置，是因朝贡贸易的需要而生。需要说明的是，明代最早的太仓市舶司不在此列。其时，海禁尚未实施，私人仍可出海贸易，市舶司"承宋元旧例"，仍旧实行抽分制。其后，广州、泉州、宁波三大市舶司的设立，才是专职服务于明代的朝贡贸易。《明史·食货志》说，朝廷设市舶司掌管朝贡贸易，其目的是"通夷情，抑奸商，俾法禁有所施，因以消其衅隙也"。所以说，明代市舶司的具体职能就是"掌海外诸藩朝贡市易之事，辨其使人表文、勘合之真伪，禁通番，征私货，平交易"[4]。也就是说，贡船进港时，市舶司会同地方官员查验表文和勘合的真假，将贡物封钉，贡使接入馆驿，严禁其擅自出入交通贸易违禁货物，再将货物启封盘验入库，"抽解"部分上等品，登记成册，解往京师。剩下的部分"籍所不载，许自行贸易"，即可以在市舶司进行贸易。如前所述，互市贸易分为两种，一种是在京中会同馆，《大明会典》载："凡交通禁令，各处夷人朝贡领赏之后，许于会同馆开市三日或五日，惟朝鲜、琉球不拘期限。"另一种是市舶司所在的沿海港口。会同馆隶属礼部，不受市舶司管辖，所以《明史》所载市舶司的"平交易"功能，就是后一种。在市舶司港口进行的互市贸易，由市舶司机构组织进行，并负责平准物价，后来改由市舶司下属的官设牙行居中买卖，即"官设牙行与民贸易，谓之互市"。正德以后在广东实行抽分制，随着海外贸易的扩大，市舶司的职能逐渐简化，只保留了查验和征收关税的功能，最早的"平交易"功能则完全交

[1] 《明史》卷81。
[2] 万历《明会典》卷15。
[3] 《明史》卷81。
[4] 《明史》卷95。

由官府控制的牙行组织负责。嘉靖三十四年（1555年），葡萄牙商船来广州贸易时，已经发现“商业的利源，是被原籍属于广州、徽州（安徽）、泉州（福建）三处的十三家商号垄断着”[1]。明末出现专营进出口货物的广东三十六行，也就是著名的清朝广东十三行的前身。所谓“有明一代，对外贸易盖以官设牙行为媒介，而牙行又以广东为盛，福、泉、徽商人皆争趋焉。万历以后，广东有所谓‘三十六行’者出，代市舶提举盘验纳税”[2]。

明朝市舶司	朝贡路线规定
浙江市舶司	宁波安远驿—余姚—绍兴—萧山—杭州—嘉兴—苏州—常州—镇江—扬州—淮安—彭城（今徐州）—沛县—济宁—天津—通州—北京
福建市舶司	泉州来远驿—延平—建宁—崇安—浙江—北京
广东市舶司	广州怀远驿—佛山—韶关—南雄—梅岭—江西南安—北京

明代海外诸番国来贡，需要从限定的口岸入境，并沿着规定的朝贡路线入京。广东、福建、浙江三大市舶司分管不同的区域，所谓“宁波通日本，泉州通琉球，广州通占城、暹罗、西洋诸国”[3]。胡宗宪《筹海图编》也提到：“凡外夷朝贡者，我朝皆设市舶司以领之。在广东者专为占城、暹罗诸番而设；在福建者专为琉球而设；在浙江者专为日本而设；其来也许带方物，官设牙行，与民贸易，谓之互市，明矣。”[4]这一管理区域的划分，基本上是遵循了传统习惯及就近原则。广州是传统上最重要的南海贸易口岸；宁波是宋元以来对日贸易的主要港口；泉州府所属的澎湖与琉球距离最近，只不过泉州是元代数一数二的国际贸易大港，在明代只能“通琉球”，未免大材小用。由于隆庆开海之前，只有朝贡贸易才是合法的对外贸易形式，所以明代传统的对外贸易港口大部分处于关闭状态，新兴的港口则以走私贸易的形式存在，唯有市舶司所在的广州、泉州和宁波三大港口，仍然保持正常的对外开放。尤其是广州，即使在明代仍然是全国第一大港。成化年间，福建市舶司从泉州迁到福州，附近又有漳州月港的兴起，泉州港因此衰落。

由于明代的市舶司“专管进贡方物，柔待远人”，朝贡贸易鼎盛时，市舶司相对也繁忙，朝贡贸易衰落后，市舶司就成了清闲机构，明中期以后作为左

[1] H.Bernard：《天主教十六世纪在华传教志》，萧濬华译，商务印书馆，1937年版，第94页。

[2] 王鸣鹤《登坛必究》卷10，载《明清时期澳门问题档案文献汇编》第四编，第361页。

[3] 《明史》卷80。

[4] 胡宗宪：《筹海图编》卷12。

迁之地，接待了不少遭贬谪的官吏。明代三大市舶司，以广东为最盛，存在的时间长，管理的国家多，正德以后又打破朝贡贸易的禁制，面向所有海外番舶实行抽分制，独占外贸之利，可以说是明代前后期市舶司制度演变的一个缩影。浙江和福建两大市舶司相对冷清，嘉靖以后基本上就处于闲置甚至废坏的状态。

浙江市舶司专通日本，然则日本因倭寇问题，被规定十年才许一贡，宁波港之萧条可想而知。如正统元年（1436年）八月，浙江右布政使石执中就以日本贡使“十数年间，仅一再至”、市舶司官吏人等“冗旷”为由，把市舶司人员裁减了三分之二[1]。实际上朝贡贸易对日本十分有利，如日本学者臼井信义在《足利义满》一书中写道：“义满鼎盛期的北山时代（明永乐年间）最重要的财政收入来源，实际就是和明王朝的贸易。”[2]因此，“贡限十年，彼不能待也”[3]，日本的贡船经常突破规定提前来贡，然则因为明代倭寇问题时轻时重，中日关系也摇摆不定，所以计算其总数仍十分有限。终明一世，明朝廷颁赐给日本的勘合有永乐、宣德、景泰、成化、弘治、正德6种[4]。根据木宫泰彦《日中文化交流史》中的记载，永乐年间日本派遣的勘合贸易船为6次，时间是从永乐二年（1404年）至永乐八年（1410年），永乐后期因倭寇问题中日再次交恶，日方未再派遣使团来贡；宣德年间中日邦交恢复，从宣德七年（1432年）至嘉靖二十六年（1547年）的115年间，日本共派遣勘合贸易船11次。差不多也是十年一次。嘉靖二年（1523年）日本的大内氏和细川氏两大势力分别派遣贸易船来朝贡贸易，在宁波发生“争贡之役”，“这一事件被称为‘嘉靖后期倭寇的发端’，因为它直接导致勘合贸易的中止，以及随之而来的海上走私贸易的横行”[5]。实际上日本的大内氏又分别在嘉靖十八年（1539年）和嘉靖二十七年（1548年）再次来贡。此后，日本方面因大内义隆在天文二十年（1551年）为其臣陶晴贤所杀，在纷乱中失去勘合，从此终止派遣贡船入明朝贡[6]。中日官方贸易停止，宁波市舶司也就此废坏不堪。嘉靖三十九年（1560年），凤阳巡抚唐顺之奏请重新整顿“废坏”的浙江市舶司，称：“浙、福、广三省原设市舶司，所以收其利权而操之于上，使奸民不得乘其

[1] 《明英宗实录》卷21。

[2] 田中健夫：《东亚国际交往关系格局的形成与发展》，中外关系史学会编：《中外关系史译丛》第二辑，上海译文出版社，1985年版，第138页。

[3] 钱薇：《承启堂集》卷214。

[4] 藤家礼之助：《日中交流二千年》，北京大学出版社，1982年版，第162页。

[5] 樊树志：《“倭寇”新论——以“嘉靖大倭寇”为中心》，《复旦学报（社会科学版）》，2000年第1期。

[6] 郑学稼：《日本史（三）》，台北黎明文化事业公司，1977年版，第365页。

使。今数者俱已废坏，宜令诸路酌时修举……从之。”[1]嘉靖四十四年（1565年）浙江巡抚都御史刘畿上疏反对，称：“宁波旧设市舶司，听其贸易，征其舶税，行之未几，以近海奸民侵利启衅，故议裁革。今人情狃一时之安，又欲议复。不知浙江沿海港口多而兵船少，最难关防。此衅一开，则岛夷啸集，其害有不可胜言者。”“户部亦以为然，事遂寝。”[2]也就是说，出于海防的考虑，宁波市舶司在嘉靖后期形同虚设，一直处于废坏的状态。隆庆元年，月港开禁，浙江市舶司遭裁撤。万历年间起复，但“倭奴久已绝贡，无市无舶。定海一关，不过本地鱼船及近境商船出入，军门讥察非常，因而税之，大抵不过千两，悉充兵饷之需，利甚薄也。一设市舶，尚不足以充本监公费，又安得取盈”[3]。重新起复的浙江市舶司，已经与朝贡贸易无关。因为此时活跃于宁波港的是明末有限开禁后，国内从事南北贸易的商业船帮。税银不过千两，说明这些“本地鱼船”和“近境商船”的贸易规模不大。总的来说，由于海禁和朝贡贸易的存在，宁波港在明代只能是通日本的贸易口岸，这显然大大限制了港口的繁荣程度。然而，富庶的长江中下游地区有大量的物品可以参与对外贸易，特别是历来为出口最大宗的丝织品和瓷器，官方的宁波港不能通畅，间接刺激了位于宁波通洋水道上的双屿港的兴起，使其在嘉靖后期成为繁荣一时的走私贸易中心。

福建市舶司“专理琉球一国贡物”，同样“事务不繁”[4]，不过较之浙江市舶司，情形要好很多。因为琉球在明代是关系特别密切的邻国之一，前来朝贡的频率很高。早在洪武、永乐期间，明朝就给予琉球许多特殊的朝贡贸易地位待遇，如“赐闽中舟工三十六户，以便贡使往来”，琉球使团携带的私货也可以不拘期限地在会同馆和福建市舶司进行互市贸易。琉球的朝贡次数远远高于其他国家。明初定为一年一贡，实际上常常一年再贡三贡，“天朝虽厌其烦，不能却也”[5]。成化年间改为两年一贡，对琉球是很大的打击，所以琉球多次请求恢复一年一贡制，于是正德二年（1507年）恢复一年一贡，但嘉靖元年（1522年）又改为二年一贡，万历三十七年（1609年），日本入侵琉球，明朝限定琉球十年一贡，天启年间又暂许其五年一贡[6]。实际上，明代琉球来华

[1] 《明世宗实录》卷480。
[2] 《明世宗实录》卷550。
[3] 《明神宗实录》卷331。
[4] 《明英宗实录》卷52。
[5] 《明会要》卷77。
[6] 福建航运史（古近代部分），人民交通出版社，1994年版，第144页。

朝贡十分频繁，经常不按规定提前来贡。从永乐（1403年）到崇祯（1644年）明亡的两百多年，琉球对明的朝贡次数总计为173次，居各国之首[1]。明史赞扬琉球国："虔事天朝，为外藩最。"琉球之所以频繁来贡，一方面是因为琉球所产的马和硫黄在明朝尤其是洪武年间是急需的资源；另一方面，琉球国虽小，资源短缺，但经济头脑却很灵活，他们利用与明朝廷的紧密关系发展转口贸易，"岁市易于我，以转市他岛"[2]，即从日本、东南亚等国低价购入中国需要的香料等物作为自己的贡品"进贡大明"，然后得到明朝廷高出时值数倍的回赐，这些回赐在海外也是紧俏商品，于是可以再用来低价购入中国需要的物品，以此循环往复，从中赚取利润，用琉球国自己的话来说就是"欲贸中国之货以专外夷之利"[3]。宣德以后，朝贡贸易日渐衰落，琉球的进贡在明代的海外贸易中充当了一个转运中心的角色。只不过从嘉靖后期开始，私人海外贸易发展起来，逐步取代了中琉之间的官方贸易。按高岐《福建市舶提举司志》所记载，福建市舶司下属的牙行，"原设二十四名，各年份不等，革去十九名，今（嘉靖三十三年）只存五名"。其中又说，（嘉靖三十三年的福建市舶司）"惟理贡舶，不复开海市，副提举遂未铨授矣。吏目闲来任亦虚设耳，虽有正提举，贡至经理之，此外无他事"，市舶司衙门"岁久就圮，日渐凋落"，可是"欲请而新之，度费出惟艰"。尽管嘉靖年间琉球的朝贡贸易仍在继续，但福建市舶司已经连基本的人员配备都不齐全，日常工作的场所也老旧不堪却无钱修缮，其衰落可见一斑。

图6.8　琉球国对中国的朝贡贸易船

明代福建市舶司值得一提的还有市舶司治所迁移一事。最初，市舶司设在泉州，成化十年（1474年），迁往福州。泉州设市舶司，从北宋到明朝历时三百八十多年，至此完全结束。为什么市舶司会从泉州迁到福州？原因似乎是多方面的。首先是琉球海船的入港。琉球贡船从琉球的那霸港起航，由于季候风的

[1]　郑永常：《来自海洋的挑战——明代海贸政策演变研究》，台北：稻乡出版社，2004年版，第91页。

[2]　董应举：《崇相集》。

[3]　《明宪宗实录》卷177。

作用，多泊于浙江定海或福建长乐五虎门，然后到福州城南河口，泉州港反而较不方便。其次，琉球贡使多属福州籍人后裔，难免有故土情结。洪武二十五年（1392年），明太祖赐琉球三十六姓，他们的后人即所谓“朝阳通事三十六姓”，世袭通史之职，专司来华、请封、谢恩。[1]所以，“后番舶入贡，多抵福州河口，因朝阳通事三十六姓，其先皆河口人也，故就乎此”[2]。再者，在明代的市舶管理权力架构中，市舶司由地方布政司和直属中央的市舶中官（太监）双重领导。张邦奇《西亭饯别诗序》记述明前期市舶管理权力分配情况，称：“其供应之节，控驭之方，掌于郡守；犒待之仪，贡输之数，主于中官；职提司者，不过检视之而已。”[3]福建市舶司的顶头上司布政司和市舶太监，其治所都设在福州，唯有市舶司设在泉州，这样一来，无论是贡使往来福州和泉州，还是官府接待都不方便。最后一个原因，是嘉靖三十三年的福建市舶司提举高岐在其所著《福建市舶提举司志》中所提到的，“福州为八闽总会之地，其衣冠文物十倍于泉”，可以令外夷震撼，不敢启内侵之衅。由此可知，明代的泉州远不及福州繁华。市舶司从泉州迁到福州，泉州港失去官方贸易港的地位，从此淡出历史舞台。当然，泉州港的衰落还有多方面的因素。首先，泉州在宋元时期的兴起与阿拉伯人有莫大关系，然而元末明初，发生在泉州的色目人武装叛乱，不仅令泉州的社会、经济遭受严重破坏，也使得许多阿拉伯商人纷纷归国。到了15世纪，西方殖民主义者取代阿拉伯人成为东西方航路的控制者，泉州港也失去了传统的贸易对象。其次，嘉靖以后，福建的私商贸易十分活跃，走私贸易港口纷纷涌现，“福宁州之桐山，泉州之安海，漳州之月港、海沧，诏安之梅岭，皆沿海而居，负海而固，繁聚反侧，沧染骄咨，绥之则宁家，急之则下海，尾大不掉之势也”[4]，“漳泉地方，如龙溪之五澳，诏安之梅岭，晋江之安海，诚成奸盗渊薮……”[5]。其中尤以漳州月港最为兴盛。在浙江双屿被明朝官府剿灭之后，月港成为全国走私贸易的中心。隆庆元年在月港开禁，闽人通番皆从月港出洋。泉州是府治所在，海防重地，不具备成为走私贸易港的条件，再加上明代开始，泉州出现港口淤塞的情况，种种不利因素导致曾经名噪一时的泉州港就此没落。

明代三大市舶司中，广东市舶司最具有典型意义。浙江市舶司专通日本，福建市舶司专理琉球，其他朝贡国都是广东市舶司的管辖范畴。与宋元时期兴

[1] 张学礼：《使琉球纪》，载《丛书集成初编》。
[2] 顾炎武：《天下郡国利病书》卷96。
[3] 黄佐：《广东通志》卷66。
[4] 朱纨：《甓余杂集》卷5。
[5] 《明经世文编》卷283。

盛的南海贸易不同，明代的朝贡贸易由于只进不出，所以与之发生较多联系的都是近邻的东南亚诸国。与浙江、福建两司在明代后期无所事事的状态相反，广东市舶司在正德以后反而更加活跃。到了晚明，甚至与盐课提举司并称雄富，所谓“天下如此衙门，亦不一二见”[1]。整个明代，广东市舶司最低迷的时期大约是在弘治年间。由于朝贡贸易的衰落，弘治元年至六年（1488—1493年），从广东入贡的海外番舶，只有占城和暹罗各一次。正德四年（1509年），有暹罗船只遇风漂到广东，“镇巡官会议，税其货以备军需”[2]。这是广东对外来番舶实行抽分之始。自此广东的朝贡贸易名存实亡。广东市舶司的管理对象从以前的贡舶扩展到包括贡舶和商舶在内的所有海外番舶，尽管对于抽分的商舶，采用的名义是“因风泛至”。正德九年（1514年），广东右布政使吴延举以“缺上贡香物”为名，订立番舶交易之法，“不问来年，来即取货”，于是外国商船接踵而来。胡宗宪《筹海图编》记载：“商舶乃西洋原贡诸夷载货舶（泊）广东之私澳，官税而贸易之。”说明明代后期市舶司的功能已经发生了质的变化。这种变化表现在：其一，市舶司不再仅仅为朝贡贸易服务，而是扩展到了整个海外贸易；其二，市舶司存在的目的也不再是为了政治上的“怀柔远人”，而是经济上的增加财政收入，即“岁可得银数万两，以充军国之用”。

嘉靖初，中葡首次正式外交接触失败，明朝廷在广东驱逐葡使，诏“佛郎机人（葡人）不得进贡”，同时“并禁各国海商亦不许通市”[3]。广州因此闭港，抽分仅限于“自今海外诸夷及期入贡者”，“由是番舶几绝”[4]，安南、满剌加的商舶“皆往漳州府海面地方，私自驻扎，于是利归于闽，而广之市萧然也”[5]。广州闭港，促使福建、浙江两地的走私贸易蓬勃发展。然而，“番船皆不至”，导致“两广公私匮乏”[6]。《明史·佛郎机传》记载，“初广

图6.9　万历年间广州城及省河洋舶图

[1]　颜俊彦：《盟水斋存牍》，转引自李庆新：《从颜俊彦〈盟水斋存牍〉看明末广州、澳门贸易制度若干变动》，《学术月刊》，2001年第1期。

[2]　《明武宗实录》卷67。

[3]　严从简：《殊域周咨录》卷9。

[4]　《明史》卷325《佛郎机传》。

[5]　黄佐：《黄泰泉先生全集》卷20。

[6]　严从简：《殊域周咨录》卷9。

东文武官员月俸多以番货代”，番舶不来，官员的折俸也成了问题。嘉靖八年（1529年），广东巡抚林富上疏，极言番舶之利，认为对番舶实行抽分有“足供御用”“节充军饷”“公私饶给”“小民於以自肥”四大好处，请求重开广东市舶贸易，得到朝廷批准，“广东察番舶例许通市者，毋得禁绝”[1]。广州港重新对外国商舶开放。至嘉靖三十六年（1557年），葡萄牙人入居澳门并迅速发展为国际贸易中心，广州和澳门遂成为晚明时期仅有的两个对外开放的港口。

隆庆开禁后，广东和福建两地都实行开放对外贸易的政策。广东的广州和福建的月港成为中外海上通商贸易的两大口岸。不过，两者的贸易功能有明显不同。正如万历四十一年（1613年）总督两广兵部右侍郎张鸣岗在奏言中所列举的：“浙未尝与夷市，闽市有往无来……粤则与诸夷互市”[2]，浙江没有对外贸易，福建只允许中国海商出国贸易，广东则允许外国商人前来贸易。万历三十四年（1606年），荷兰海军上将麦特利夫（C.Matelieff）的解说更加清楚：“假如我们要寻求贸易机会，就只能前往广州。因为中国皇帝颁令，漳州可发船前往各国，但不准外国人前去。与此相反，外国人可到广州，但不许华船从广州前往外国，违者处以重刑。”[3]

广东市舶司自实行抽分以后，其税率最先为十分抽三，正德十二年（1517年）改为十分抽二。隆庆五年（1571年），“以夷人报货奸欺难于查验，改定丈抽之例”[4]。所谓“丈抽”，就是根据外商船只大小来征收进口税。嘉靖九年（1530年），明朝开始推行一条鞭法，以白银代替实物赋税。于是原来的抽分（征收实物税）也改成了货币税，即征收白银。按张天泽《中葡早期通商史》记载，“中国商业中的一项重大改革乃是在1582年后白银成为中国与葡萄牙人通商的媒介。物物交换不再继续，从此以后连商税也以银两缴纳”，说明在广东的对外贸易中征收白银是在1582年前后。万历六年（1578年），葡萄牙人的商船被允许自行到广州购

图6.10　扶胥古港示意图

[1]　《明世宗实录》卷106。

[2]　《明神宗实录》卷590。

[3]　包乐史（Leonard Blussé）：《中荷交往史（1601—1999）》，荷兰：路口店出版社，1999年修订版，第40页。

[4]　《粤海关志》卷22，《贡舶》。

买中国货物，于是就需要缴纳货物出口税。龙思泰《早期澳门史》也提到，“据一份古老的文献说，从1579年开始，葡萄牙人必须在广州缴纳出口税”。与此同时，在澳门市舶司只征收进口税和泊税。从免税到收税，从抽分到丈抽，从实物税到货币税，从进口税到进出口税，在明代后期的这段时间内，广东市舶司逐渐建立起正式的关税制度，尽管只是一个雏形，但也为近代的海关制度奠定了基础。

广东市舶司治所一直设在广州，但具体的互市场所却发生过迁移。据《明熹宗实录》卷六所载：“先是，暹罗、东西洋、佛郎机诸国人贡者，附省会而进，与土著贸迁，设市舶提举司税其货。正德间，移泊高州电白县。至嘉靖十四年，指挥黄琼纳贿请于上官，许夷侨寓蠔镜澳，岁输二万金。”《澳门记略》也提到：“明初互市广州，正德时移于电白县，嘉靖中又移濠镜者，则有若暹罗、占城、爪哇、琉球、渤泥诸国；其后筑室而居者，为佛郎机。”移泊电白县的原因，大约是出于海防需要。陈澧《香山县志》引用张甄陶的《澳门图说》谈及此事：“先是海舶皆直泊广州城下，至前明备倭，迁于高州府电白县。”蠔镜澳和濠镜，都是指后来的澳门。明中叶以前在珠江三角洲有许多可供外国商船暂时停靠的小港口，除了澳门之外，还有新宁（台山）之广海、望峒、奇潭；香山之浪白、十字门；东莞之虎头门、屯门、鸡栖诸澳。葡萄牙人入居澳门后，“自是诸澳尽废，濠镜（即澳门）为泊薮矣”[1]。澳门属浅水港口，水静湾圆，在十六七世纪的帆船时代，适于帆船停泊。澳门的季风气候也为当时靠风力航行的帆船提供便利因素。明代后期澳门以广州外港的形式存在，也是最重要的东西方国际贸易中转港。广州与澳门的关系，是一种相辅相成、相依相生的关系。纵观明代三大市舶司，浙江市舶司和宁波港的沉寂，对应的是双屿港兴起；福建市舶司和泉州港的没落，对应了月港的繁盛；广东市舶司比较特殊，首先，它在明代后期不仅没有衰落反而更加兴盛，其次，广东市舶司的兴盛得益于澳门的繁荣，而澳门的繁荣同样依赖于广州。

作为广州外港的澳门

嘉靖初，中葡首次外交失败后，葡人转赴闽、浙沿海，继续从事走私贸易。嘉靖中，浙江双屿港被剿灭后，葡人重新回到广东沿海一带寻找机会。

[1] 郭棐：万历《广东通志》，卷69。

先是假冒其他番国名义，“附诸番舶杂至交易”[1]，直到嘉靖三十二年（1553年），葡人与当时的广东海道副使汪柏商谈后，“在1554年与中国商定交纳关税，得到中国允许在中国港口通商贸易。从此，我们就到中国第一大港广州进行贸易”[2]。实际上葡人居留和互市交易的场所是在浪白澳，“查夷人市易，原在浪白外洋，后当事许其移入濠镜”[3]。嘉靖三十六年（1557年），葡人入居澳门。隆庆四年（1570年），葡人每年向明朝交纳500两地租银，从此获得在澳门的居留权和贸易权。按同时代的葡萄牙人菩卡罗（Antonio Bocarro）在《东印度政府所有要塞和城镇图集》中的记述，“1555年贸易移于浪白澳，1557年转移到澳门。在那里，由于经营大小各种生意的缘故，一个人口稠密的居留地发展起来”。葡人为什么可以入居澳门，现在有“行贿说”“借地晾晒说”“助剿海盗有功说”等不同说法。不管是哪一种，总而言之，明代后期的澳门，成为唯一允许外国人居留贸易的港口。万历时人王临亨在其《粤剑篇》中说：“西洋之人，往来中国者，向以香山澳中为舣舟之所，入市毕则驱之以去，日久法弛，其人渐舣聚蜂结，巢穴澳中矣……今聚澳中者，闻可万家，至十余万众矣。”可见澳门的兴起十分迅速。

图6.11 澳门正面全图

图6.12 澳门开埠早期面貌（1598年）

澳门能够快速发展起来，最直接的原因是“聚海外杂番，广通贸易”[4]。对内，澳门以广州为商品采购和流通的集散地，执行广州外港功能；对外，澳门是全球贸易大循环的重要一环，也是西方国家在东

[1] 严从简：《殊域周咨录》卷9。

[2] Gaspar da Cruz：Tractado em que se cotam muito par esteco as cousas de China，co suas particularidades e assi do Reio de Ormuz，Evora，1569，Cap，23.转引自万明：《中国融入世界的步履——明与清前期海外政策比较研究》，社会科学文献出版社，2000年版，第261页。

[3] 郭尚宾：《郭给谏疏稿》卷1。

[4] 《明史》卷325。

方贸易最大的中转港和贸易中心。

自葡商侵居澳门后，东方贸易即以此地为中心。盖由此东通吕宋、日本以及南洋各地，西通印度、波斯以达地中海，交通至称便利。其在中国，闽、广商贾，趋集若鹜，货物转输，亦以此地为要会……是明清之际，澳门之地，不仅为葡人在东方之贸易重地，亦为中国与西洋交通之总枢纽焉。[1]

明代后期，葡萄牙人以澳门为基地，开辟了澳门—果阿—里斯本航线，澳门—长崎航线，澳门—马尼拉—墨西哥航线。这三条主要的国际贸易航线沟通了四大洲（亚洲、非洲、欧洲、美洲）和三大洋（大西洋、印度洋、太平洋），构筑了当时最大和最重要的东西方贸易网络。澳门因此也成为繁荣一时的国际贸易中转港。“这里是中华帝国最繁荣的港口。仅葡萄牙人每年就从这里运走五万三千箱丝织品。各重十二盎司的金条三千二百个，七担麝香、珍珠、砂糖、陶器。”[2]

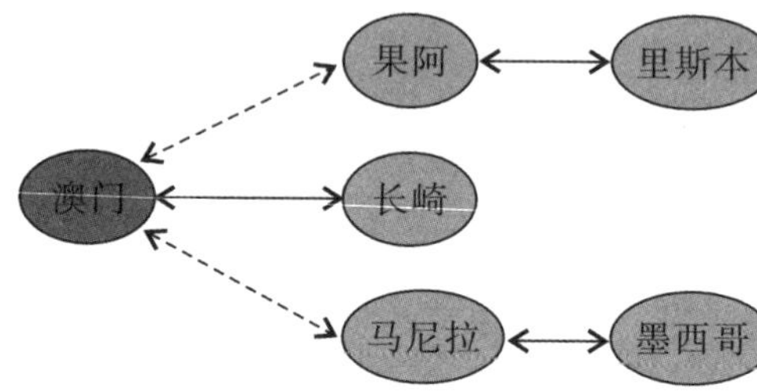

澳门主要对外交通

当时从澳门运出的都是中国著名的特产，包括丝货、绸缎、棉布、棉线、瓷器、铁器、金、铜、锡、水银、糖、火药、棉布、花生、栗子、枣子、药材等数十种之多。其中以生丝和丝织品为最大宗也最受欢迎，所谓“从中国运来各种丝货，以白色最受欢迎，其白如雪，欧洲没有一种出品能够比得上中国的生丝”[3]。据统计，仅万历八年（1580年）至万历十八年（1590年）的10年间，自澳门运往果阿的生丝每年有3000多担，值银24万两；崇祯八年（1635年）这个数字增加到6000担，值银48万两[4]。葡萄牙商人通过贩运生丝获取高额利润。例如万历二十八年（1600年）从澳门运往果阿的生丝，广州价格为80两（担），果阿价格为200两，利润率高达150%[5]。在1570—1600年，葡萄牙人所经营的澳门至长崎航线几乎垄断了中日贸易。据估算，万历十三年（1585年）至万历十九年（1591年），每年从澳门运到日本的中国商品就达60万~100

[1] 张维华：《明清之际中西关系简史》，齐鲁书社，1987年版，第32页。

[2] 苏萨：《葡萄牙的亚洲》第2卷，第454页。参见百濑弘：《明代的中国对外贸易》，《东亚》第8卷第7期。

[3] 菲律乔治：《西班牙与漳州的初期通商》，载《南洋问题资料译丛》，1957年第4期。

[4] C.R.Boxer：The Great Ship from Amacon：Annals of Macao and the Old Japan Trade，1555-640，Lisboa，Centro de Estudos Historicos Ularamarinos，1959，P.6，P.77.

[5] 转引自黄启臣：《澳门通史》，广东教育出版社，1999年版，第39页。

万克鲁札多（Cruzado，1430年至1911年间流通的葡萄牙货币之一，1Cruzado约合中国白银1两）；万历二十八年（1600年）至崇祯十三年（1640年），增长为每年300万克鲁札多[1]。万历二十八年（1600年）从澳门运往长崎的一艘商船中所载的15种货物，利润率100%以上的就有11种[2]。其中，仍然以丝货最为大宗和赚钱。“（丝货）在一六二二年约占日本输入华货总值的三分之二，在一六三六年及以后都占百分之八十以上”[3]。明后期禁止与日本的通商贸易，而中国丝货在日本广受欢迎，需求量很大，所以丝价也远在中国市价之上。葡萄牙人为了垄断中日丝货贸易以获取厚利，禁止西班牙人从菲律宾到澳门或广州采购丝货，然而在17世纪初中国和日本的商人分别通过走私贸易和“官印船”的形式加入到中日贸易之中，后来又有荷兰以台湾为基地开展对日贸易，于是澳门至长崎一线在中日贸易中所占份额大为缩减。另一条从澳门经马尼拉到墨西哥的航线，是16世纪和17世纪世界上最长的大三角国际贸易航线。由于经这条航线贸易的主要商品是中国的生丝和丝织品，所以这条航线也被称为太平洋上的“丝绸之路”。又因为沿着这条航路航行的主要是西班牙和葡萄牙的大帆船，所以又被称为“大帆船”贸易。“从马尼拉来说，每年航经中国海到达的商船，实际上构成它繁荣的基础。”[4]隆庆开海以后，从漳州月港出洋的中国海商，也多有赴马尼拉进行通商贸易者，1580—1642年，中国到马尼拉的商船合计为574艘，其中澳门船为66艘。[5]葡人在这条航线上的贸易量也非常大，每年从澳门运销马尼拉的货物价值150万西元，折合白银100万两左右[6]。货物依然以丝货为大宗，小部分在马尼拉本地出售，大部分转运到西属美洲。葡萄牙和西班牙商人从中获得高达10倍以上的利润[7]。

从世界各地运回澳门的货物，包括胡椒、苏木、白银、棉花、象牙、檀香等，其中又以白银为最多。周玄暐《泾林续记》记载，“广属香山为海舶出入咽喉，每一舶至，常持万金，并海外珍奇诸物，多有至数万者”。在16—18世纪，西属美洲（西班牙殖民地）的墨西哥和秘鲁是最重要的白银产地，占全球总产量的80%以上。西属美洲的白银经由三条路径运到中国，以重要性排列

[1] C.R.Boxer：The Great Ship from Amacon：Annals of Macao and the Old Japan Trade，1555-1640，Lisboa，Centro de Estudos Historicos Ularamarinos，1959，P.169.

[2] 转引自黄启臣：《澳门通史》，广东教育出版社，1999年版，第43页。

[3] 全汉升：《明中叶后的中日丝银贸易》，《中研院史语所集刊》，第639页。

[4] W.L.Schurz：The Manila Galleon，New York，1939，P.63.

[5] 全汉升：《中国经济史论丛》第1册，中华书局，2012年版，第430页。

[6] 博克萨：《澳门来的大船》，第135页。转引自黄鸿钊：《明清时期澳门贸易的盛衰》，《江海学刊》，1999年第6期。

[7] 全汉升：《中国经济史论丛》第1册，中华书局，2012年版，第468页。

分别为：西属美洲—马尼拉—中国（1570年以后）；西属美洲—西班牙—葡萄牙—中国（1570年以后）；西属美洲—西班牙—荷兰、英国—中国（17世纪初以后）[1]。澳门经马尼拉至墨西哥的航线和澳门经果阿至里斯本的航线，都在前两条路径的国际贸易大循环之中。白银的另一个重要产地是日本，约占全球总产量的15%。经济史专家全汉升估计，在1599—1637年期间，葡萄牙从日本长崎共运出5800万两白银，这些银子多经澳门流入中国[2]。

葡萄牙人以澳门为枢纽的东西方贸易，建立在对广州的高度依赖之上。一开始的二十年，葡人只被允许在澳门与中国商人买卖，经营中介贸易。同时明朝政府严格限制中国商人运销澳门的货物种类和数量。每年春夏间番舶抵港，“初只二、三柁，或后增至二十余柁，或又倍之”。隶属于牙行组织的中国商人“群自广州赴澳门承买番货，获利甚丰”[3]。当然也有走私贸易，“闽、粤商人，趋之若鹜”。龙思泰《早期澳门史》称：“从1555年到1578年，中国商人在澳门进行易货贸易，主要以丝绸换取外国货物，承担进口货和中国出口货的货税。”张天泽《中葡早期通商史》也说：“1578年以前中国商贾虽被禁止出洋，但其进出口货物仍需缴税。因此，葡萄牙人仅被视为他们的对外贸易代理商，替他们把中国商品销往国外，并为他们购回外国货物。”1578年开始，葡萄牙人的商船获准可以像朝贡国一样到广州直接贸易，从而使澳门的对外贸易拥有充足的货源和市场。明代后期，广州每年举办一次交易会，会期延续两三个月，有时可达四个月。从1580年以后，根据两次不同的季候风，每年开放两次。“从1月份起，澳门的外国商人即开始为马尼拉、印度和欧洲购置商品，而6月份则为日本，以便在西南和东北季候风到来时，分别把货物运出去。”[4]万历十九年（1591年），在广州的王临亨亲眼目睹了葡萄牙商船入广州城交易的状况，称“余驻省时，见有三舟至，各赍白金三十万授税司纳税，听其入城与百姓交易”[5]。

明代的广州，仍然是全国第一大港，也是唯一对外国番舶开放贸易的口岸。所以，全国各地的特产和手工艺品几乎都在此集散。胡宗宪《筹海图编》记载：“浙人多诈，窃买丝绵、水银、生铜、药材一切通番之货，抵广变卖，复易广货归浙，本谓交通，而巧立名目，曰‘走广’。”葡萄牙人在广州显然

[1] W.S.Atwell：International Bullion Flow and the Chinese Economy circa 1530-1650，Past and Present，1982，No.95，PP.68-95.

[2] 全汉升：《明中叶后的中日丝银贸易》，《中研院史语所集刊》，第640页。

[3] 梁嘉彬：《广东十三行考》，广东人民出版社，1999年版，第61页。

[4] 张天泽：《中葡早期通商史》，中华书局香港分局，第102页。

[5] 王临亨：《粤剑篇》卷3。

可以得到更多更好的中国商品，而且“他们也有机会按照他们的特殊需要订制货品，规定出丝绸的宽度、长度、花样、重量，以适合日本、东印度和葡萄牙市场的需要”[1]。广州的交易会也是葡人的销售市场。《利玛窦中国札记》记述说：“葡萄牙商人已经奠定了一年举行两次集市的习惯，一次是在一月，展销从印度来的船只所携带的货物，另一次是在六月末，销售从日本运来的商品。这些市集不再像从前那样在澳门港或在岛上举行，而是在省城（广州）本身之内举行。”

澳门实际上执行的是广州外港功能。作为中转港，澳门的进出口货物，主要通过广州向各地集散，所以澳门贸易在很大程度上就是广州贸易。“广州诸泊口，最是澳门雄”[2]。外国商船来广州贸易，但是需要在澳门执行港口停泊、查验及上税等职能，所以“诸夷相继通商于粤，皆倚澳门夷为东道主”[3]。另一方面，澳门对内联系需要通过广州进行。从澳门转销印度、日本、欧洲、美洲的中国商品，几乎都是来自广州的供应，而广州又以全中国为经济腹地。从世界各国运来澳门的番货，大部分也都是通过广州的集散流向全国各地。明万历年间订立的《海道禁约》明确规定：“凡夷趁贸货物，俱赴省城公卖输饷，如有奸徒潜运到澳与夷，执送提调司报道，将所获之货尽行给赏首报者，船器没官。敢有违禁接买，一并究治。”此外，由于澳门的特殊性，不受明朝禁令的限制，在明代后期对民间海商出国政策放宽的背景下，澳门还承担了广东出洋贸易的中转功能。明人宋应星指出：“闽由海澄（漳州）开洋，广由香山澳。”[4]隆庆开放以后，规定只能由漳州月港出洋，但很多粤商往往先去澳门，再转道其他国家。屈大均《广东新语》记载：“广州望县人多务贾……南走澳门，至于红毛、日本、琉球、暹罗斛、吕宋、帆踔二洋，疏忽数千万里。以中国珍丽之物相贸易，获大赢利。”

澳门在明代后期的兴盛有其特殊的时代背景。对外，借助于葡萄牙人的海上霸权，可以打通东西方贸易的航路；对内，在明朝闭关政策下广州成为唯一对外贸易口岸，澳门作为广州外港等于以全中国为经济腹地并垄断对外贸易。明末，时势发生一系列变化，澳门也因此衰落。1639年，日本政府驱逐葡人出境，禁止葡船到长崎贸易；1640年12月，葡萄牙摆脱西班牙的统治宣告独立，澳门葡人效忠新政府，西班牙宣布断绝马尼拉与澳门的一切贸易往来。

[1]　［英］甘为霖：《荷兰人侵占下的台湾》，转引自《郑成功收复台湾史料选编》，福建人民出版社，1982年版，第115页。

[2]　印光任、张汝霖：《澳门记略》上卷。

[3]　民国《香山县续志》卷6，《海防》。

[4]　宋应星：《天工开物》卷中，《舟车》。

1641年，荷兰人占领了马六甲，控制了马六甲海峡，切断澳门与果阿的航线。至此，澳门的三条国际贸易航线全都被迫中断。在国内，葡萄牙商人在对华贸易中长期偷税漏税并参与走私贸易，又在澳门建城墙、筑炮台，并发生“蔑视澳官”“抗杀官兵”“蓄养倭奴”等违法事件，引起明朝廷的疑虑和警觉。崇祯四年（1631年），广东官府禁止葡人进入广州贸易，只令中国商人载货下澳。澳门的贸易大受影响。葡人不得不派使团到广州谈判，未果。崇祯十三年（1640年），明朝皇帝正式下诏令禁止葡人到广州贸易。从此，澳门港的黄金年代一去不返。

明代的私人海外贸易

海禁和朝贡贸易，是明代对外政策的两大支柱。不过，古人说得好：“利重之处，人自趣之，岂能禁民之交通乎？故官法愈严，小民宁杀身而通番之念愈炽也。”[1]即使是在朝贡贸易鼎盛的明前期，私人海外贸易也未能完全禁绝，只不过是以走私贸易的形式存在。洪武年间，明太祖朱元璋频繁发布海禁诏令，恰好说明禁而不能绝。譬如洪武二十七年（1394年），距离第一次发布海禁诏令的洪武四年（1371年）已经过去了23年，朱元璋再次重申海禁，原因仍然是“缘海之人，往往私下诸番，贸易香货”[2]。永乐年间，因为郑和下西洋，官方对外贸易十分兴盛，而郑和庞大的武装船队对于私商来说也是巨大的威慑，所以私人出海贸易未见明确记载。张维华在其《明代海外贸易简论》中指出，永乐年间，由于经济繁荣，对外弛禁，“所以这时私人海外贸易必然得到进一步的发展。不过由于专制政权控制下的海外贸易（按：朝贡贸易）大大发展起来，私人海外贸易活动不免相形见绌而居于次要的地位”。当然，这只是后人的推测而已。不过，宣德年间，郑和七下西洋之时，已经有“近岁官员军民不知遵守，往往私造海舟，假朝廷干办之名，擅自下番”[3]，以至明朝廷不得不以严厉的口吻再次发布海禁令，说明这时的走私贸易已经形成一定规模，而且有朝廷官员和军队人员的参与。正统至弘治年间，走私贸易更趋活跃。弘治六年（1493年）两广总督都御史闵珪的奏折中称“广东沿海地方，多私通番舶，络绎不绝”[4]。这一时期，已经有不少豪右大姓为谋取厚利，投资海外贸易，参与海上贩运。周玄暐《泾林续记》说：“闽、广奸商，惯习通

[1] 胡宗宪：《筹海图编》卷12。
[2] 《明太祖实录》卷231。
[3] 《明宣宗实录》卷103。
[4] 《明孝宗实录》卷73。

番，每一舶推豪右者为主。”张燮《东西洋考》也说：“成、弘之际，有豪门巨室间有乘巨舰贸易海外者，奸人阴开其利窦，而官人不得显收其利权。”何乔远《闽书》亦记载，成化年间，“湖海大姓私造舰，岁出诸番市易，因相剽杀”。这些豪门大姓往往与地方官府联系密切，“事实上，当时沿海地方官吏久已不遵成宪，而是故作痴呆地默允一部分私商的活动。积而久之，私人的海外贸易成了既成的事实”[1]。总的来说，明代前期的走私贸易，仍是以小规模、暗中滋长的方式在进行。

明中叶以后，私人海外贸易开始蓬勃发展。正德年间，朝贡贸易愈加衰落，广东以充军饷为由开始对海外番舶实行抽分制，这就给民间的私商贸易带来了契机。中国的民间商船也混迹于海外番舶之中，“遂使奸民数千，驾造巨舶，私置兵器，纵横海上”。同时，由于海外番舶纷沓而来，为逃避抽分而进行的走私贸易也在福建和浙江沿海发展起来。“既而皆避抽税，省陆运，福人导之，改泊海沧、月港。浙人又导之，必舶双屿。每岁夏季而来，望春而去。”[2]浙江双屿和福建月港开始崭露头角。嘉靖时，朝廷厉行海禁，然而走私贸易却更加猖獗。“利孔所在，民以死力赴之”[3]。即使“重以充军处死之条”，“尚犹结党成风，造舡出海，私相贸易”[4]。浙江的海商“虽极远番国，皆能通之”[5]，福建海商“皆擅海舶之利，西至欧罗巴，东至日本之吕宋、长崎”[6]。按《明实录》所记载，从嘉靖二十三年（1544年）年十二月至嘉靖二十六年（1547年）三月，前往日本贸易的福建海商，遇台风漂流到朝鲜又被遣送回国的就有一千多人。明人自己总结说：“今吴之苏、松，浙之宁、绍、温、台，闽之福、兴、泉、漳，广之惠、潮、琼、崖，驵狯之徒，冒险射利，视海如陆，视日本如邻室耳。往来贸易，彼此无间。”[7]与此同时，葡萄牙人在广东叩关失败，遂转移到闽、浙沿海活动，以浙江宁波的双屿和福建漳州的浯屿为据点，频频与中国海商进行走私贸易，双方都从中获取厚利。一些沿海大姓也参与其中，与官府相勾结，甚至连海防官兵都不敢查问。东南沿海的走私贸易于是呈现出一派难以遏阻之势。

起初参与走私的海商都是独自买卖，后来由于“强弱相凌，自相劫夺”，

[1] 张维华：《明代海外贸易简论》，上海人民出版社，1956年版，第40页。
[2] 胡宗宪：《筹海图编》卷12。
[3] 《西园闻见录》卷57。
[4] 《明经世文编》卷283。
[5] 万表：《玩鹿亭稿》卷5。
[6] 王胜时：《漫游纪略》卷1。
[7] 谢肇淛：《五杂俎》卷4。

渐渐形成“或五只，或十只，或十数只，成群分党，纷泊各港”[1]的海商集团。这些海商集团大都与嘉靖时的所谓倭寇有密切关联。倭寇中的很多首领都是活动在东南沿海的中国海商（寇），如盘踞在浙江双屿的许二、李光头，横港的陈思盼，以及后来的王直、徐海、陈东、毛海峰、洪迪珍、张维、吴平、曾一本等。他们都是一方面到日本、暹罗、南洋等地做买卖，另一方面又“于沿海兼行劫掠”，进行海盗式的海上贸易活动。前期以盘踞在双屿的许栋（许二）为海上“最称强者”，双屿覆灭之后，以王直为首的海商集团，人数最多，势力最大，影响最广。王直，绰号“五峰船主”，后称靖海王、徽王，为众海夷所信服，势力最盛时拥兵二十万，船舰数百艘，“海上之寇非受（王）直节制不得自存”，日本的三十六岛之夷都受他调遣，连葡萄牙的商船也“俱请五峰旗号，方敢海上行驶”[2]。因为名气过大，嘉靖三十二年（1553年）王直被明军追捕，避往日本，仍被视为是“嘉靖倭患”之罪魁祸首，后被胡宗宪诱杀。实际上，王直虽然是最大的海商（寇），但也曾帮助地方官府剿灭其他海寇，条件只是开放通商互市而已。从王直的悲剧，再次证明嘉靖所谓的倭寇大多是朝廷厉行海禁政策之下的牺牲品。正如王直所言，“倭国缺丝棉，必须开市，海患乃平”。嘉靖倭患之所以声势浩大，也是因为“大抵治海中之寇不难，而难于治窝引接济之寇；治窝引接济之寇不难，而难于治豪侠把持之寇……盖山海渊薮，视为表里；衣冠剑戟，相为主宾”[3]。正是嘉靖时期厉行海禁，才导致走私贸易如火如荼，而海防废弛，社会动乱，最终才会倭祸四起，演变成一场大灾难。

嘉靖时，闽、浙一带的走私贸易港口纷纷涌现。傅元初《请开洋禁疏》说：“滨海之民，惟利是视，走死地如鹜，往往至岛外瓯脱之地。”[4]为了逃避明军的追捕，走私贸易往往选择在沿海的偏僻小港，或沿海附近港汊曲折的一些荒岛。如浙江的双屿，不仅国内海商云集，也是倭寇和葡萄牙人盘踞的主要据点，每年盛夏，“大船数百艘，乘风挂帆，蔽大洋而下”[5]，嘉靖中期成为全国走私贸易的中心。另外，浙江的烈港、岑港、普陀山、洋山、柘林也都是比较有名的走私贸易港。在福建沿海，广东沿海也多有走私贸易的聚集之地。如福建“漳之诏安有梅岭、龙溪、海沧、月港，泉之晋江有安海，福鼎

[1] 万表：《玩鹿亭稿》卷5。
[2] 郑舜功：《日本一鉴》卷6。
[3] 《明经世文编》卷205。
[4] 顾炎武：《天下郡国利病书》卷96。
[5] 《明经世文编》卷147。

有桐山，各海澳僻，贼之窝向、船主、喇哈、火头、舵公皆出焉”[1]。广东潮汕一带的南澳岛，地处闽粤交界，属于两省分治，对于走私贸易来说十分有利。倭人以此为互市之所。胡宗宪《筹海图编》有详细记载：“五六年来，因浙直攻捕之严，倭船无所容，俱于此互市。福建捕急，则奔广东，广东捕急，则奔福建。定期于四月终至，五月终去，不论货之尽与不尽也。其交易乃搭棚于地，铺板而陈所置之货，甚为清雅，刀枪之类悉在舟中。”当时已编有《南澳倭商秘图》一书，方便海商参考，足证这里走私贸易的繁盛。明代著名的海商（盗）集团如吴平、许朝光、曾一本、林道乾、林凤等都曾以此为根据地。

图6.13 ［明］仇英：《倭寇图卷》局部

隆庆元年（1567年），开放漳州月港，私人海外贸易取得合法地位。尽管朝廷设置了诸多限制条款，但民间海商依然热情高涨，私人海外贸易进入明代以来的全盛期。按照明朝廷规定，自月港出洋，必须由督饷馆（海防馆）发给船引（出海许可证）。万历十七年（1589年）按东、西洋分界各44张，后因“引数有限，而愿贩者多”，增至“百一十引矣”[2]。但实际上出洋的船只显然要多上数倍。有些是通过向市舶太监行贿拿到额外的船引，有些则是造假的船引，还有一些依靠谙习水路，以走私贸易的形式出洋，万历年间甚至有“所在官司，擅给票引，任意出洋”[3]。万历末年，“海舶千计，漳泉颇称富饶”[4]。崇祯三年（1630年），兵部尚书梁廷栋奏言：“闽之土既不足养民，民之富者怀资贩洋，如吕宋、占城、大小西洋等处……民之入海求衣食者以十余万计。”[5]从数字的递增来看，出海贸易的中国商民越来越多。

从中国输出的商品，仍然以生丝和丝织品、瓷器为大宗。明末傅元初在《请开洋禁疏》中说，当时海外国家都“皆好中国绫罗杂缯。其土不蚕，惟借中国之丝到彼，能织精好缎匹，服之以为华好。是以中国湖丝百斤，价值百两

[1] 茅元仪：《武备志》卷214。
[2] 张燮：《东西洋考》卷7。
[3] 《明神宗实录》卷476。
[4] 《崇祯长编》卷41。
[5] 《崇祯长编》卷41。

者，至彼得价二倍，而江西瓷器，福建糖品、果品诸物，皆所嗜好”。从隆庆元年至万历四十三年的近50年间，海外进口的商品，从55种增加到115种。最初的55种，以香料和奢侈品为主，之后增加的60多种多为农产品、矿产品、手工艺品和手工艺原料等。隆庆以后，白银的大量流入，也是明代后期对外贸易的一个重要现象。这些白银大多来自马尼拉和日本，一部分经由中国海商运回，还有一部分是通过葡人在澳门的三条国际贸易航线辗转流入。按梁方仲的统计，“由万历元年至崇祯十七年（1573—1644）的七十二年间，合计各国输入中国的银元由于贸易关系的至少远超过一万万元以上”[1]。这是一个惊人的数字。因此，海外白银的大量流入，势必对晚明时期的经济发展产生重要影响，如一条鞭法的实行，货币白银化，东南沿海城市的繁荣、专业城镇的兴起等。

隆庆开禁以后，中国商民的流动有两个显著特征。其一，去吕宋者多。吕宋当时是西班牙的殖民地，所以西班牙开辟了从吕宋的马尼拉到西属美洲的墨西哥的国际航线，主要经营美洲白银与中国丝货的贸易，又被称为大帆船贸易，在16世纪和17世纪是东西方贸易的主要通道之一。吕宋对中国丝货的需求量很大，故吸引了大批中国商船前往交易。《明史·吕宋传》记载：“闽人以其地近，且饶富，商贩者至数万人，往往久居不返，至长子孙。”张燮《东西洋考》记载：“东洋吕宋地无产，夷人悉用银钱易货。”从吕宋回国的中国商船满载的大多是美洲的白银，所以除了水饷、陆饷之外，每只船还要被多征收150两，“谓之加征”，万历十八年（1590年），减为120两。其二，赴日贸易者多。尽管直到明亡，对赴日贸易的禁令都未解除，但实际上自从嘉靖年间中日朝贡贸易中止以后，民间的走私贸易就一直存在，在隆庆开禁以后反而更加兴盛。究其原因，还是市场需求决定了经济流动。明代日本对中国商品的需求量很大，“大抵日本所须皆产自中国，如室必布席，杭之长安织也；妇女须脂粉，扇、漆诸工须金银箔，悉武林造也。他如饶之磁器，湖之丝绵，漳之纱绢，松之绵布，尤为彼国所重”[2]。因此，中国的商品在日本可以卖出高价。譬如生丝在中国每百斤值五六百两，而到日本，价格是在中国的十倍。所以嘉靖时，中国的海商已经“私造大船，越贩日本矣。其去也，以一倍而博百倍之息；其来也，又以一倍而博百倍之息”，“违禁私通，日益月盛”[3]。隆庆开禁以后，出洋方便，赴日贸易者更多。万历年间曾任福建巡抚的臣子

[1] 梁方仲：《梁方仲经济史论文集》，中华书局，1989年版，第178—179页。
[2] 姚士麟：《见只编》卷上。
[3] 《明史》卷205。

图6.14　1634年日本的朱印船

贞就说：“近奸民以贩日本之利倍于吕宋……高桅巨舶，络绎倭国。”因为去日本的利厚，所以海商们往往借口去其他地方贸易，半途再折往日本。“先朝禁通日本，然东之利倍蓰于西。海舶出海时，先向西洋行，行既远，乃复折入东洋。嗜利走死，习以为常，以是富甲天下。”万历四十年（1612年），明朝兵部奏称：“通倭之人皆闽人也，合福、兴、漳、泉共数万计。”[1]明末大学生朱国桢也说，去日本的中国海商多有“留倭不归者……自（万历）三十六年（1608）至长崎岛明商不上二十人。今不及十年，且二三千人矣。合诸岛计之，约有二三万人”[2]。与明朝廷禁止通倭的态度相反，日本方面对中国商船的态度极其欢迎。1590年开始，丰臣秀吉及之后的德川幕府都推行“朱印船”制度，鼓励日本商人赴海外贸易，但限于明朝的禁令，日本商船往往开到印度支那去购买中国的生丝。1610年广东府和应天府的商船开到日本长崎，德川幕府为中国商人也颁发“朱印状”（许可证），上面明文规定，中国商船到日本后，“到处应予保护”，“任何郡县岛屿、商主均可随意交易。如奸谋之徒妄行不义，可据商主控诉，立处斩刑”[3]。1639年日本德川幕府颁布“锁国令”，禁止日本商人与外国通商，只有中国和荷兰例外。明代后期的中日贸易变成只有中国海商到日本贸易的局面。明朝末年到日本贸易的中国商船数量更多，1641年达到97艘的空前数目[4]。

明朝末年，私人海上贸易的一大特征是以郑芝龙为首的武装海商集团的壮大。郑氏船队最盛时约三千艘，纵横日本、澳门、暹罗、吕宋等地。崇祯年间接受明朝廷的招抚，歼灭了李魁奇、钟斌、杨禄、杨策、刘香等其他的海商（盗）集团，从此垄断整个东南海外贸易。史书记载“海舶不得郑氏令旗，不

[1]　《明神宗实录》卷498。
[2]　朱国桢：《涌幢小品》卷30。
[3]　木宫泰彦：《日中文化交流史》，商务印书馆，1980年版，第625页。
[4]　大庭修著，徐世虹译：《江户时代日中秘话》，中华书局，1997年版，第18页。

得往来。每一舶例入二千金，岁入以千万计。（郑）芝龙以此富敌国”[1]。郑氏所谓“令旗”相当于通行证，每船缴纳二千金相当于保护费。明末的东南海面，除了本国的海盗还有西方殖民主义者如荷、英、葡、西等的武装舰队，尤其是占据台湾的荷兰人经常对过往船只实行劫掠。然而，荷兰人在1633年以后几次试图以武力侵入福建沿海，都被郑氏击溃。明末清初的东南海上，郑氏集团才是最强权的霸主。在郑氏集团的控制下，东南海外贸易环境得以安定，“海上从此太平，往来各国，皆飞黄（郑芝龙别号）旗号，沧海大洋，如内地矣”[2]。郑芝龙是福建泉州安平人，所以郑氏集团也以泉州安平（安海）港为基地发展对日本、荷兰东印度公司（台湾）以及南洋等地的通商贸易。泉州安平港（宋元时称安海港），在宋元时已经兴起为泉州的外港，嘉靖年间是中倭走私贸易的一个重要港口，明末在郑氏集团的精心经营下成为东南海外交通贸易的中心。郑氏集团在此开辟了安平直达日本长崎的航线。郑氏船队的对日航运量是荷兰船队的7～11倍，是日本长崎港的最大顾主[3]。1641年郑芝龙派遣6艘商船到日本，所载运的货物中仅生丝一项就有30720斤，丝织品90920匹，相当于当年到达日本的其他中国船载运生丝总量的1/3，丝织品总量的2/3[4]。另据村上直次郎所译《长崎荷兰馆日记》记载，1643年唐船到岸总值10625贯，郑氏即占8500贯，约占80%。郑氏集团几乎垄断了当时的对日贸易。武装海商集团是16世纪大航海时代出现的一个特有现象，中国武装海商集团自嘉靖年间就开始形成，郑芝龙海商集团则堪称是其中的“集大成者”。“全闽兵马钱粮皆领于芝龙兄弟”，郑氏在福建相当于割据势力的存在。正是依靠郑氏集团在东南海上的强盛和海外贸易的丰厚利润，后来才有郑芝龙之子郑成功坚持抗清四十载。

走私贸易港之浙江双屿

双屿港是舟山群岛的六横岛和佛渡岛之间的一个港湾，港面上因有呈八字形对峙的两个小岛而得名“双屿”。明代属宁波府定海卫郭衢所管辖。因其位于宁波港通洋水道的必经之处，自古以来“为倭夷贡寇必由之路”[5]。不

[1] 邹漪：《明季遗闻》卷4。
[2] 《明季北略》卷11，《郑芝龙小传》。
[3] 田培栋：《明代后期海外贸易研究》，《北京师范大学学报》（社科版），1985年第8期。
[4] 山脇悌二郎：《长崎の唐人貿易》，东京：吉川弘文馆，1964年版，第30页。
[5] 天启《舟山志》卷2。

过，这是作为水道而言的双屿港，又被称为双屿门，范围相对广大。在双屿水道周围分布着众多可以泊舟居人的港汊、港湾，所以在中葡文献中经常会出现泛指的“双屿列港”或“Liampo诸港（岛）”。明代的葡萄牙人称双屿为“Liamp ó”。嘉靖二十七年（1548年），浙江巡抚朱纨在其奏折《双屿填港工完事》中描述了他所剿灭的走私贸易“巢穴”双屿港的地理形势：“悬居海洋之中，去定海县不六十余里……东西两山对峙，南北俱有水口相通，亦有小山如门障蔽，中间空阔约二十余里，藏风聚气，巢穴颇宽。”不过，这一描述显然还不够具体，相关的文献记载也都语焉不详，明代走私贸易船只泊聚的双屿港究竟是其中的哪一处，至今仍众说纷纭。

明代东南海上走私贸易，主要有三股势力：番人（主要是葡萄牙人）、倭人、中国海商（寇）。双屿之所以成为嘉靖年间最重要的国际走私贸易港，首先是因为“贼船蟠据双屿港二十余年，招引各国番夷，聚集四方强寇”[1]。它既是葡萄牙人在中国走私贸易的最大“巢穴”，又是许栋李光头海商（寇）集

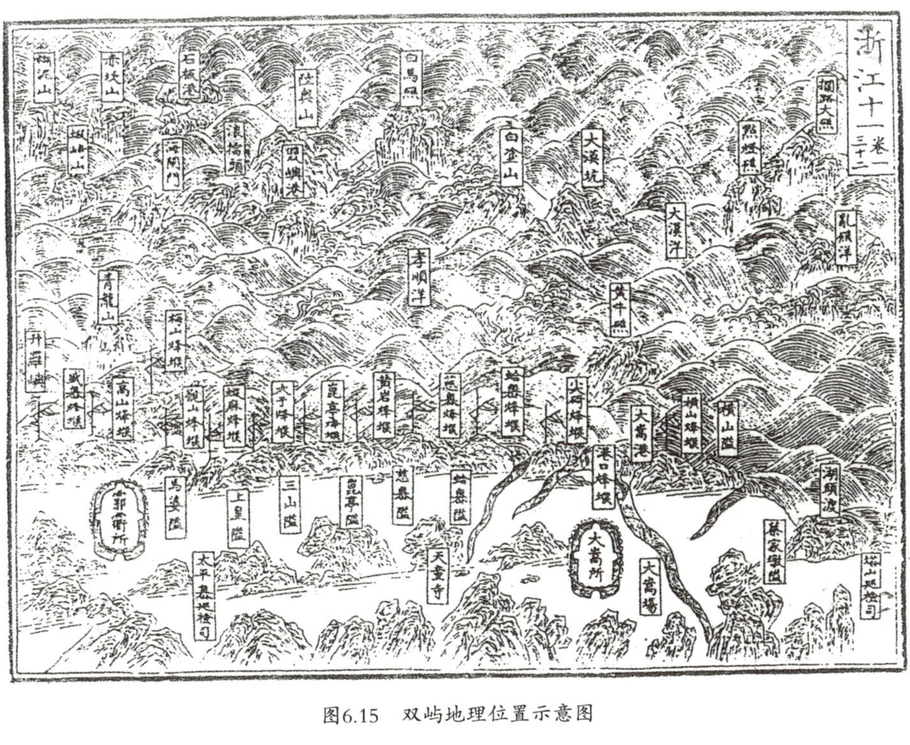

图6.15　双屿地理位置示意图

[1]　朱纨：《甓余杂集》卷2。

团的“贼窝”，每年南风汛起，中外各国走私海船都在此进行大规模交易。

双屿位于航路要冲，朱纨称其为“海洋天险”。明初，为了加固海防，海岛居民全部内迁，双屿为“国家驱遣地，久无人烟住集”，因此成为走私贸易的理想场所。正德年间，广东实行对海外番舶的抽分制度，有些海外番商为避税辗转到福建和浙江沿海进行走私贸易，浙江双屿就成为其中的一处，即前述的“福人导之，改泊海沧、月港。浙人又导之，必舶双屿”。万表《玩鹿亭稿》说，宁波沿海本以渔樵为生，大约在嘉靖初有“贪利之徒”先去广东等地贸易，然后“勾引番船，纷然往来”，导致“海上寇盗遂亦纷然矣”。

屯门海战（1521年）和西草湾之役（1522年）之后，葡萄牙人被明朝廷列为禁止往来的对象，逐出广东。然而，与中国贸易的利润丰厚，葡萄牙人不甘心就此退出，“葡萄牙人遂把注意力转向更北面的沿海省份福建和浙江，他们在那里各个避风处和隐蔽海岸、港湾度过冬季。其中最热闹的临时驻地是宁波附近的双屿港，大厦门湾南端的浯屿和月港”[1]。双屿遂成为葡萄牙人发展走私贸易的一个据点。郑舜功《日本一鉴》记载葡人最早到双屿的时间是在1526年，由福建人邓獠引导而来。“浙海私商，始自福建邓獠，初以罪系按察司狱，嘉靖丙戌（1526年），越狱逋下海，诱引番夷，私市浙海双屿港，投托合澳之人卢黄四，私通交易”。此后，“佛郎机即葡萄牙、彭亨（在今马来西亚）、暹罗”都来双屿港交易，“内地奸人交通接济，习以为常”[2]。不过这时，双屿只是中外私商贸易的一个季节性的互市场所。

嘉靖十八年（1539年），闽人金子老率船队“据宁波之双屿”[3]，随行的有不少葡萄牙人。嘉靖十九年（1540年），又有“贼首李光头、许栋引倭聚双屿为巢”[4]。郑若曾《筹海重编》说：“双屿港之寇，金子老倡之，李光头以骁勇雄海上，子老引为羽翼。”郑舜功《日本一鉴》记载，嘉靖十九年（1540年），许氏四兄弟诱引原在满剌加的葡萄牙人前来“络绎浙海，亦泊双屿、大茅等港，自兹东南衅门开矣”。《明史·朱纨传》也记载：“初，明祖定制，片板不许入海。承平久，奸民阑出入，勾倭人及佛郎机诸国入互市。闽人李光头、歙人许栋踞宁波之双屿为之主。”综合而言，1539年海商（寇）首领金子老占领双屿并筑“巢穴”；1540年李光头为其“羽翼”，许氏四兄弟诱引葡萄牙人“络绎浙海”；1542年李光头继金子老之后成为集团首领；1543年李光头

[1] ［英］C. R. 博克舍编注：《十六世纪中国南部行纪》，中华书局，1990年版，第4页。
[2] 朱纨：《朱中丞集》，《明经世文编》卷205。
[3] 王应山：《闽都记》卷1。
[4] 胡宗宪：《筹海图编》卷5。

和许栋（即许二）合并成为双屿之主。许栋很快就成为当时东南海上"最称强者"。1544年，赫赫有名的大海商（寇）王直也在此时与许氏合并，并成为其"掌柜"。他们"纠集党类甚众，连年盘踞双屿，以为巢穴。每年秋高风老之时，南来之寇，悉皆解散，惟此中贼党不散"。双屿这时已成为中国私商海寇固定的海上走私贸易基地。

嘉靖二十四年（1545年），王直"往市日本，始诱博多津倭助才门等三人来市双屿，双屿港直浙倭患始生矣"[1]。日本海盗商人也开始频繁出入双屿。至此，中国私商、倭寇、葡萄牙人齐聚，双屿港成为东南海上走私贸易的大本营。谢杰《虔台倭纂》说，双屿为许李集团经营多年，"营房、战舰无所不具"[2]。明代著名人士王世贞说："许栋、王直辈挟万众双屿诸港，郡要缙绅利互市，阴通之。"[3]双屿诸港的海商盗寇居然有"万众"之多，可见其规模之大。嘉靖二十七年（1548年）负责摧毁双屿港的朱纨在其奏折中也说，中外海商（寇）占据双屿，相传已二十余年，他自己亲自渡海入港登山，看见"有宽平古路，四十余日，寸草不生"，可见"贼徒占据已久，人货往来之多，不言可见"[4]。在双屿被捣毁以后，由于信息滞后，仍有前来贸易的商船"往来外洋者一千二百九十余艘"。从侧面印证了双屿走私贸易之盛。另据当时曾在闽浙沿海一带活动的葡萄牙冒险家平托（Fernao Mendes Pinto）在其《东洋纪行》（又译为《远游记》[5]）中的描述，双屿"在当时较印度及全亚洲之任何地方为壮丽，为殷富"，"总人口共三千人，其中葡人一千二百人，几占其半数。家屋千余所，家屋每所之建筑费，有耗至三四千金以上者，教堂六七宇，医院二所，每年经费达三万金以上。其繁盛可以想见矣"[6]。按照平托的记述，葡人甚至在双屿建造了六七所教堂、两所医院、千余所房屋，那已经是一个具有相当规模的人口聚集地。每年在此进行的贸易量也很惊人。按平托所言，自从1542—1543年，三个葡萄牙人搭乘一艘福建海船偶然"发现"了日本并与其进行贸易以后，双屿"总贸易额超过三百万金，而对日贸易占其总额之大半，获利之巨，可达投下资金之三四倍"。所以，日本学者藤田丰八称其"实为16世纪之上海也"[7]。

[1] 郑舜功：《日本一鉴》卷6。
[2] 谢杰：《虔台倭纂》卷下，《倭绩》。
[3] 王世贞：《弇州四部稿》卷83。
[4] 朱纨：《朱中丞集》，《明经世文编》卷205。
[5] 平托的《远游记》有不少失实之处，所以不少史学家认为它是一部充满谎言的杜撰之作，"小说式的记录"，"天方夜谭"式的冒险故事。
[6] 转引自周景濂：《中葡外交史》，商务印书馆，1936年版，第45页。
[7] 藤田丰八：《中国南海古代交通丛考》，商务印书馆，1936年版，第384页。

图6.16　双屿港贸易盛况（模型）

葡萄牙人在双屿的贸易活动主要是从事日本、闽浙和满剌加之间的三角贸易。其贸易形式是，与中日私商合伙，从满剌加等地贩来胡椒、香料等东南亚商品，在双屿与当地商人交换丝绸、棉布，然后运往日本出售，换回白银，再用以购买下一趟航行的船货……葡萄牙人除了在双屿与中外私商交易，也继续发船到闽浙沿海从事买卖活动，甚至深入到长江内河各港口。[1]

双屿港的走私贸易之所以如此繁荣，与当时闽浙沿海军备不整、海防废弛有密切关系。正因如此，双屿港的中外海商（寇）才可以与沿海居民内外私通，各得其利。王世贞说，“郡要缙绅，利互市，阴通之”。沿海不少豪绅大姓利用自己的势力关系参与了双屿的走私买卖。张天泽《中葡早期通商史》也认为，如果没有士绅阶层的积极鼓励，福建和浙江沿海的这种走私贸易决不能达到如此的水平。事实上，不仅豪绅大姓，沿海的普通商民也纷纷加入双屿港的走私贸易活动。海上商船“连樯往来”，内地商民“交通接济，有力者自出资本，无力者转展称贷”，平头百姓驾“一叶之艇”往双屿送菜送粮，“率得厚利”，最夸张的是连“三尺童子，亦知双屿为之衣食父母”[2]。

双屿港的走私贸易如日中天之时，遭到了来自明朝官军毁灭性的打击。按照某些文献的记述，最直接的原因是余姚望族谢氏与葡萄牙商人的贸易纠纷。谢氏家族常年掩护双屿港王直等人的走私活动，坐地分赃。嘉靖二十六年（1547年）夏，谢氏拖欠货款不还并扬言首告官府，“诸奸即恨且惧，乃纠

[1]　廖大珂：《朱纨事件与东亚海上贸易体系的形成》，《文史哲》，2009年第2期。
[2]　朱纨：《朱中丞集》，《明经世文编》卷205。

合徒党、番客夜劫谢氏，火其居，杀男女数人，大掠而去”[1]。地方官以倭寇上报，于是朝廷派官军剿灭之。实际原因当不止如此。一方面，双屿港的走私太过招摇，另一方面，“如加斯帕·达·克鲁士所坦率承认，某些中国海盗和佛郎机在那里特别讨人厌恶”，他们“无法无天到开始大肆劫掠，杀了些百姓”，葡萄牙人甚至还在中国沿海“掠买人口”；同时，“葡萄牙和日本的贸易增长，导致他们在中国沿海活动的增加，这又与倭寇劫掠的增加相一致（是否偶然，不得而知）”[2]。嘉靖二十七年（1548年）四月，巡抚浙江兼管闽浙海防要务的朱纨调闽、浙两地官军捣毁了双屿港，以“聚桩采石”填塞南、北水口，使“贼舟不得复入”，从此“二十年盗贼渊薮之区，至是始空矣”[3]。

双屿港被剿灭，并不意味着走私贸易的消亡。相反，剿灭双屿的关键人物朱纨因为侵犯了东南沿海豪绅士族的利益而遭到弹劾问罪，以自尽身亡悲剧结尾。朱纨死后，“海禁复弛，乱益滋甚”[4]，然后就是“海寇大作，毒东南者十余年”[5]。另一方面，葡人在浙江、福建的走私“窠穴”先后为朱纨所灭，不得不返还广东，从而开创了澳门港的黄金时代。

从非法到合法的漳州月港

漳州月港，又名月泉港，因“一水中堑，环绕如偃月”而得名。明代属漳州龙溪县管辖。嘉靖四十五年（1566年），置海澄县，县治设于月港。

月港位于闽南最大的河流九龙江的出海处，“外通海潮，内接山涧”。潮落时，船只可以从月港出海；潮起时，船只可以从外海进港。从月港发舶，先沿着南港顺流往东，经海门岛，一潮至圭屿，这条港道长17公里，“此间水浅，商人发舶，必用数小舟曳之，舶乃得行”[6]。然后，从圭屿再半潮至中左所（今厦门岛）出外海，再到浯屿担门分东西航线而行。如果从正常的港口选址来看，月港的条件显然十分有限。然而，如果是从走私贸易的角度来分析，月港就有很多优势。

从地理区位来说，闽中有八郡而漳州在最南端，漳州有八邑而月港又僻

[1]　《明世宗实录》卷325。
[2]　［英］C.R.博克舍编注：《十六世纪中国南部行纪》，中华书局，1990年版，第7页和第133页。
[3]　朱纨：《朱中丞集》，《明经世文编》卷205。
[4]　《明史》卷322。
[5]　《明史》卷205。
[6]　张燮：《东西洋考》卷9。

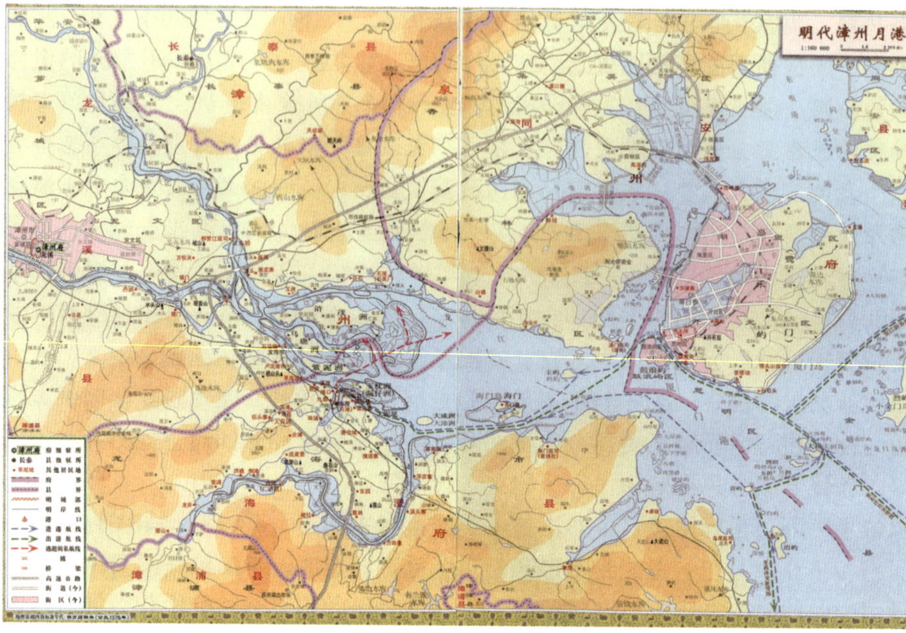

图6.17　明代漳州月港

处海隅，自然“官司隔远，威令不到”[1]，官府势力鞭长莫及，而且地近岛夷诸国，出洋通番最易。从地形条件来看，月港周围港汊纵横交错，便于隐藏，“嵩屿、长屿、渐尾、海沧、石马、许林、白石等澳，在在皆贼之渊薮也”[2]。对外有中左所、浯屿为海上屏障，对内有九龙江与内地交通货物。从经济腹地而言，福建是当时商品经济较发达的地区，“凡福之紬丝，漳之纱绢，泉之蓝，福延之铁，福漳之桔，福兴之荔枝，泉漳之糖，顺昌之纸，无日不走分水岭及浦城小关，下吴越如流水。其航大海而去者尤不可计”[3]。从文化传统而言，福建沿海，尤其是漳泉一带，土地瘠薄，农作不兴，而且地少人多，田不供食，所以“以海为生，以津泊为家者，十而九也”[4]。乾隆《海澄县志》说：“澄民习夷，亦什家有七。”《明世宗实录》也记载：“福建素通番舶，其贼多谙水道，操舟善斗，皆漳、泉、福宁人。”嘉靖二十六年（1547年），浙江巡抚兼管闽浙海防的朱纨说：“访得漳州等府、龙溪等县沿海月港等地方，无处不造船下海，无船不登岸行劫，外通番夷，内藉巨室，勾引接

[1] 乾隆《海澄县志》卷15。
[2] 杜臻：《粤闽巡视记略》卷4。
[3] 王世懋：《闽部疏》。
[4] 顾炎武：《天下郡国利病书》卷93。

济，积习成风”[1]。嘉靖二十七年（1548年），又在《增设县治以安地方事》中写道：“福建漳州府龙溪县月港地方，僻处海隅，遥通夷岛，生聚蕃盛，万有余家。以下海为生涯，以通番为常事。”可见，由于自然条件所限，月港所在的漳州历来都有“航海通番为生”的传统。明代实行海禁，民间海商不能公开下海贩易，于是乎走私成风，乃自然之势。月港虽然不是深水良港，但地处偏隅，适宜走私，所以“闽人通番，皆自漳州月港出洋”[2]。

图6.18　漳州月港贸易航线示意图

月港的走私贸易开始兴起，大约是在景泰年间，其时“月港海沧居民多货番为盗”[3]。成化、弘治年间（1465—1505年），月港已经发展成一个人烟辐辏，商贾咸聚的市镇。“其风回帆转，宝贿填舟；家家赛神，钟鼓响答；东北巨贾，竞鹜争驰，以舶主上中之产，转盼逢辰，容致巨万……成弘之际，称小苏杭者，非月港乎？”[4]

正德年间，月港豪民多“私造巨舶，扬帆他国，交易射利”[5]。广东开市舶，又有避税的番舶开始到海沧和月港进行走私贸易。嘉靖初，葡萄牙人被逐出广东，广州也因此闭港，“有司自是将安南、满剌加诸蕃舶，尽行阻绝，皆往漳州府海面地方，私自驻扎”[6]。到这里私市贸易的番舶，一般先在南澳云盖寺、诏安、走马溪停靠，再到浯屿泊船，等候海沧、月港出货[7]。双屿覆灭以后，葡萄牙人的商船也停泊在浯屿继续走私，“月港贾辄往贸易，禁之不可”[8]。《明史》记载，葡萄牙等商人“整众犯漳州之月港、浯屿”。此外，嘉靖年间，福建的海商巨寇如阮其宝、李大用、谢和、王清溪、严山老、许西池、张维等，大都为漳州月港人，常于“走马溪旧浯屿住舡，自月

[1]　朱纨：《甓余杂集》卷8。
[2]　《嘉靖东南平倭通录》。
[3]　《光绪漳州府志》卷25。
[4]　乾隆《海澄县志》卷15。
[5]　乾隆《海澄县志》卷1。
[6]　黄佐：《黄泰泉先生全集》卷20。
[7]　杨国桢：《十六世纪东南中国与东亚贸易网络》，《江海学刊》，2002年第4期。
[8]　万历《漳州府志》卷30。

港出货”[1]。除了就近的走私贸易，漳州月港也多有豪右之家出海贸易，“造过洋大船往来暹罗、佛郎机诸国通易货物”[2]。嘉靖年间，由于走私贸易十分兴旺，月港已经是“负山枕海，民居数万家。方物之珍，家贮户峙，而东连日本，西接暹球，南通佛郎、彭亨诸国……盖闽南一大都会也”[3]。

因月港走私贸易屡禁不止，嘉靖三十年（1551年）在此设靖海馆，嘉靖四十二年（1563年）改为海防馆，增设海防同知，嘉靖四十五年（1566年），为加强管理，单设海澄县。翌年，隆庆改元，月港开洋。明末王志道《初修海澄县志序》给予精炼的总结：“澄以舶故寇，寇故县。自县成，舶发于官，而寇祸息。”

隆庆开禁后，民间海外贸易蓬勃发展，月港作为唯一合法的出洋口岸更加繁荣，万历年间（1573—1620年）走向全盛。周起元在《东西洋考·序》中写了洋洋洒洒一大段，记载了万历年间月港贸易的繁盛情景。

我穆庙（即明穆宗）时除贩夷之律，于是五方之贾，熙熙水国，刳艅艎，分市东西路，其捆载珍奇，故异物不足述，而所贸金钱，岁无虑数十万。公私并赖，其殆天子之南库也……有汉之威远，而师饷不内耗，有唐宋之通货，而情形不外泄，然则澄之船政，岂非经国阜财、固圉强边之最便者哉。

月港在历史上留名，不仅在于它是著名的走私贸易港和隆庆开禁后唯一指定的出海口，还因为在月港实行的是一套较之三大市舶司更加完备且真正意义上的关税管理制度。据张燮《东西洋考·饷税考》所记，月港征收的关税包括出海的引税（领取船引时交的税），回国商船缴纳的水饷（按照船只大小征收，即丈抽），对货物征收的陆饷（商品进口税），以及针对贩运吕宋商船的加征饷（因为回程载运的大多是白银，无陆饷可征）。月港征税实行的是更为合理的丈抽制和货币税，这两项都较广东市舶司要早。另外，根据货物数量和价值的不同，万历三年（1575年）朝廷制定了专门的陆饷征税则例，万历十七年（1589年）和万历四十三年（1615年）分别根据实际情况进行了调整。

饷税的征收，最开始由开禁前专职缉捕走私贸易的海防馆负责。万历二十二年（1594年）改海防馆为督饷馆。因为这一年月港的饷税“骤溢至二万九千有奇”，朝廷担心月港海防馆官员“申报不尽实”，于是在福建各府轮流抽佐官一名，在月港督饷。督铜馆是一个明显比市舶司更适应现实经济状况的管理机构。万历二十七年（1599年）明神宗大榷天下关税，太监高寀衔命入闽后监领月港征税，督饷馆形同虚设。万历三十四年（1606年），朝

[1] 谢杰：《虔台倭纂》卷下。
[2] 顾炎武：《天下郡国利病书》卷96。
[3] 朱纨：《甓余杂集》卷3。

廷命“各省直税课，有司照常征解”，督饷馆重掌税务。明末崇祯年间，月港衰落无饷可征，督饷馆趋于关闭。

图6.19　1633年荷兰舰队进犯厦门港

月港的衰落大约是从万历末年开始。最主要的原因应该是荷兰殖民者的入侵和劫掠。荷兰人从万历三十二年（1604年）开始不断骚扰我国东南沿海，以至于“洋贩不通，海运梗塞”[1]。天启和崇祯年间，以求市（通商）为名，荷兰殖民者屡次进犯中左所（厦门），逼近圭屿，在沿海地区烧杀抢掠，对月港造成直接威胁，中国船“格于红夷，内不敢出，外不敢入”[2]。天启二年（1622年）荷兰人占据澎湖，天启四年（1624年）福建巡抚南居益收复澎湖，荷兰人随即占领台湾。以澎湖和台湾为据点，荷兰殖民者对过往船只大肆劫掠，所有过往船舶，除了在荷兰东印度公司护航下打算到巴达维亚（今雅加达）的，其余到马尼拉、澳门、印度支那以及整个东印度贸易的船只均会遭到掠夺[3]。《海澄县志》记载，由于荷兰人的侵扰，“洋船多被劫掠，月港洋市乃趋衰落”。从1622年10月到1623年5月，荷兰殖民者劫掠中国商船，有1400多名中国商民被绑架到澎湖，准备运往巴达维亚贩卖，但实际上除了开始运走的180人，剩下的大部分都在澎湖死去，1624年1月活着登上巴达维亚的只有33人。荷兰人自己也承认，由于他们的殖民行径，“中国人再也无法自由地前往马尼拉及其他各地”[4]。

从国内的环境来看，官府横征暴敛也是导致月港衰落的原因之一。万历二十七年（1599年），中官高寀入闽后，倒行逆施，于正税之外巧立名目索要钱财。万历四十三年（1615年）高寀被撤回京城后，官府对海商的各种敲诈勒索仍然存在。张燮《东西洋考》说，“中阉虽撤，遗毒尚沿”。月港出洋的海

[1]　《澎湖平夷攻次残稿》，载《郑成功收复台湾史料选编》，福建人民出版社，1962年版，第16页。

[2]　《明熹宗实录》卷32。

[3]　H. A. P. Meilink-Roeloysz, Asian Trade and European Influence, 1962, The Hague, P. 267. 转引自李金明：《试论明代海外贸易港的兴衰》，《中国经济史研究》，1997年第1期。

[4]　《难忘的东印度旅行记》，载《郑成功收复台湾史料选编》，福建人民出版社，1962年版，第79页和第101页。

商，除了正常的关税之外，还要交纳果子银、头鬃费等各种名目的苛捐杂税，层层盘剥，所以“五方之贾，稍稍掉臂，不肯入（海）澄”[1]。再者，月港本身是一个浅水内河港，作为走私贸易港有种种便利，但作为正常的对外贸易港口就明显缺乏竞争力。明末崇祯年间，郑芝龙在老家泉州安海港积极发展对外贸易并提供强有力的海上保护，月港的作用完全被取代。另外，位于月港出海口的厦门，本是天然良港，万历年间已经设“饷馆”，商舶自月港起航后，需先到中左所（厦门）“盘验”，而后移驻曾厝澳候风开驾。明末清初郑成功经略厦门，使厦门港的对外贸易迅速兴起。清康熙二十三年（1684年），厦门正式设立海关，从此厦门一跃成为贸易大港，取代了福建传统的贸易港口泉州，毗邻的月港也就此不再见于史册。

图片来源：

[1]http://a2.att.hudong.com/82/21/01300000316692123477214164281.jpg，2013年6月6日访问。

[2]http://www.ycmhz.com.cn/culture/UploadFiles_4348/201104/2011041311303737.jpg，2013年6月6日访问。

[3]http://www.shandong.gov.cn/picture/0/071029110517952.jpg，2013年6月6日访问。

[4]http://images.china.cn/images1/200506/165121.jpg，2013年6月1日访问。

[5]http://www.ent-mabui.jp/user_files/schedule/15185_sub_73950a26ac7b969f4.90943551.jpg，2013年6月6日访问。

[6]http：//www.kyohaku.go.jp/jp/dictio/data/shoseki/images/nichimin03_1.jpg，2013年6月6日访问。

[7]http：//photocdn.sohu.com/20050710/Img226256060.jpg，2013年6月6日访问。

[8]http：//h.hiphotos.baidu.com/baike/c%3DbaikeA1%2C10%2C95/sign=82f42f4d90ef76c6c4d2ac7af47d98bb/503d269759ee3d6d32d27aa743166d224e4a20a44623fe7a.jpg，2013年6月1日访问。

[9]郭棐：《岭海名胜记》，万历二十四年。

[10]http：//image4.360doc.com/DownloadImg/2009/8/7/161879_4743204_2.jpg，2013年6月1日访问。

[11]印光任、张汝霖：《澳门记略》。

[12]《历史绘画：香港艺术馆藏品选粹》，香港艺术馆，1991年版，第52页。

[13]http：//a1.att.hudong.com/36/57/30000137895413217657260675O_950.jpg，2013年6月6日访问。

[14]http：//upload.wikimedia.org/wikipedia/commons/a/af/RedSealShip.jpg，2013年6月6日访问。

[15]胡宗宪：《筹海图编》。

[16]http：//www.nbmuseum.cn/UploadFile/PicPath/200971439924093.jpg，2013年6月6日访问。

[17]卢美松主编：《福建省历史地图集》，福建省地图出版社，2004年版，第146-147页。

[18]《福建航运史》，人民交通出版社，1994年版，第161页。

[19]http：//library.xmu.edu.cn/news/images/61101_1.jpg，2013年6月7日访问。

[1] 张燮：《东西洋考》周起元序。

第七章

清前期（1636—1840年）：闭关还是开放

历来有一种倾向，将明清的对外政策合二为一，统称为“闭关锁国”。尤其清代后期，鸦片战争开创了屈辱的近代史的开端，于是往往造成一种思维定势：清代的“闭关锁国”必然更甚于明代。然而，真相是否如此简单？中国的落后不是一句“闭关锁国”能够解释得了的。清代的对外政策固然有值得检讨之处，但也并非就是大众想象中的昏庸无能。相对于明代近两百年的海禁，清代的海禁仅延续了不足四十年。虽然没有宋元时期那么积极，但也没有像明代那么严控死守，清前期对于民间海外贸易的态度更加中庸，不鼓励不反对，任其自由发展。从四口通商到一口通商，不过是既成事实变成了正式的官方制度，区别在于，前者是主动地选择广州，后者是被动地选择广州。四大海关依然并存，中国商民的出洋贸易也不在限制范畴之内。如果不是鸦片走私，广州的对外贸易一直保持着出超的有利地位。更重要的是，清前期沿海的南北贸易得以大规模发展，上海、天津、厦门等新生力量异军突起，形成中国海洋贸易史上的新格局。

清前期的海洋政策

清代继承了明代对外政策的两大法宝：海禁与朝贡贸易。不过，与明代抵抗海上入侵者的初衷不同，清代实行海禁主要是为了坚壁清野，隔绝滨海人民与郑成功的抗清力量之间的联系。明代的海禁与海防密不可分，在海禁的基础上，沿海要塞遍设卫所；清代的海禁以严私贩、防接济为宗旨实行大规模迁界，“滨海数千里，无复人烟”[1]。从时间的跨度而言，明代的海禁延续了近

[1] 《闽海纪略》。

两百年，而清代的海禁只有最初的四十年；不过从执行的力度而言，明代的海禁时松时紧，只有明初洪武年间和嘉靖年间海禁政策的执行相对严格，尽管最严厉的嘉靖年间海寇四起，民不聊生，但走私贸易依然蓬勃发展，清代明令海禁只有二十九年的时间，可是比明代海禁更加严酷的迁海政策致使大量滨海居民流离失所，土地荒芜，东南沿海的情形尤为惨重。

清初的海禁源于郑成功抗清力量的严重威胁。杨英《从征实录》说，郑的船队，“进可长驱远涉，进入长江”，“退可平克台湾，以为根本之地”。这是指郑成功抗清生涯中最为辉煌的两次战役：1659年，大军北伐直指南京城下；1661年，渡海收复被荷兰人占领的台湾。清廷认为郑成功的军队“一切需用粮米、铁、木、物料皆系陆地所产，若无奸民交通，商贩潜为资助，则逆贼坐困可待，向因滨海各处奸民、商贩暗与交通，互相贸易，将内地各项物资供送逆贼……凡杉、桅、桐油、铁器、硝黄、湖丝、绌绫、粮米一切应用之物，俱恣行贩卖，供送海逆，海逆郑成功贼党于滨海各地方私通商贩如此类者，实繁有徒”[1]。为了断绝沿海人民对郑成功抗清军队的“接济”，顺治十二年（1655年），十三年（1656年），康熙四年（1665年），十一年（1672年），十四年（1675年）清廷五次颁布禁海令；顺治十八年（1661年）、康熙十一年（1672年）和十七年（1678年）三次发布“迁海令”[2]。“山东、江、浙、闽、广滨海人民，尽迁入内地，设界防守，片板不许下水，粒货不许越疆。”[3]有的地方如福建、广东甚至经历了一迁、再迁，甚至“三迁而界始定”，“于是四省滨海人民，老弱转死于沟壑，少壮流离于四方者，不知几亿万人矣”[4]。《靖海纪事》说：“起江浙，抵闽粤，数千里沃壤，捐作蓬蒿，土著尽流移。”《广东新语》也说：“自有粤东以来，生灵之祸，莫惨于此。”

海禁期间，因为“片板不许下水”，航海贸易全部停顿。唯有朝贡贸易保留。不过，清代正式建立朝贡关系的国家只有7个，包括朝鲜、琉球、暹罗、安南、南掌（今老挝）、缅甸、苏禄（位于今菲律宾群岛），其中只有琉球、暹罗和苏禄是从海上来贡。这7个朝贡国，最早的朝鲜是崇德二年（1637年）就来入贡，最晚的缅甸则是到乾隆十五年（1750年）才首次来贡。至于前来中国寻求通商贸易的西方国家如葡萄牙、西班牙、荷兰、英国等，清廷在海禁期间全都不予通行，荷兰因为助清廷剿寇有功，康熙二年（1663年），曾破例

[1] 《严禁通海敕谕》，载《明清史料》丁编第3本。

[2] 万明：《中国融入世界的步履——明与清前期海外政策比较研究》，社会科学文献出版社，2000年版，第352页和第353页。

[3] 夏琳：《闽海纪要》上卷。

[4] 王胜时：《漫游纪略》卷3。

被允许“二年贸易一次”，但康熙五年（1666年）就收回成命，仍然只准“八年一贡”。只有澳门成为特例。因为是“化外之区”，清廷准予澳门免迁，但同样需要遵守“片板不许下水”的规定，使得“澳门状况贫困悲惨”。随后葡王两次遣使来华，请宽海禁，康熙十八年（1679年），清廷开放澳门与广州之间的陆路贸易，澳门遂成为海禁期间中西贸易的唯一通道。

图7.1　清《钦定评定台湾凯旋图》

康熙二十二年（1683年），施琅收复台湾。同年，清廷就开始实行“展界”，即安排因为迁海令而流离失所的百姓回归故土，恢复沿海地区“耕种采捕”的正常生活秩序。二十三年（1684年），清廷着手开放海禁，“各省先定海禁处分之例，应尽行停止”。康熙皇帝发布谕令，宣告正式开海贸易，“向令开海贸易，谓于闽、粤边海民生有益，若此二省民用充阜，财货流通，各省俱有裨益。且出海贸易，非贫民所能，富商大贾，懋迁有无，薄征其税，不致累民，可充闽粤兵饷，以免腹里省分转输协济之劳。腹里省分钱粮有余，小民又获安养，故令开海贸易”[1]。康熙二十三年至二十五年（1684—1686年），先后在福建、广东、江南、浙江沿海四地设置闽海关、粤海关、江海关和浙海关，负责“海上出入船载贸易货物征税”[2]之事，从此清代进入海关管理的多口贸易时代。

四大海关的具体位置，因为史书记载的矛盾，所以至今犹有争议。夏燮《中西纪事》称：“在于粤东之澳门，福建之漳州，浙江之宁波，江南之云台山。”《清史稿》亦采用此说。然而，据今人的考证，粤海关的衙署应在广州，澳门所设的是“监督行署”；闽海关

图7.2　粤海关

[1]　《清圣祖实录》卷116。
[2]　《清圣祖实录》卷116。

在福州和厦门均设置过衙署，后以厦门为主；浙海关在宁波，康熙三十七年（1698年）于定海开设新署，并建红毛馆；江海关初设于松江华亭，后移至上海[1]。

四大海关所在，必然是各省最重要的通商口岸。清代前期的广州、厦门、宁波和上海，毫无疑问是全国最主要的四个贸易港口。然而，清前期开放贸易的口岸不仅仅是这些。四大海关之下，还设置了众多的征税口岸（正税口、红单口、钱粮口岸）、验放口岸（青单口、挂号口、清单口岸）和稽查口岸。如道光年间，粤海关有大小口岸76处，闽海关40余处；江海关初设口岸为24处，后为18处；浙海关在鸦片战争前掌管大口、小口、旁口33处及钱江鱼税厅1处[2]。与明代遍及沿海各地的海防卫所相比，清代自北向南设置了近200处海关口岸，《粤海关志》指出其中的不同在于，“海防重其险而难犯，口岸则取其通而易行”。四大海关以粤海关最为重要。粤海关的口岸又“以虎门为最重”，澳门次之。广东的虎门是各省商船出洋的必经之处，“闽、浙、江南等省前往南洋贸易船只，均自粤省之虎门协经由老万山一岛出口。是虎门、老万山等汛实为洋船出入要隘”。自虎门出洋，“近则赴安南、陵京、占城、柬坡寨港口，暹罗、埭野、六崑等国，远则赴宋居朥、大呢、丁咖呶、柔佛、单咀、吕宋、苏禄、噶喇吧、吲咪、莽均达老、旧港、嘛六甲、曼咖萨、马辰等国”[3]。粤海关的总口设在广州，又称大关，另外因为“濠镜一澳，杂处诸番，百货流通，定则征税”，所以在澳门也设一总口方便管辖，“余如惠潮如肇，高雷廉琼，各有港汊，亦各设口岸征榷。正税之口三十有一，在琼州者十，在潮州者九，在惠州者四，在广州、雷州、廉州者各二，在肇庆、高州者各一”[4]。广东历来都是海外贸易最发达的省份，“一口通商”之前，广州就是海外各国包括西方国家的商船停泊最多的口岸。梁廷楠《粤海关志》记载：“天下海关，在福建省辖以将军，在浙江、江苏省辖以巡抚。唯广东粤海关专设监督，诚重其任也。”实际上这里说的是乾隆以后的事情。康熙朝四省都设有海关监督，雍正朝全都改由巡抚兼管，

单位：两

关期	平均关税收入
粤海关	449048.33
闽海关	269454.47
浙海关	89790.235
江海关	62483.6

[1] 彭泽益：《清初四榷关地点和贸易量的考察》，《社会科学战线》，1984年第3期；黄国盛：《鸦片战争前的东南四省海关》，福建人民出版社，2000年版。

[2] 黄国盛：《鸦片战争前的东南四省海关》，福建人民出版社，2000年版，第129页，132页，第136页和第139页。

[3] 庆复折，《乾隆朝外洋通商案》，《史料旬刊》第22期，第802页、第804页。

[4] 《粤海关志》卷5。

乾隆以后才有所区别，唯粤海关专设监督一职，主管榷税，因为粤海关的关税收入是四大海关中最高的一个。从乾隆元年至乾隆二十一年（1736—1756年），粤海关年均税入44万9千余两银，占四大海关年收入总量的51.57%，超过其他三大海关之和[1]。闽海关次之，浙海关和江海关所占份额相对较小，说明清前期海上贸易的重心是在闽粤沿海。

康熙二十三年（1684年）全面开放海禁，为清代的海洋政策定下了主基调。这个基调与明太祖朱元璋写入《大明律》的海禁政策大相径庭，实事求是地说，直到鸦片战争以前，清前期的对外政策都是以开放贸易为主，只是中间有一些似乎趋向于保守和封闭的政策变动。

第一次大的变动是在康熙五十六年（1717年），清廷禁止本国商民往南洋吕宋、噶喇吧等处贸易，但是外国商船仍可照常来华贸易，本国商民也仍可照旧赴东洋（日本）贸易。不禁东、西洋，专禁南洋，起因是每年出海商船多至千余，“回来者不过十之五六，其余悉卖在海外（南洋），赍银而归”[2]，而且“江、浙之米多出海贩卖”。粮食在清代是属于禁止出口的物品。清廷认为南洋的“噶喇吧（巴达维亚，咬留吧，都是指今雅加达）乃红毛国（荷兰）泊船之所，吕宋乃西洋（西班牙）泊船之所，彼处藏匿贼盗甚多”，这两处“常留汉人，自明代以来有之，此即海贼之薮也”[3]，所以“洋商卖船与番，或载米接济异域，恐将来为中国患”[4]。为了防止中国商民贩米及卖船于国外，清廷于是禁止本国商民“通贩南洋”。不过，这只是表面原因，正如乾隆年间任淮徐海道按察司副使的庄亨阳所说：“设禁之意，特恐吾民作奸勾夷，以窥中土。”[5]南洋历来是中国海商尤其是闽广商民出海贸易的主要目的地，而且其时日本对中日贸易的船只数量和贸易总额都有严格的限制，所以禁令一出，对当时的海外贸易造成严重影响，致使闽粤“滨海之民半作失业”[6]，“百货不通，民生日蹙”[7]。雍正五年（1727年），取消实行了10年的南洋禁令，不过却限定闽粤海商只能从厦门和虎门出洋，并加强了对出入海船的管理，附加了一系列限制性的规定。

[1]　《朱批奏折》（关税），中国第一历史档案馆藏。转引自廖声丰、符刚：《试论“一口通商”时期闽海关的商品流通》，《江西财经大学学报》，2001年第2期。

[2]　《清朝文献通考》卷33。

[3]　《清圣祖实录》卷270。

[4]　蓝鼎元：《鹿洲初集》卷3。

[5]　同治《福建通志》卷87。

[6]　《方望溪文集》卷10。

[7]　蓝鼎元：《鹿洲初集》卷3。

第二次大的变动是在乾隆二十二年（1757年），改多口通商为一口通商，限定广州为唯一对外通商口岸。缘起是因为英国东印度公司的商船在乾隆二十年（1755年）至二十二年（1757年）多次舍广州而去宁波通商贸易，导致“向来洋船至广东者甚多，今岁特为稀少”[1]。乾隆帝为此发布谕令，要求浙海关增加关税，令英商无利可图而回广州贸易。然而，这一措施并没有奏效，因为江浙本是丝货、茶叶和瓷器等大宗出口货的主要产地，从宁波进货较广东要便宜许多，而且粤海关的稽查较浙海关更加严密，两相比较，英商认为还是去宁波更划算。在这种情况下，清廷唯有强制英商返回广东。1757年乾隆帝颁布上谕，“晓谕番商，将来只许在广东收泊交易，不得再赴宁波”[2]。清廷做出一口通商的决定，是综合考虑了诸多方面的因素。其一，宁波为海防重地，可是洋面宽深，又无险隘，番船可以扬帆直至；反之，粤东贸易则自虎门至黄浦均有官兵稽查押护，虎门有炮台可依，沿途有水浅沙淤之处需内地船只引带，番船进出未能自由。其二，洋船赴宁波者众，“留住日久，将又成一粤省之澳门矣，于海疆重地，民风土俗，均有关系”[3]。其三，“粤省地窄人稠，沿海居民大半籍洋舶谋生，不独洋行二十六家而已”。因此，“不许入浙江海口，于

图7.3　17世纪广州珠江和十三行的景色

[1]　乾隆《东华续录》。

[2]　中国第一历史档案馆：《朱批奏折·外交类》035号。

[3]　《谕宁波征税须稍重于粤海关以防洋船云集宁波》，载《明清时期澳门问题档案文献汇编（一）》，人民出版社，1999年版，第198页。

粤民生计并赣韶等关均有裨益，而浙省海防亦得肃清”[1]。

一口通商在后世往往被认为“标志着全面实行闭关锁国政策时代的开始”。由此也引发关于清代对外政策“开放”与“闭关”之议。实际上，清朝从立国之初到鸦片战争就有近两百年的历史，这个过程是复杂的变化的曲折的，并不是简单的开放或者闭关所能概括。在想当然的结论之下，往往隐藏着复杂的因果关系。对于清代的海洋政策，似应从当时特定的历史语境去分析，而不是站在现代人的角度预设立场，以批评的眼光进行评判。

假如从是否开放对外贸易来判断，清代除了最初四十年的海禁之外，一直实行的都是开放政策，只是从开始的多口通商收缩到后来的一口通商。然而，实际上即使是多口通商时代，西方国家的商船在康熙五十年（1711年）以后就几乎是完全自发地集中到广州贸易，所谓的四口通商早已有名无实。

不过，如果从政策的本质倾向来分析，是积极主动地鼓励和促进对外贸易还是消极保守地控制或限制对外贸易，那么，清代的对外政策显然在大方向上是后者。尽管清代没有明代那么长时间的海禁，但是从康熙帝1684年的开禁谕令就可以看出，清廷之所以开放本国商民的对外贸易，主要是出于民生的考虑，附带可以薄征其税以充军饷，而不是像宋元那样直白地追求经济效益，当然更遑论主动参与世界经济竞争。乾隆五十八年（1793年），乾隆帝在答复英使马戛尔尼的要求时说：“天朝物产丰盈，无所不有，原不藉外夷货物以通有无。特因天朝所产茶叶、瓷器、丝斤为西洋各国及尔国必需之物，是以加恩体恤，在澳门开设洋行，俾得日用有资，并沾余润。”[2]可见清廷将开放外商对华贸易，视为一种高高在上的恩赐，而不需要互通有无。代表了先进科学技术的西方物品在清朝统治者看来不过是“奇巧之物”罢了。清代之所以会产生这样的对外政策，自然有其特定的原因。

首先，以天朝自居的中心思想，并非是明清独创，而是历代传承和不断强化的结果。只是天朝稳定地传承了下来，外部环境却在发生历史性的改变。从全球史观来看，西方在经历了文艺复兴和航海大发现之后，开始步入现代工业文明；与此同时，明清仍处于农耕文明的高度繁荣阶段，社会发展已经滞后。这个差距也许是偶然，也许是必然，总之历史就是这样发生了。其次，从中国的地理环境特点来看，天然的封闭独立和自成一体，很容易就形成一种向心性，《清朝文献通考》曰：“中土居大地之中，瀛海四环，其缘边滨海而居

[1]　《清高宗实录》卷550。
[2]　《清高宗实录》卷1435。

者，是谓之裔，海外诸国亦谓之裔。”所以除了蒙古人统治的元代，中国历来都不是一个喜欢对外扩张的国家。乾隆时，苏禄曾自请编入中国版籍，但却被礼貌地回绝，由此也可见一斑。再者，从当时国民经济的特性来说，高度的自给自足，全国各地区之间的商品流通也很活跃。乾隆十八年（1753年）至二十二年（1757年），全国包括4个海关和18个内地关在内的24个户部关，年均总税收为460万银两左右，四大海关的税收仅占18.92%，不足五分之一[1]。而且，四大海关中唯一以对外贸易为主的粤海关，其时也以中国商品的输出为主，正如乾隆所说，茶叶、生丝等是欧洲市场急需的商品，而从外国进口的都是“些微不急之货”，可见清前期社会经济对海外贸易的依赖十分有限，从客观上来说也不具备大力发展对外贸易的动力和环境。西方人也承认：“众所周知，中国物产富饶，所以中国人既不为需求所迫使，也不为好奇所引诱，他们不需要跋山涉水远渡重洋，因为在他们自己安定繁荣的国度里就能得到一切。”[2]

正因如此，清代的对外政策尽管是以开放贸易为主方向，但同时也设置了诸多的限制性条款。比如出海船只的大小，携带米粮和武器的数量，以及对出口商品的限制（特别是历来为出口大宗的生丝、丝织品和茶叶）等。奖励措施也是有的，比如为了解决闽粤沿海的缺粮问题，鼓励大米进口，乾隆年间曾经制定了一系列免税和奖励政策，也确实取得很好的成效。不过，积极的激励措施可以繁荣对外贸易，而消极的限制措施不仅损害了对外贸易，而且在长远意义上也造成了中国整个航海业的滞后。比如本国商民出海，最初只能用单桅、五百石以下的船只，康熙四十二年（1703年）才改为双桅，但对梁头尺寸和船员人数仍有限制。乾隆十二年（1747年），因福建造的海船“桅高篷大，利于走风”，所以“永行禁止，以重海防”[3]。这些消极防御措施造成中国的造船业停滞不前，而与此同时西方的造船技术却在日新月异地进步。在木帆船时代，欧洲的夹板船和飞箭船都比中国海船要先进许多。所以，五口通商以后，中国的帆船数量急速减少。19世纪中期以后，以蒸汽机为动力的轮船的普及，更具有划时代的意义。曾经领先于世界的中国帆船，从此变成了“极为落后”的过时货色。

开禁之初，出海船只也不允许携带武器。雍正六年（1728年）有所放宽，“鸟枪不得过八杆，腰刀不得过十把，弓箭不得过十副，火药不得过二十

[1] 廖声丰：《乾隆实施“一口通商”政策的原因——以清代前期海关税收的考察为中心》，《江西财经大学学报》，2007年第3期。

[2] Peter.Auber：《China》，London：Parbury，Allen and Company，1834，P.62.

[3] 周凯：《厦门志》卷5。

斤”[1]，雍正八年（1730年），再次放宽到每船带炮不得超过两门，火药不得过三十斤。然而当时西方的海盗船队劫掠海上，仅靠这些武器根本无法抵挡，正如《沙烈船长日志》中的这位海盗船长所供认：“连一只帆船上的小艇都可以毫无困难地对它（中国海船）进行抢劫。”遥想明代郑和下西洋时强大的武力配备，英国的李约瑟博士评价说：“明代海军在历史上可能比任何亚洲国家都出色，甚至同时代的任何欧洲国家，以致所有欧洲国家联合起来，可以说都无法与明代海军匹敌。”三百年过去，中国商船在海上变成被劫掠的对象，这确实有点讽刺和悲哀。

除了对本国商民的限制以外，清代对于外商的管理也较前代更为防范。外商来华贸易，清代规定必须通过特定的洋行体制进行，不能直接与中国各地的商人进行交易。乾隆二十二年后将对外通商口岸限定为广州一地。同时，为了加强对外商的约束和管理，清廷先后制定了《防范外夷规条》（乾隆二十四年即1760年）、《民夷交易章程》（嘉庆十四年即1809年）、《防范夷人八项规条》（道光十一年即1831年）和《酌增防夷新规八条》（道光十五年即1835年）等一系列防范和限制条款。不过，这些条款只是在文字上看起来很严厉，实际上执行不力，经常被当作是一纸空文。例如，外国商船进入广州黄埔港时，需要将火药、炮位以及各项武器交给海关，英法荷兰的外商通过贿赂海关官员，使之变为有名无实[2]。又比如关于走私以及外商在广州的人身活动的种种禁令，几乎根本不为外商所遵守，他们“满不在乎地按照自己的方式行事”[3]。鸦片战争前，不少西方商人都曾承认，在广州做生意，比在世界其他任何地方，都更加容易和安全[4]。所以，尽管清廷不断地重申禁令，可是鸦片走私还是在道光年间大肆泛滥，与晚明时期白银大量内流的现象相反，清代中期以后大量白银开始外流。据统计，从雍正七年（1729年）葡萄牙人首次将鸦片贩运澳门，至道光十九年（1839年）鸦片战争之前，西方各国输入中国鸦片数量为648246箱[5]。从嘉庆五年（1800年）开始，中国白银由内流变为外流。据统计，嘉庆五年至道光十四年（1800—1834年）外流的白银达6亿两[6]。

[1] 《光绪大清会典事例》卷629。

[2] 马士（H.B.Morse）：《东印度公司对华贸易编年史》，中山大学出版社，1991年版，第248-250页。

[3] 亨特（W.C.Hunter）：《广州番鬼录；旧中国杂记》，广东人民出版社，2009年版，第193页和第194页。

[4] 格林堡：《鸦片战争前中英通商史》，商务印书馆，1961年版，第55页。

[5] 黄启臣：《清代前期海外贸易的发展》，《历史研究》，1986年第4期。

[6] 刘鉴唐：《鸦片战争前四十年间鸦片输入与白银外流数字的考察》，《南开史学》，1984年第1期。

经略厦门与台湾：郑成功的海外贸易

清初海禁期间，除了少量的朝贡贸易之外，海外贸易全面停顿。“故事，直隶天津卫、山东登州府、江南云台山、浙江宁波府、福建漳州府、广东澳门，各通市舶，行贾外洋，以禁海暂阻。”[1]当然，走私贸易任何时候都不会完全被禁绝。据统计，在1662—1672年由中国沿海一带走私到长崎贸易的商船平均每年14艘，其中江浙2艘、福建4艘、广东2艘；1673—1684年平均每年6艘，其中江浙1.7艘、福建1.7艘、广东2.6艘[2]。此外，坐镇广东的藩王尚可喜，亦有不少商船暗中从事日本和东南亚的贸易，《清史稿》记载，“康熙十二年（1673年），平南王尚可喜致书于长崎奉行，请通商舶。闽、粤商人往者益众，杂居长崎市”；坐镇福建的藩王耿精忠，在康熙十三年（1674年）叛清自立后，公开招揽在日的华商以及荷兰和英国等国的商人前往福州贸易。不过，这些贸易形式与郑成功的海外贸易相比，都是小巫见大巫。清初海禁虽严，仍然有不少的商人“厚贿守口官兵，潜通郑氏，以达厦门，然后通贩各国。凡中国各货，海外人皆仰资郑氏，于是通洋之利，唯郑氏独操之，财用益饶”[3]。海禁前期，郑成功控制下的厦门，是整个中国海外贸易的中心。

早在明代后期月港兴盛之时，厦门只是籍籍无名的中左所，明末清初月港衰落，位于月港出海口的厦门，在郑成功的经略之下，一跃成为“商贾泊洋贩卖货物之薮”[4]。1650年，郑成功夺取厦门，改其名为思明州。1655年设六官，其中以户官最为重要，掌握郑氏的海外贸易、赋税和财政收入。郑氏的海外贸易主要通过户官郑泰领导下的海路五大商和陆路五大商进行。陆路五商以金、木、水、火、土为号，在京师、苏杭、山东等处经营财货；海路五商在厦门及其附近，以仁、义、礼、智、信为号建置海船，每一字号下各设船12只，总计60只海船。海陆十大商采取分工合作的形式。先由陆路五商领取公款，购置货物，送交海路五商，然后到公库结账，再领取下一次的货款；海路五商负责装船出洋，待货物售出后返航到公库结账[5]。海陆十大商向郑氏海商集团借

[1] 杜臻：《粤闽巡视记略》卷1。

[2] Taiwan as an Enterport in East Asia in the Seventeenth Century. 转引自李金明：《清初迁海时代的海外贸易形式》，《南洋问题研究》，1995年第3期。

[3] 郁永河：《伪郑逸事》。

[4] 刑部尚书交罗巴哈纳题本，《明清史料》丁编第1本，第79页。

[5] 南栖：《台湾郑氏五商之研究》，载《台湾郑成功研究论文选》，福建人民出版社，1982年版，第199页。

款置货贸易后，同国库结账结算时，要清还资本并支付利息[1]。除了海陆五大商组织，还有一种是凭借领取郑氏海商集团资本单独经营的海外贸易商，据说这类商人的数量颇多，滨海居民、商贾可任意乘船同他们交易[2]。

郑成功继承了明末郑芝龙海商集团在东南海上的控制权。1654年郑氏船队在赴巴达维亚贸易途中有一艘船遭荷兰人劫掠，郑成功要求荷兰殖民者给予高额赔偿，并在致巴达维亚的荷兰人总督的信中说："诸如巴达维亚、台湾和马六甲等地是一个不可分割的市场，而我是这个地区的主人，不准你们侵犯我的地位。"[3]1652年台湾发生了反抗荷兰殖民者的郭怀一起义。虽然这次起义最终被镇压，但因为郭怀一原为郑芝龙的部下，荷兰人认为这次起义与郑成功有关系，遂在海上劫捕郑成功的商船，并对郑成功到台湾贸易的船只严加检查。1655年，郑成功"传令各港澳并东西夷国州府，不准到台湾通商，由是禁绝两年，船只不通"，导致台湾"货物涌贵，夷多病疫"[4]。1657年，荷兰殖民者不得不派使节带厚礼赴厦门求通商，"愿年输饷五千两、箭坯十万枝、硫黄一千担，许之"[5]。

郑成功以厦门为基地的海外贸易，遍及日本、琉球群岛、东京（今越南境内）、广南（今越南境内）以及东南亚各地，包括柬埔寨、暹罗、北大年、柔佛、马六甲、爪哇、西里伯群岛和吕宋[6]。清初郁永河总结说："成功以海外弹丸之地，养兵十余万，甲胄戈矢，罔不坚利，郑舰以数千计，又交通内地，遍买人心，而财用不匮者，以有通洋之利也。"[7]为了实现"通洋裕国，以商养兵"的目的，郑成功在厦门、安海等港开辟了直达日本和东南亚的数条国际航线，以及厦门、东南亚、日本之间的三角贸易航线。每年东西洋海外贸易所获利润总额大约在234万两至269万两之间[8]。《续明纪事本末》记载，1651年郑成功占据金门和厦门二岛后，"军盛而寡食，纳冯澄世策，以甥礼事日本，即以其产通市交趾、暹罗、吕宋，大得铜铅之助"。日本是郑成功海外贸易的主要对象，"每岁发船长崎，货殖以厚军备之利"[9]。当时日本的长崎是唯一

[1] 杨英：《从征实录》，永历十一年五月条。
[2] 李金明、廖大坷：《中国古代海外贸易史》，广西人民出版社，1995年版，第380页。
[3] Yamawaki Terjiro 山脇悌二郎，The Great Trading Merchants-Cocksinja and His Son，in Acta Asiatica，No.30，P.108.
[4] 杨英：《从征实录》。
[5] 阮旻锡：《海上见闻录》。
[6] 李金明、廖大坷：《中国古代海外贸易史》，广西人民出版社，1995年版，第378页。
[7] 郁永河：《伪郑逸事》。
[8] 杨彦杰：《一六五〇至一六六〇年郑成功海外贸易的贸易额和利润额估算》，《福建论坛》，1982年第4期。
[9] 《鹅峰先生林学士文集》卷48。

对外开放通商的港口。木宫泰彦《日中文化交流史》记载，在郑成功控制东南沿海的1650年至1662年前后13年间，共有649艘中国商船航往日本贸易，平均每年近50艘。另据日本学者岩生成一的调查，从1647年至1662年进入长崎港的中国船，“主要是来自郑氏势力圈下之地方。例如以一六五〇年为例，来航中国的七十艘中，来自郑氏势力圈下的福州、漳州、安海者占五十九艘，此种情况大致连年相同，约占八成的比例”[1]。荷兰东印度公司的总督马德赛克尔（Joan Maetsuyker）在其1656年2月的政务报告中指出，关于长崎的中国船贸易，自1654年11月3日最后一艘荷船出航后至1655年9月16日止，“由各地来航的中国戎克船共五十七艘，即安海船四十一艘，其大部分属于国姓爷（郑成功）船，泉州Senchieuw四、太泥Patani三、福州五、南京一、Sanchiouw（可能是漳州）一、及广南二，如附载于本日记末端的明细单所示，前述戎克船除供应生丝一、四〇一担（picol）（相当于14.01万斤）外，亦提供多量纺织品及其他各种商品于市场。几乎是根据国姓爷所计算者云云（另译本：几乎都记在国姓爷账上）”[2]。1656—1657年，进入长崎的47艘中国海船都属于郑成功及其属下所有，没有一艘是来自清朝势力下的南京或其他地方。主要装载的货品包括112000斤的生丝，636000斤的白、黑砂糖，及其他各种丝织品、皮革类、药材、杂货等，其数量庞大[3]。《巴达维亚城日志》记载，郑成功在日本的贸易掌控了“领导权”，由此可以推论他在东南亚的海上贸易也会是“压倒性的大活动”。事实上，郑成功在东南亚的贸易确实也很活跃。1655年，郑成功有24艘船前往东南亚各地，包括巴达维亚7艘，东京2艘，暹罗10艘，广南4艘，马尼拉1艘[4]。郑氏规模庞大的贸易活动，给以相同目的而来的荷兰东印度公司造成沉重打击。1655年12月荷兰东印度公司总督马特赛克尔的政务报告称：“就在大员（台

图7.4　郑成功收复台湾

[1]　台湾省文献委员会编印：《巴达维亚城日志》第三册，1990年，第7页。
[2]　台湾省文献委员会编印：《巴达维亚城日志》第三册，1990年，第8页。
[3]　台湾省文献委员会编印：《巴达维亚城日志》第三册，1990年，第8页。
[4]　台湾省文献委员会编印：《巴达维亚城日志》第三册，1990年，第9页。

湾）的贸易状况而言，由于拟将一切套牢为自我利益的国姓爷的独占作法，致我方贸易一蹶不振。”因此，“东印度公司的船只与郑成功的船只乃至随时随地发生摩擦与冲突，自不用赘言”[1]。

1663年，清军攻陷厦门。不过此时，郑成功已经渡海收复了台湾。只是1662年收复台湾之后，郑成功就因病去世。其子郑经接手，以台湾为基地继续开展广泛的海外贸易，然而规模相较从前，就缩减了许多。连横《台湾通史》说，郑经“外张贸易，贩洋之利，岁率数十万圆”。与郑成功时期动辄几百万两，已经不可同日而语。当时台湾主要出产砂糖和皮革，这两项商品在日本都很受欢迎。《台湾省通志》记载，郑经时期，每年平均有50艘商船前往日本。这个数字可能有点夸张。马士《东印度公司对华贸易编年史》称，郑氏“亲自把台湾出产的主要商品——糖和皮革独占，他一方面对厦门及福建毗邻的地区，另一方面对日本（他每年派遣帆船15艘前往）进行联合贸易”。另据1670年首次到达台湾的英国船长埃利斯·克里斯普（Ellis Crisp）说，台湾有大小船舶200艘，今年有18艘开往日本，其中大半为郑经本人所有。他垄断了对日本的鹿皮和糖贸易，鹿皮在台湾每年可出产200000张，每100张在台湾价20比索，而在日本可卖到70比索；糖在台湾每年可生产50000担，每担2比索，在日本则为8比索[2]。综合来看，郑经时期与日本的贸易船数在10～20艘之间。此外，郑经派往东南亚贸易的船只也不少，如1665年，郑经派遣20艘帆船前往东南亚各地进行贸易，其中有10艘前往暹罗[3]。郑经及其手下也有不少商船是从事台湾、日本、东南亚之间的三角贸易。比如1663年，有29艘中国海船进入长崎，其中台湾3艘，安海11艘，金门1艘，南京1艘，温州2艘，暹罗3艘，柬埔寨3艘，广南3艘，东京1艘。至少三分之一的中国船是从东南亚进入

图7.5　郑氏的戎克船

[1]　台湾省文献委员会编印：《巴达维亚城日志》第三册，1990年，第10页。

[2]　台湾银行经济研究室编印：《十七世纪台湾英国贸易史料》，台北：众文图书公司印行，1960年版，第27页。

[3]　［泰］沙拉信·威拉蓬：《清代中暹贸易关系》，《中外关系史译丛》第4辑，上海译文出版社，1988年版，第76页。

日本。1666年进入长崎的35艘中国海船，潮州2艘，台湾11艘，广南8艘，柬埔寨4艘，暹罗5艘，北大年2艘，六坤2艘，宋卡1艘[1]。来自东南亚的中国商船占三分之二左右。

郑经时期，还建立了与英国东印度公司的贸易关系，条件之一是每一艘到台湾贸易的英船必须运来火药200桶（Barr），火绳枪200枝，英国铁100担[2]。1672年，英国东印度公司在台湾设立商馆，希望在台湾展开大规模贸易，并以此为基地经常与中国、日本、马尼拉等地贸易。1678年，郑经收复厦门，英国东印度公司又在厦门设立商馆，不过时间不长，1681年厦门重新为清军所占领，郑经也在同年去世，英国东印度公司感到贸易无望，遂撤回了厦门和台湾两地的商馆。1683年，清军收复台湾。1684年，清廷在台湾设一府三县，从此隶属福建管辖。

清前期的中日贸易

康熙二十三年（1684年）正式开禁以后，中国商民出海贸易的热情空前高涨。其中中日贸易尤为活跃。日本当时仍然实行锁国政策，中日贸易只能依靠中国的海船运送货物，“内地绸丝等一切货物，载至日本等处，多者获利三、四倍，少者亦有一、二倍”[3]。赴日贸易获利丰厚，无疑大为刺激了中国商民的积极性和主动性。从国内方面来说，清代铸钱需要的铜原料十分缺乏，而日本当时铜产丰富，所以顺治时清廷已经鼓励商民赴日市铜，“凡商贾有挟重资愿航海市铜者，关给符为信，听其出洋，往市于东南、日本诸夷，舟回，司关者按时值收之，以供官用；有余，则任其售于市肆，以便民用”[4]。从顺治开始一直到道光年间，“江浙设官商额船，每岁赴日本办铜数百万斤”[5]。

康熙二十三年（1684年），开禁的当年，赴日贸易的中国商船有24艘，二十四年（1685年）即暴增为85艘，二十五年（1686年）增至102艘，二十六年（1687年）增至115艘，二十七年（1688年）则达到空前的193艘[6]。同年，日本开始限定中国商船的数量，即每年以70艘为限。事实上，日本对中日贸易的限制始于康熙二十四年（1685年）。木宫泰彦《日中文化交流史》记载：

[1] 转引自李金明：《清初迁海时代的海外贸易形式》，《南洋问题研究》，1995年第3期。

[2] 台湾银行经济研究室编印：《十七世纪台湾英国贸易史料》，台北：众文图书公司印行，1960年，第7页。

[3] 靳辅：《靳文襄公奏疏》卷7。

[4] 张寿镛：《皇朝掌故汇编》卷19。

[5] 同治九年九月李鸿章奏折，《同治朝筹办夷物始末》卷79。

[6] 大庭脩：《江户时代日中秘话》，中华书局，1980年版，第19页。

法令颁布年月	限定船数	法令颁布年月	限定船数
1688	70	1738	20
1697	80	1742	10
1715	30	1746	20
1717	40	1749	15
1719	30	1765	13
1733	25	1790	10

“据日本宝永六年（1709年）长崎奉行报告，自正保五年（1648年）至宝永五年（1708）凡六十年间，（日本）流出的黄金约达二百三十九万七千六百余两，白银达三十七万四千二百二十贯；自宽文二年（1662）至宝永五年凡四十六年间，铜流出一亿一万一千四百四十九万八千七百余斤。假使长期以往，日本国内的金银铜，不久就要枯竭。于是这年（1685）终于限定了贸易总额，对于清朝人限定贸易银额为六千贯，对于荷兰人则为三千贯，超过限额的货物一律勒令运回。”不过，1685年的禁令没有涉及船只的数量，所以之后的几年中国商船仍大量赴日，为了不空载而回而进行的走私贸易越来越盛。于是，自1688年开始，日本先后发布12次禁令，对中国商船的数量进行限制，如1715年减为30艘，1790年最后一次减为10艘[1]。中日贸易的规模呈直线下降的发展态势。尽管如此，在整个清前期中日贸易仍然是值得重视的事情。据不完全统计，康熙二十年至道光十九年（1681—1839年），前往日本贸易的清朝船就有3840艘[2]。

清前期，进口铜是对日贸易的最大项目。清廷对于洋铜进口十分重视，顺治年间由各榷关支出税银作为资本招募商人赴日办铜，康熙三十八年（1699年）改为内务府商人办铜，五十六年（1717年）改为江浙等八省承办，六十一年（1722年）改为江浙两省承办。雍正年间也有多次变动。直到乾隆九年（1744年），形成官商和额商（自出资本的民商）出海办铜并存的形式，并一直沿用到鸦片战争以后。其中，官商为一家，额商为十二家，即所谓的航运办铜十三家。“采办洋铜，每年额定十五船，除官商范清注铜船系领帑办铜外，民商自办者共十二船，应请即以见办十二人为额商，每年发十二船，置货出洋。”[3]乾隆二十年（1755年）以后，中日贸易实际上已为官商额商出海办铜所垄断，而贸易港口也集中于江浙。需要补充说明的是，在乾隆二十年（1755年）以后，云南的滇铜产量已经稳定在1000万斤左右，约占全国所需铜料的八成以上，对日铜的依赖已经不存在，但十三家办铜的中日贸易并没有终结，只

[1] 木宫泰彦：《日中文化交流史》，商务印书馆，1984年版，第656—657页。
[2] 黄启臣：《清代前期海外贸易的发展》，《历史研究》，1986年第4期。
[3] 《皇城文献通考》卷17。

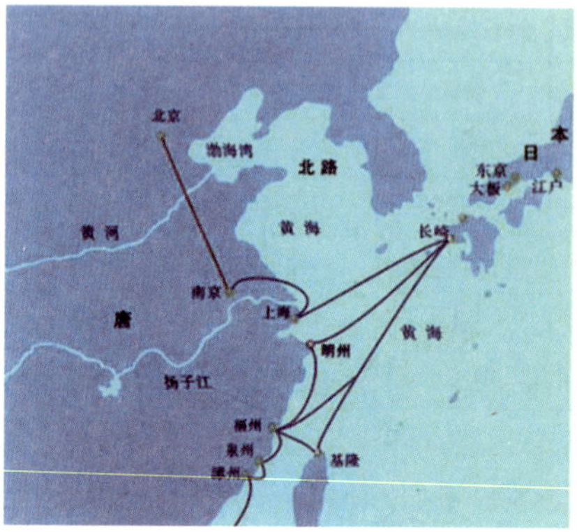

图7.6　明末清初长崎航线图

图7.7　1792年的长崎港

是日铜的输入量越来越小，道光二十年（1840年）仅为40万斤左右[1]。较之康熙年间动辄三四百万斤甚至六七百万斤，早已不可同日而语。不过，就总量而言，自康熙二十三年（1684年）到鸦片战争前夕的150多年间，中日两国关于铜的成交额当在3亿2千万斤左右[2]。这个数字还是很惊人的。

日本统计的中国商船并不仅仅指从中国各个港口开出的商船，还包括来自东南亚各地的商船。日本方面把它们分为三类：第一类是口船，来自江苏、浙江两省。其中来自上海及长江口的船称南京船，来自宁波的称宁波船。第二类是中奥船，指起航于福建、广东的商船。福建的包括福州船、泉州船、厦门船、漳州船、台湾船、沙埕船、安海船，广东的包括潮州船、广东船、高州船、海南船。第三类是奥船，来自越南、马来半岛、爪哇、泰国等东南亚地区，名称有东京、安南、广南、占城、柬埔寨、暹罗、六昆、太泥、麻六甲、咬留吧、万丹等[3]。

康熙二十七年（1688年）赴日贸易的193艘中国商船，分别来自福建86艘，广东30艘，江苏23艘，浙江40艘，东南亚14艘。可见这时，福建是对日贸易的首要之区。1689年后，对日贸易的总船数限定为70艘，包括春船20艘、夏船30艘、秋船20艘。这个配额由日方根据发航地进行分配。总体比例为福建25艘，浙江15艘，江苏10艘，广东10艘，东南亚地区10艘。来自江浙的商船数量已经与福建持平。1715年，日本发布正德新令，将日中贸易船的数量限定为30艘，分别是江苏的南京船10艘，浙江的宁波船11艘，福建的厦门船和台湾船各

[1]　山脇悌二郎：《长崎の唐人貿易》，东京：吉川弘文馆，1964年版，第221页。
[2]　任鸿章：《棹铜与清代前期的中日贸易》，《中日关系史论丛》第一辑，辽宁人民出版社，1982年版，第69页。
[3]　大庭脩：《江户时代日中秘话》，中华书局，1980年版，第24页。

2艘，广东船2艘，东南亚的广南船、暹罗船和咬留吧船各1艘[1]。江浙船占三分之二以上，可见这时江浙已成为对日贸易的重心。另一方面，康熙二十三年（1684年）开海后的40年间，福建赴日商船总计为640艘，浙江赴日商船608艘，江苏赴日商船524艘，广东赴日商船187艘[2]。中国赴日商船的地区分布也证实了江浙在对日贸易中的重要性。

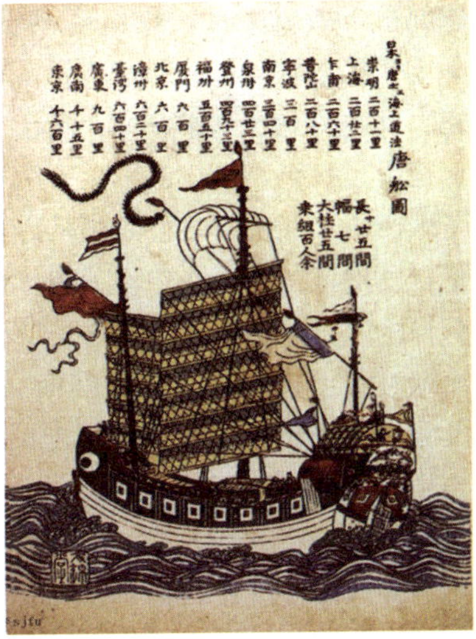

图7.8　唐船图（木版多色刷）——文锦堂版

江浙之所以后来者居上，首先是因为距离的关系。江浙地区直航日本长崎的里程较福建和广东都要短上许多，如日本唐船图所记，上海距长崎仅222里，乍浦为260里，普陀山为280里，宁波为300里。福建各港距长崎在500～600里之间；广东最远，都在800里以上。所以，广东和福建的赴日商船经常会先到普陀山（或上海、宁波、乍浦）中转，然后再直航长崎。其次，江浙是明清以来我国的经济重心所在，所谓“东南财赋地，江浙文人薮”，经济繁荣，文化昌盛，物产丰富，以丝织业为首的各种手工业都十分发达，对日贸易资源充足。据统计，江浙出产的生丝占对日贸易输出总额的三分之一左右[3]。丝货对日贸易的利润在一至四倍。从江浙产地直接批发显然利润最为丰厚。另一方面，木宫泰彦在《中日文化交流史》记载，日本进口的中国商品种类繁多，几乎包括了中国十五省的产品。说明内陆省份的物产也被运送到沿海口岸再输出海外。上海和宁波都是沿海南北贸易主要的集散地之一，而且江南地区水道纵横，内河航运也很发达。从地理区位、资源种类以及交通的便捷性方面来看，江浙的对日贸易都是最低运输成本，所以不少闽粤商人都放弃本省的出海口，转由江浙出洋赴日贸易。从官方的角度来说，清前期的对日贸易主要是铜的进口，清廷在不同时期采用不同的方式招募民间商人赴日采办洋铜。应招出洋的民商几乎都是江浙商人，以至“洋铜进口船只俱收江浙二海关，是江浙为洋铜聚散之区”[4]。康熙六十一年（1722年），规定办

[1]　大庭脩：《江户时代日中秘话》，中华书局，1980年版，第25页。
[2]　陈希育：《中国帆船与海外贸易》，厦门大学出版社，1991年版，第222页。
[3]　永积洋子编：《唐船输出入品数量一览：1637—1833年》，东京：创文社，1987年版，第22—25页。
[4]　嵇璜：《清朝文献通考》卷14。

铜船只必须从江浙海关出入。乾隆年间采取官商额商共同办铜的形式之后，乾隆二十年（1755年）对闽粤商人发布禁令，不允许其从事对日贸易，“闽粤洋商，向不办铜，仍照旧例，毋许私贩”[1]。以上种种，促使江浙取代福建，迅速成为对日贸易的中心。

康雍年间是对日贸易最活跃的时期。这一时期中国商船的主要进出口岸包括江浙地区的上海、宁波、舟山（定海）、普陀山，以及福建的福州、厦门和台湾的鹿耳门。雍正四年（1726年），定海总兵的奏折中称：“所有内地洋船向奉严禁，只许往东洋贸易……每年于十二月、正月，或由上海，或由定海挂号出洋，至六月、七月回棹，亦有收入上海，亦有收入定海……今雍正四年，由定海出洋计有八只，普陀汛出洋计有七只，共十五只，称往东洋。”[2]上海是江海关的大关所在地，江苏商船如南京、苏州、松江、扬州、常州、淮安、镇江等内河船赴日贸易主要在此出入，同时上海的南北贸易活跃，所以也是山东及闽粤海船赴日贸易的中转口之一。宁波是浙海关的大关所在地，也是浙江海船赴日贸易的主要出入口，清初四十年（1684—1723年）浙江608艘赴日海船中，宁波船就有480艘。康熙三十九年（1700年），清廷派遣官员假扮商人去日本查看，在考虑从哪个港口出洋时的想法是：“从宁波出海，商舶颇多，似有招摇。议从上海出去，隐僻为便。”[3]可见其时，宁波在对日贸易中的地位较之上海更为重要。另有舟山群岛的普陀山，因为距离长崎最近，所以也多有各地的海船从此出洋。舟山（定海）也是赴日海船的主要起航点之一。

图7.9　赴日贸易的宁波船

福州、厦门和台湾岛的鹿耳门是福建对日贸易的主要港口。清初开海后的四十年（1684—1723年），福建沿海港口赴日商船计为福州219艘，厦门170艘，台湾130艘，泉州56艘，漳州39艘，沙埕

[1]　嵇璜：《清朝文献通考》卷14。

[2]　《宫中档雍正朝奏折》第5辑，第894页。

[3]　《康熙朝汉文朱批奏折汇编》，第8册，第55页。

图7.10　赴日贸易的厦门船

图7.11　赴日贸易的广东船

26艘[1]。福州居首位，主要是因为福州距离江浙较近，购买生丝等商品更方便，赴日海程也最短。不过，福州的海船也经常到台湾购买砂糖然后赴日。台湾出产的砂糖品质好，在日本很受欢迎。另外，因为砂糖重量较大，所以赴日商船一般都会携带砂糖，将其作为压舱底的货物。厦门虽然曾经是郑成功时期对日贸易的主要港口，但开海以后由于本省外贸港口众多，尤其是福州港与其功能重叠，同为闽海关的所在地，而福州与日本长崎的海程较厦门近许多，所以厦门在对日贸易中并不占优势，但厦门赴东南亚贸易者甚多，而且厦门也是外国商船的主要停泊口岸。

康雍年间，其他海商经常出入而且与长崎贸易联系密切的沿海口岸，地处江苏的有：通州、北沙、北新港、剑山、崇明、吴淞、尽山、马迹山、茶山、洋山；地处浙江的有：乍浦、海盐、招宝山、金塘、洛伽山、鄞县、奉化、象山、东渡门、金沙、后海、祠堂澳、台州、温州等；地处福建的有沙埕、长乐、猛崎、猴屿、太平港、湄州、泉州、晋江、安海、金门、龙溪、漳州；地处广东的有南澳、潮州、揭阳、广州、顺德、高州、海南[2]。广东虽然也有赴日贸易的商船，但数量较少。因为广东赴长崎距离最远，而且传统上，广东对外贸易的重点是南洋和西方国家，并非东洋的日本。

乾隆以后，从日本方面来说对中国商船数量的限额越来越少，从国内的情况来看，办铜十三家基本垄断了对日贸易，所有赴日办铜商船只能在江浙海关出入。乾隆三十四（1769年）、三十五年（1770年）有闽粤商船赴日贸易，办铜十三家联合向清政府以及日本政府上诉，请求禁止官商额商以外的中国商船赴日贸易，以保证洋铜的供给。清廷遂再次重申禁止闽粤商人采办洋铜之令，

[1]　陈希育：《清代福建的外贸港口》，《中国社会经济史研究》，1988年第4期。

[2]　朱德兰：《清开海令后的中日长崎贸易商与国内沿岸贸易》，《中国海洋发展史论文集》第3辑，台北：中央研究院三民主义研究所，1988年版，第408页。

并将乍浦限定为对日贸易的唯一港口[1]。

乍浦地处杭州湾北岸江浙两省接壤处，隶属浙江省嘉兴府平湖县管辖。从地理位置上说，它与东北角的上海港、东南角的宁波港构成三足鼎立之势，自古就是海防重镇，既为“浙江藩篱”，又是“江苏吴淞之保障”。清初设立海关后，乍浦为浙海关下属15个税口之一。浙海关初设时，定每年税额32000两，而乍浦独占13000两[2]，约占总额的40%；乾隆年间，乾隆元年至十五年浙海关的年税收都维持在90000两左右[3]，乍浦的税额也增至39000两[4]，约占总额的43%。不过，乍浦独揽对日贸易是在乾隆中后期以后，估计乍浦的关税收入在后期应该还会占到更大的比重。

在康熙五十四年（1715年）之前，从乍浦出洋赴日的中国商船，只有康熙三十二年（1693年）的宁波船和康熙五十二年（1713年）的台湾船二艘而已[5]。康熙五十六年（1717年）以后，乍浦逐渐出现在对日商船记录之中。雍正六年（1728年），李卫奏设八名总商，分置于宁波、乍浦和上海三处，负责监督和稽查办铜事务[6]。此时，乍浦的地位似乎已经可以与宁波、上海并列。雍正八年（1730年）的史料也记载，乍浦“系东洋日本商贩往来要口”[7]。可见，雍正年间，乍浦港的对日贸易已经兴起。乾隆四年（1739年）之后，乍浦出洋的赴日商船数量开始增多并超过宁波，成为浙江地区的主要对日贸易港。乾隆二十年（1755年）以后，经由上海出关的赴日商船也大为减少，每年1～2艘。乍浦的赴日商船占了大多数。乾隆三十五年（1770年）以后，乍浦独揽对日贸易[8]。

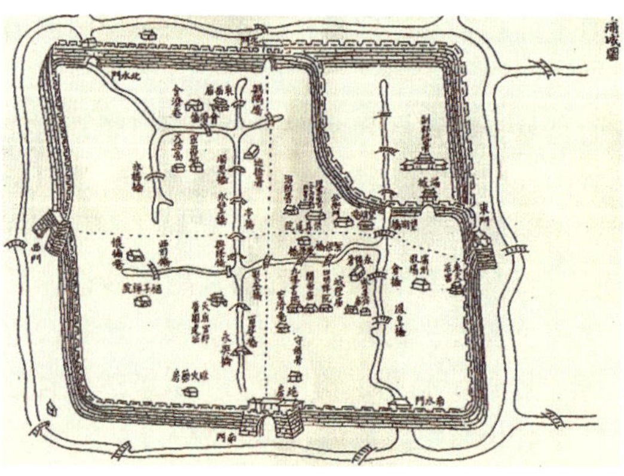

图7.12　乍浦古镇城图

[1] 刘予枫：《清代的乍浦港与中日贸易》，《中国海洋发展史论文集》第5辑，台北：中央研究院中山人文社会科学研究所，1993年版，第202页。

[2] 《乍浦志》卷1。

[3] 彭泽益：《清初四榷关地点和贸易量的考察》，《社会科学战线》，1984年第3期。

[4] 《乍浦志》卷1。

[5] 刊本《华夷变态》中册，台湾：东方书店，1981年版，第1459页。

[6] 《宫中档雍正朝奏折》第12辑，第58页。

[7] 《宫中档雍正朝奏折》第5辑，第424页。

[8] 永积洋子编：《唐船输出入品数量一览：1637—1833年》，东京：创文社，1987年版，第103-190页。

路守管《乍浦广仁堂记》记载，当时的乍浦"缩海而栖者数千家"，商业人口最多时达到六万余人。

图7.13　清《姑苏繁华图卷》局部

乍浦港的兴起，与苏州有一定关系。清前期的苏州是江南最大的商贸中心，水运尤为便利，"商贾辐辏，百货骈阗。上自帝京，远连交广，以及海外诸洋，梯航毕至"[1]。苏州浒墅关"地当南北通衢，为十四省货物辐辏之所，商船往来，日以千计"[2]。所以航运十三家办铜，都在苏州设立铜局，处理铜务。洋船入港后，官商额商先将洋铜运至苏州，然后再通过大运河及长江水路转运各省钱局。

乍浦的优势在于它有便利的运河水道可与苏州、杭州等地相连接。而宁波虽是传统的中日贸易口岸，但距离苏州较远，连接杭州的浙东运河航道狭窄，不利于官铜运输。再者，乍浦的沿海贸易也很发达，闽粤海船多有在此出入。北方的货物也可经由上海转入，所以乍浦的转口贸易其实在康熙年间就已经开始。乾隆六十年（1795年），在日本人眼中，乍浦"各地商船在此卸货，问屋（专门经营日货的商行）相连，仓库日日堆满货物，城中小巷亦如市集般热闹。和安南、阿妈港（澳门）、广东相比，此地虽属小城，但从早到晚家家忙着整理各地运来的货物，由小船搬上大船，运送出口，船只出入频繁，繁华无异于我国的浪华（大阪）"[3]。鸦片战争以后，日本开放通商，官办洋铜也因战乱而停止，乍浦失去独揽洋铜贸易的地位，遂衰落。

清前期的南洋贸易

南洋历来是中国商民出海贸易的主要目的地。《皇朝文献通考》记述中国周边的形势："东海为日本为大，其次则琉球，西则暹罗为最，东南番族最多，如大莱等数十国尽皆小邦，惟噶啰吧、吕宋最强。噶啰吧为红毛市泊

[1]　《明清苏州工商业碑刻集》，江苏人民出版社，1981年版，第331页。

[2]　嘉庆八年正月二十一日江苏巡抚汪志伊折，中国第一历史档案馆藏。

[3]　《南瓢记》，载荒川秀俊编：《异国漂流记续集》，地人书馆，1964年版，第142页。

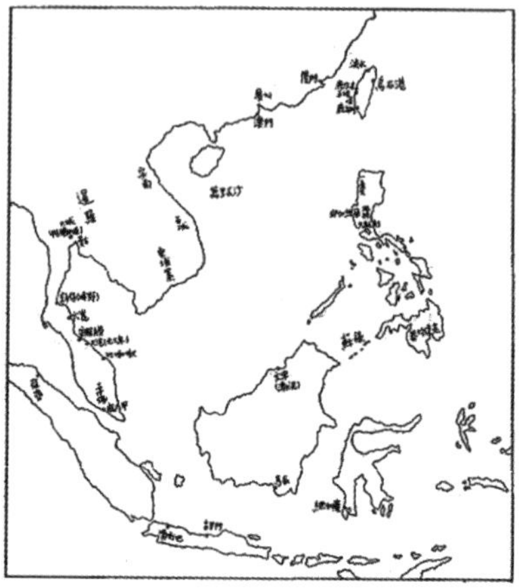

图7.14　清代南洋地区图

之所，吕宋为西洋市泊之所。”蓝鼎元《论南洋事宜书》的记述更为详细：“南洋番族最多：吕宋、噶喇吧为大；文莱、苏禄、麻六甲、丁机宜、哑齐、柔佛、马承、吉里门等数十国皆渺小……安南、占城势与两粤相接；此外有柬埔寨、六坤、斜仔、大泥诸国，而暹罗为西南之最。”

康熙二十三年（1684年）开海之后，出洋的商船“无分大小，络绎而发，只数繁多”[1]。姜宸英在其《海防总论》中有过生动的描述：“民内有耕桑之乐，外有鱼盐之资，商舶交于四省（江浙闽粤），遍于占城、暹罗、真腊、满刺加、浡泥、荷兰（此处应指荷属巴达维亚）、吕宋、日本、苏禄、琉球等国。”海内外贸易一片繁忙景象，“可谓极一时之盛矣”[2]。1689年，有14～15艘中国商船从广州、厦门、泉州开到暹罗贸易[3]；1696年英国人的报道说，每年有10～20艘中国船到达安南的会安港[4]。17世纪末期，前往吕宋贸易的中国商船也在20艘左右，1709年增至43艘，不过之后又有所回[5]。荷兰控制的巴达维亚也是康熙时期中国商民赴南洋贸易的主要目的地。据统计，1691—1700年，平均每年有11.5只中国帆船到达巴达维亚；1711—1720年，增加到13.6只[6]。这些帆船主要来自福建和广东，装载的大多是茶叶和瓷器。尤其是茶叶，在18世纪初的欧洲极受欢迎。日本的《唐船风说书》之一《华夷变态》也记载，1686年，56号咬留吧船报告，当年从福州、厦门前往咬留吧（即巴达维亚）的商船有10多艘；1687年，104号麻六甲船报告，当年从福州、厦门前往麻六甲（即马六甲）的大小船舶有30多艘。虽然没有明确的

[1]　《硃批谕旨》第46册，第40页。

[2]　陈寿祺：《重纂福建通志》卷87。

[3]　Sarasin Viraphol：Tribute and Profit，Sino-Siamese Trade 1652-1853，Harvard University Press，1977，P.55.

[4]　John K.Whitmore：Vietnam and the Monetary Flow of Eastern Asia.J.F.Richards：Precious Metals in the Later Medieval and Early Modern Worlds，Carolina Academic Press，1983，P.383.

[5]　Pierre Channu：Les Philippines et le Pacipique des Iberiques，Paris：Sevpen，1960，PP.169-180.

[6]　Blusse Leonard：Strange Company：Chinese Settlers，Mestizo Women and the Dutch in VOC Batavia，Dordrent：Foris Publications，1986，PP.123-124.

记载，但大致判断，康熙年间中国商民远赴南洋贸易，大约在百艘的规模。

康熙五十六年（1717年）实行南洋禁令，除了安南，中国商民不允许通贩南洋。一度繁盛的海外贸易顿时衰落，沿海经济也大为萧条。闽粤沿海“以四五千金所造之洋艘，系维朽蠹于断港荒岸之间”[1]。雍正五年（1727年），禁令解除。福建、广东、江浙沿海先后开放了南洋贸易。乾隆年间，南洋贸易再次进入繁荣发展的时期。乾隆六年（1741年），“闽粤海船不下百十号，每船大者造作近万金，小者亦四五千金……开洋市镇，如厦门广州等处，所积货物不下数百万……洋船往来，无业贫民仰食于此者不下千百家”[2]。闽粤赴南洋的海船不下百十号，说明这时的南洋贸易已经恢复了康熙年间的规模。

因为地利，南洋贸易主要集中在闽粤沿海，正如对日贸易，江浙占了大半。其中，远赴东南亚各地的闽商又较粤商更为活跃。雍正十一年（1733年），福建巡抚赦玉麟奏称：“闽省一年出洋商船，约有三十只，或二十八、九只。每船货物，价值十余万、六、七万不等。每年闽省洋船，约得番银二、三百万。”[3]福建的海船根据贸易路线的不同，分为洋船和商船两种。洋船从事国外贸易；商船从事中国沿海的贸易。另一方面，依据粤海关的报告，广东本港洋船为10～20只。雍正九年（1731年）共有20多只本港船入口，被认为是很多的一年[4]。在广东，由中国商民出海贸易的洋船称为本港船，以区别称为“夷船”的外国洋船。雍正年间，闽粤两省赴南洋贸易的商船数量的差距还不明显。乾隆年间，福建赴南洋贸易进入快速发展的时期，与此同时，广东赴南洋贸易则呈现缓慢增长的趋势。乾隆十六年（1751年），福州将军新柱奏称：“（福建）内地贩洋商船每年出口自五十余只至七十余只不等。”[5]乾隆十七年（1752年），两广总督阿里衮奏称：“（广东）大概每年内地商船出入海口者，约自二十余只至三十余只不等；外夷洋船，约自十余只至二十余只不等。”[6]以乾隆十七年统计的数字来看，广东“今岁本港洋船到关一十八只”[7]，福建厦门回棹入港的洋船为65只[8]。正如乾隆时两广总督杨应琚所总结的：“出洋贸易者，惟闽、广、江、浙、山东等五省之人，而其中闽省最多，广省次之。”[9]

[1] 蓝鼎元：《鹿洲初集》卷3。
[2] 道光《重纂福建通志》卷230。
[3] 《宫中档雍正朝奏折》，第21辑，第353-354页。
[4] 《宫中档雍正朝奏折》卷20，第247-248页。
[5] 《宫中档乾隆朝奏折》第1辑，第815页。
[6] 《宫中档乾隆朝奏折》第2辑，第336页。
[7] 《宫中档乾隆朝奏折》第3辑，第771页。
[8] 《宫中档乾隆朝奏折》第3辑，第777页。
[9] 《宫中档乾隆朝奏折》第8辑，第138页。

清前期的广东与福建同是海外贸易比较发达的省份，两者的区别在于，福建是中国商民出洋贸易的主要发航地，广东虽然也有不少中国商船出洋贸易，所谓“南洋各地都有卖广货的粤商”[1]，但相对而言，在粤海关的税收中，前来广东的外国商船所占的比重更大。自18世纪初开始，广州就成为外国商船来华贸易的主要口岸。福建的外来洋船，只是在开海之初比较多。据统计，康熙开海之后的19年间，共有62艘外国商船（英国船49艘、荷兰船13艘）到福建贸易，其中54艘到厦门，8艘到福州[2]。然而，在这以后，或许是因为海关人员的“抑勒”太重，外国的商船不再到福建贸易，“闽省数年以来竟绝无一至”[3]。雍乾年间，除了中暹之间的大米贸易，只有吕宋的西班牙商船断断续续入泊厦门。一口通商之后，尽管清廷允许吕宋商船可循旧例到厦门贸易，但实际上按《厦门志》和《清高宗实录》所载，从乾隆二十二年（1757年）直到道光三年（1823年），只有9艘吕宋商船曾经来到厦门，其中4艘“遭风至厦”，1艘是来修葺的船只，所以这个部分微小得可以忽略不计。与此相反，绝大部分的外国商船都跑到广东通商贸易，这个局面早在一口通商以前已经形成，所以乾隆帝在决定“一口通商”时才会说：“向来洋船进口，俱由广东之澳门等处。”[4]

早在明代嘉靖以后的私人海外贸易中，闽商的表现就特别活跃。明末著名的大海商如郑芝龙等，几乎清一色都是福建人，所以晚明时期的闽商甚至形成了一种文化现象。清代开海以后，这一优良传统继续发扬光大，从福建各个港口出洋贸易者络绎而发。“服贾者以贩海为利数，视汪洋巨浸如衽席，北至宁波、上海、天津、锦州，南至粤东，对渡台湾，一岁往来数次；外至吕宋、苏禄、实力、噶喇巴，冬去夏回，一年一次。初则获利数倍至数十倍不等，故有倾产造船者，然骤富骤贫容易起落，舵水人等借此为活者以万计。”[5]不过，雍正五年（1727年）南洋开禁以后，福建的对外贸易口岸被限定为厦门一处，“至闽、粤洋船出入，总在厦门、虎门守泊，嗣后别处口岸，概行严禁”[6]。自此以后，厦门遂成为福建全省洋船出入的唯一口岸。厦门的南洋贸易等同于福建的南洋贸易，鉴于福建是中国商船赴南洋贸易的主要始发地，厦门的兴衰基本就可反映中国商船在东南亚贸易的兴衰。

厦门在郑成功的经略之下崭露头角，康熙开海以后为“漳泉门户，洋船出

[1] 《光绪海阳县志》卷8。
[2] 陈希育：《清代福建的外贸港口》，《中国社会经济史研究》，1988年第4期。
[3] 《硃批谕旨》第6册，第68页。
[4] 《清高宗实录》卷281。
[5] 《厦门志》卷5。
[6] 《皇城文献通考》卷33。

入口岸，尤属紧要”[1]。虽然厦门本身幅员甚小，也没什么物产可供出口，但是厦门的地理区位十分优越。“据海疆扼要，北连二浙，南按百粤，东望澎湖、台湾，外通九夷八蛮”[2]，港道条件也较福州、泉州等为优，港阔水深，是天然良港。在清前期的对外贸易中，以重要性而论，厦门是仅次于广州的重要港口。《厦门志》记载：“闽海关钱粮，厦门居其过半。”[3]这是说明厦门在关税收入上的重要性。《鹭江志》记载，厦门“港中舳舻罗列，多至万计”。这是形容繁盛时期的厦门港。《闽政领要》说：“厦门为洋艘出入，百货聚集之处，商贾辐辏。”这是描述厦门因港兴市、商业繁荣的景象。在西方人的眼里，“这个繁荣城市的所在地是全中国最贫瘠的地区之一，因而也就没有什么东西可资出口。此地甚至连生活必需品也要依赖邻近的台湾岛……这地方尽管有这些不利条件，然而中国没有一个地方像厦门那样聚集了这许多有钱的能干的商人。他们分散在整个中国沿海各地，并且在东印度群岛的许多地方开设了商号”[4]。据周凯《厦门志》记载，厦门贩洋船只始于雍正五年（1727年）（应该是指南洋禁令以后），盛于乾隆初年。从厦门发船往南洋的贸易地点包括“噶喇吧、三宝垅、实力、马辰、埭仔、暹罗、柔佛、六坤、宋居勝、丁家奴、宿雾、苏禄、柬浦、安南、吕宋诸国”[5]。出洋的货物则包括“漳之丝绸纱绢，永春窑之瓷器，及各处所出雨伞、木屐、布疋、纸劄等物，闽中所产茶铁在所严禁”[6]。铁及铁制品禁止出境，是因为可以“备军资而造器物”，所以向例不准出洋货卖。茶叶本是福建出口之大宗货品，嘉庆二十二年（1817年），清廷规定，茶叶只能经内河贩运从广州出口，永禁私人从其他口岸“出洋贩运”。这一禁令的颁布对厦门的出洋贸易是一个沉重的打击，从此“洋船贩夷止有碗、伞粗活，口务遂绌”[7]。

厦门的对外贸易在乾隆二十年（1755年）左右最为兴盛。其中一个重要因素是中暹之间的大米贸易。雍乾时期，为了解决东南沿海的缺粮问题，清廷鼓励从南洋进口食米，其中，暹罗米丰价贱，中暹之间的大米贸易最为兴旺。大米进口主要是在福建，其次是广东。所以厦门成为大米贸易主要的进

[1] 《宫中档雍正朝奏折》，第16辑，第496页。

[2] 《厦门志》卷9。

[3] 《厦门志》卷7。

[4] H.H.Lindsay，K.A.Gützlaff：Report of Proceedings on a Voyage to the Northern Ports of China，in the Ship Lord Amherst，London：B.Fellowes，1833，P.13.

[5] 《厦门志》卷5。

[6] 《厦门志》卷5。

[7] 《厦门志》卷5。

图7.15　厦门港口的货船

出口通商口岸。中暹大米贸易始于雍正二年（1724年），开始只是由暹罗商船运米来华并免征其税。乾隆时因为东南沿海粮食危机更加严重，清廷为了调动商民贩运的积极性，制定了一系列优惠政策，如先后对外国商船和本国商船免征大米关税以及减免随载货物税，为本国商民发放出国造船买米印照，对自备资本运米回国的商民分别给予奖励或赏给职衔、顶带等。这些措施主要是在乾隆十二年（1747年）和十六年（1751年）颁布，之后就迎来了中暹大米贸易的最高峰。闽省“自乾隆十九、二十、二十一二三等年，商贾买运洋米进口，每年自九万余石至十二万余石不等”[1]。乾隆十七年（1752年）开始，厦门的出洋贸易也出现明显的增长。重开海禁之始，雍正五年（1727年）10月至六年（1728年）3月，共有21只商船由厦门出口[2]，雍正六年（1728年）12月至七年（1729年）3月，共有25只商船自厦门贩洋[3]。乾隆十七年（1752年）增加到65艘，十九年（1754年）的回港洋船为68艘，二十年（1755年）74艘，二十一年（1756年）68艘[4]。乾隆中期基本保持在70艘左右。

乾隆后期，厦门港的海外贸易开始衰退。乾隆二十九年（1764年）锐减到40艘，乾隆三十三年（1768年），只剩下23艘[5]。“至嘉庆元年（1796年），尚有洋行八家、大小商行三十余家、洋船商船千余号，以厦门为通洋正口也。”[6]洋行负责对外贸易；商行负责南北贸易。嘉庆十八年（1813年），洋行只剩下一家。道光元年（1821年），“洋行全行倒罢”[7]。最后的一家也无法维持下去，说明厦门已经没有出洋商船。《厦门志》载，当时没有洋行只好请商行代办洋行之事，因为虽然没有洋船，但以商船作洋船者尚有十余号。“自后洋船、洋驳亦渐稀少，私往诏安等处各小口整发，商行亦渐凋罢。”道光十二年（1833年）、十三年（1834年）在地方官员的劝谕下，厦门才有1～2

[1]　《明清史料》庚编，中华书局影印本，1960年版，第1122页。
[2]　《宫中档雍正朝奏折》，第16辑，第496页。
[3]　《宫中档雍正朝奏折》，第9辑，第626页。
[4]　《宫中档乾隆朝奏折》第3辑，第777页；第5辑，第8页；第12辑，第595页；第15辑，第581页。
[5]　《宫中档乾隆朝奏折》第21辑，第224页；第33辑，第108页。
[6]　《厦门志》卷5。
[7]　《厦门志》卷5。

艘洋船（商船改装的洋船）通贩外国[1]。

厦门港的衰落，现在分析可能有多重因素的影响。首先是海关勒索过重。“福建之厦门码头，本为内地贩洋商船聚泊之所，后因陋费繁重，屡次禁革，乃愈禁则愈甚，遂致洋行歇业，洋贩不通。幸内地商人可任其所之，不致激成事端”[2]。其次，因为海关陋费繁重，很多商船纷纷避开厦门港，改泊沿海偏僻小港如“诏安等处小口”。再者，厦门原本是对渡台湾的唯一口岸，乾隆四十九年（1784年），开放泉州的蚶江对渡台湾鹿港，五十三年（1788年）又开放福州的五虎门对渡台湾淡水的八里坌。于是福建商船多有假借赴台之名，利用蚶江、五虎门从事走私南洋的贸易活动：“蚶江、五虎门三口并开，奸商私用商船为洋驳（较洋船为小），载货挂往广东虎门等处，另换大船贩夷，或径自贩夷；回棹则以贵重之物由陆运回、粗物仍用洋驳载回，倚匿商行，关课仅纳日税而避洋税，以致洋船失利、洋行消乏，关课渐绌。”另外，从国内外的大形势来看，首先是乾隆二十四年（1759年）后，由于清廷禁止生丝和丝织品出口，闽粤洋船“多有停驾不开者”[3]。五年后虽然取消了禁令，但对生丝出口仍然有数量上的限制。其次，乾隆四十年（1775年年）后，由于暹缅战争爆发，厦门的大米贸易中断，而广东方面则主要从吕宋进口大米。再者，嘉庆年间，海盗活动增加。对于厦门出洋商船威胁最大的是蔡牵集团，“各商船出洋，要费用洋钱四百块，回内地者费用加倍。此项费用俱系给洋盗蔡牵，给则无事，不给则财命俱失”[4]。由于洋面不靖，许多商贾裹足不前[5]。

不过，虽然官方记载厦门的对外贸易在嘉道年间已然衰落，但19世纪的很多外国文献却说，中国帆船在东南亚的贸易活动仍然很活跃。1820年左右的中国商船，主要是去往“日本、菲律宾群岛、苏禄群岛、西里伯群岛、马六甲群岛、婆罗洲、爪哇、苏门答腊、新加坡、来阿、马来亚半岛东岸、暹罗、安南、柬埔寨及东京”[6]。中国到海外各国的商船不下222艘，计对日本贸易者20艘，婆罗洲13艘，马来各口岸6艘，马尼拉等地13艘，苏门答腊10艘，安南20艘，苏禄群岛4艘，新加坡8艘，柬埔寨9艘，西里伯群岛2艘，来阿1艘，东京20艘，爪哇7艘，暹罗89艘。这些商船主要来自闽粤。最大的帆船通常从厦门起航，载有去海外的移民，或自上海、宁波、广州起航，载着中国土产与制造

[1] 《厦门志》卷5。
[2] 文庆等纂修：《筹办夷务始末》（道光朝）卷64，中华书局，1964年版。
[3] 《皇朝政典类纂》卷118。
[4] 《清仁宗实录》卷108。
[5] 《清仁宗实录》卷41。
[6] 姚贤镐：《中国近代对外贸易史资料》，中华书局，1962年版，第59页。

品[1]。到了20世纪30年代初，每年开赴暹罗的厦门大船至少有40艘[2]。这些来自厦门的中国帆船既然不在官方记录之中，那么显然是以走私贸易为主。另外，“以出产生丝、茶及土布著称的浙江、江南两省对外通商范围，则以菲律宾群岛、安南、柬埔寨及暹罗各国为限；这类船只，据我所知，没有一艘曾经到达过印度群岛海面的西部。与暹罗通商的船只计24艘，都是大船；与安南通商者计16艘，其船亦大；连同与菲律宾通商者5艘，共计45艘。这些船只载重当不下17000吨”[3]。

1833年的*Chinese Repository*记载，每年出洋的中国船只，总数不在100艘以下。其中三分之一，自广州前往。这里面，去东京湾的，6~8艘；去交趾支那、柬埔寨和暹罗的，18艘或20艘；去新加坡、爪哇、苏门答腊和槟榔屿等口岸的，4~5艘；同时还有同样多的船只到西里伯、婆罗洲和菲律宾群岛去。值得注意的是，在19世纪30年代，新加坡（柔佛）成为中国商民赴南洋贸易的一个主要目的地。1819年，英国占领新加坡，在当地实行免税政策，吸引了各国海船前来贸易。1823年新加坡的贸易地位已经超越雅加达（巴达维亚），进而成为当时亚欧之间货物集散的最大中心。1829—1830年，到达新加坡的中国帆船为9艘，包括广东3艘，厦门4艘，上海2艘；1830—1831年增长到18艘，包括广东14艘，厦门2艘，上海及宁波2艘[4]。1839—1841年，每年到达新加坡的中国帆船150~250艘[5]。其中1840年为148艘，总吨数为14446吨。以其自中国运来的入口货物的总值计，1839—1840年为1109264元，1840—1841年为2149604元。出口货物总值，1839—1840年为1499139元，1840—1841年为2892872元[6]。

总的来说，在整个清前期，中国商船赴南洋贸易虽然有高潮，有低谷，但在规模和数量上一直保持平稳发展的态势。只是在帆船技术和载重量方面，与西方商船的差距越来越大。以1831年赴新加坡贸易的18艘中国商船为例，最大吨位500吨，最小吨位100吨左右，总吨位为3713吨，所载货物价值共计218927

[1] R.M.Martin：China，Political，Commercial and Social，Vol II，London：James Madden，1847，P.137.

[2] H.H.Lindsay，K.A.Gützlaff：Report of Proceedings on a Voyage to the Northern Ports of China，in the Ship Lord Amherst， London：B.Fellowes，1833，P.13.

[3] 姚贤镐：《中国近代对外贸易史资料》，中华书局，1962年版，第60页。

[4] John Phipps：A Practical Treatise on the China and Eastern Trade，Calcutta：Baptist Mission Press，1835，PP.281-283.

[5] C.F.Davidson：Trade and Travel in the Far East，London：Madden and Malcolm，1846，P.53.

[6] R.M.Martin：China，Political，Commercial and Social，Vol II，London：James Madden，1847，P.139.

西班牙银元。平均每艘商船载重量为206吨，平均每船所载货物价值为12162元[1]。与此同时，1831年，英国东印度公司来华商船25艘，总吨位29619吨，平均每船吨位为1184吨，进口货物总值3687674元，平均每船进口货价值147506元，出口货物总值8937195元，平均每船出口价值为357488元。该年度东印度公司来华商船中最大的是“劳瑟炮台号”，建造度量为1562吨[2]。鸦片战争是中国商船南洋贸易由盛及衰的转折点。自此以后，船坚炮利、载重量大的西方横帆船逐步取代中国木帆船。等到以蒸汽机为动力的轮船开始大规模应用，中国帆船更是明日黄花。19世纪70—80年代，厦门、上海等港口与东南亚的远洋航线，已经完全被外国商船所垄断。

图7.16　19世纪海上的中国帆船

一口通商的广州

《广东通志》记载：“康熙二十四年开南洋之禁，番舶来粤者，岁以二十余柁为率，至则劳以牛酒，牙行主之，所谓十三行是也。”开海之初，每年前来广东通商贸易的外国商船为20艘左右。这些外国商船主要来自东南亚各地。除了暹罗来往频密之外，所谓“凡南洋之广南港口、柬埔寨及西南之埭仔、六坤、吉兰丹、单咀、彭亨诸国咸来通市”[3]。梁嘉彬在《广东十三行考》中说道：“论十三行之事业范围，始则偏于‘以夷货与民贸易’，继乃转重于‘与夷互市’；论其交易之对象，始则重在南洋诸国，继乃转而之西洋诸国；论其性质，始则纯属评定货价承揽货税之商业团体，继乃兼及外交行政。”十三行是清廷指定专营广州对外贸易的半官半商性质的洋行组织，由于受命于官，主管洋务，所以十三行的行商又被称为“官商”“洋商”。17世纪后期，十三行的贸易对象是“南洋诸国”。18世纪以后西方的商船接踵而来，而且船只数

[1] John Phipps: A Practical Treatise on the China and Eastern Trade, Calcutta: Baptist Mission Press, 1835, P.283.

[2] 马士（H.B.Morse）：《东印度公司对华贸易编年史》第四、五卷，中山大学出版社，1991年版，第285—286页，第397页。

[3] 《国朝柔远记》卷4。

量、吨位以及贸易总量都在不断地以倍数增长，广州的对外贸易遂转向“西洋诸国”。“外洋商贩，悉聚于广州一口”，专营洋务的十三行“独操利权，丰享豫大，尤天下所艳称”[1]。康熙五十四年（1715年），英国在广州十三行开设第一家外国商馆[2]。随后，荷兰、法国、丹麦、比利时、奥地利、西班牙、普鲁士、美国等也纷纷在广州设立商馆。与十三行巧合的是，广州的外国商馆也刚好是十三家。1833年澳门出版的*Chinese Repository*记载，葡萄牙、西班牙、法国、荷兰、瑞典、丹麦、英国和美国，都在广州做生意。

图7.17　十三行附近的街市

英国是最主要的对华贸易国。据马士《东印度公司对华贸易编年史》的记载，康熙二十三年（1684年）至道光十三年（1833年）的150年间，仅英国东印度公司的来华商船就有1542艘[3]。特别是1784年以后英国降低茶叶税以后，对华贸易增长迅速，占西方各国对华贸易进口总值的80%以上，出口总值的70%左右[4]。美国的对华贸易仅次于英国。尽管美国的第一艘商船“中国皇后号”在乾隆四十九年（1784年）才来到广州，但贸易增长迅速，自1784—1841年，美国来华商船总计为1271艘[5]。英美两国基本垄断了西方国家的对华贸易。以1805—1806年为例，西方国家对华贸易年均进口总值为12348319银两，其中英国占92.9%，美国占6.2%，其他国家仅为0.9%；年均出口总值为11168783银两，其中英国占66.2%，美国占30.4%，其他国家仅为3.4%[6]。从商船数量来看，1784—1811年，广州口岸出口的外国船中，英国船有762艘，占58.3%；美国船378艘，占28.9%；其他国家船只为166艘，仅占

[1]　《彭刚直公奏稿》第4，“会奏广东团练捐输事宜”。
[2]　马士（H. B. Morse）：《中华帝国对外关系史》第一卷，商务印书馆，1963年版，第59页。
[3]　马士（H. B. Morse）：《东印度公司对华贸易编年史》第一、二卷，中山大学出版社，1991年版，第309—321页，第741—755页；第三卷，第387-402页；《东印度公司对华贸易编年史》第四、五卷，第384—400页，第628—632页。
[4]　严中平：《中国近代经济史统计资料选辑》，科学出版社，1955年版，第4—5页。
[5]　姚贤镐：《中国近代对外贸易史资料》，中华书局，1962年版，第287—288页。
[6]　严中平：《中国近代经济史统计资料选辑》，科学出版社，1955年版，第4—5页。

12.8%[1]。英美两国的商船共占87.2%，占据了绝大多数。

图7.18　广州商馆早期风貌（约1730年）

法国在广州的商馆于1728年设立，但在整个18世纪中，法国在华的贸易仅限于很小的规模[2]。另一个老牌资本主义国家荷兰也收获甚小。19世纪初，当英美两国的贸易总额达到3000多万元之时，荷兰在中国的贸易还没超过100万元。“西、葡两国更等而下之。葡萄牙这时局促于澳门。西班牙在广州之外，还打开了厦门和马尼拉之间的贸易，但均无成果可言。广州马尼拉之间，很少有西班牙船只，厦门马尼拉之间，在十九世纪以后，只见过一艘西班牙商船。”[3]至于“其他在广州进行贸易的海洋国家，先后有瑞典人、丹麦人、普鲁士人、汉堡人、布勒门人、奥地利人（指比利时人）、意大利人、秘鲁人、墨西哥人和智利人，但他们的贸易一向不重要，并且在初期也从来没有发生过值得论述的事件”[4]。

早在一口通商以前，广州已经是西方各国商船入泊的主要口岸。以鸦片战争前对华贸易最盛的英国为例，从康熙二十三年（1684年）开海禁至乾隆二十二年（1757年）一口通商以前，英国东印度公司来华贸易的商船共有232艘，其中前往广州的194艘，前往厦门的19艘，前往舟山（宁波）的18艘，还有1艘是去澳门[5]。自1684年开海以后，英国商船首先选择了厦门作为贸易地点，是因为在郑成功时期英国东印度公司就曾经在厦门设过商馆，开辟了贸易航线。康熙三十八年（1699年），英国东印度公司的商船“麦士里菲德尔号”首次来到广州，获得减免关税的优惠，然后英国人就在厦门、舟山（定海）和广州三地轮流通商，并逐步将贸易的重心转移到广州。康熙五十年（1711年）以后，英国商船开始固定赴广州一地进行通商贸易。其间，只有

[1]　聂宝璋编：《中国近代航运史资料第一辑（1840—1895）》上册，上海人民出版社，1983年版，第9—10页。
[2]　马士（H.B.Morse）：《中华帝国对外关系史》第一卷，中山大学出版社，1963年版，第65页。
[3]　汪敬虞：《十九世纪西方资本主义对中国的经济侵略》，人民出版社，1983年版，第12页。
[4]　马士（H.B.Morse）：《中华帝国对外关系史》第一卷，中山大学出版社，1963年版，第65页。
[5]　马士（H.B.Morse）：《东印度公司对华贸易编年史》第一、二卷，中山大学出版社，1991年版，第309—321页；《东印度公司对华贸易编年史》第四、五卷，第628-632页。

1735年和1736年各有1艘英船入泊厦门和舟山，1744年英船“哈德威克号”去过厦门，1755年、1756年和1757年因为广州粤海关大肆索取陋规银，各有1艘英船北上宁波，试图寻找新的贸易机会，结果反而是促成了一口通商政策的实施。然而，事实上的一口通商早在1711年左右就自发形成，1757年的禁令只不过是将其制度化而已。据关税档案记载，从康熙五十四年（1715年）至五十九年（1720年），英国、法国、葡萄牙等国家驶入广州贸易的船只为68艘，运来的是西欧地区的毛布纺织物、自鸣钟、仪器、玻璃等工业品以及南洋各国的香料、药材、硬木、棉花、黑铅、鱼翅等，运走的是茶叶、生丝、绸缎、磁器等物[1]。外国商船自发地选择了广东，这是一个明显不过的事实。正如西方人所说：“十七世纪时，小规模的通商是在许多地点进行的，但是却有集中广州的倾向，这一则是因为该城的官吏、商人富有敏锐的商业本能，二则是因为外商发现，其他城市的官吏和商人们只希望在可能的最短期间内得到最多的金鸡蛋。故自十八世纪初叶起，广州自然而然地成为一个主要的商港。”[2]

需要说明的是，一口通商限制的仅是外国商船的来华贸易。中国商民的远洋贸易并不在限定范围之内。一口通商以后，中国的商船仍然可以从四大海关的不同口岸出航外国，尽管福建只有厦门为通洋正口，但广东的本港船可以出洋贸易的口岸相对就丰富得多。“粤东之海，东起潮州，西尽廉南，南尽琼崖，凡分三路，在在均有出海门户，自海禁既开，帆樯鳞集，瞻星戴斗，咸望虎门而来。”[3]外国文献记载，19世纪20年代，中国商船的对外贸易是在“毗邻的广东、福建、浙江及江南四省进行的……中国经营这种贸易的港口为广东省的广州、潮州、南康、惠州、徐闻、江门、昌西（？）及海南，福建省的厦门及青城，浙江省的宁波及（江南的）上海，和江南省的苏州”[4]。广东的广州和潮州，历来都是出洋贸易比较发达的地区，另外，每年也有不少载重量150吨左右的小帆船从海南开往东京、安南、柬埔寨、暹罗及新加坡等地进行贸易，其中，开往暹罗的船只约50艘，安南的约43艘[5]。海南在清代隶属广东管辖，所以《粤海关志》才会说，广东沿海的大小口岸“距省自数百里至二千余里不等”。

[1] 吕坚：《谈康熙时期与西欧的贸易》，《历史档案》1981年第4期。
[2] H.B.Morse：The Gilds of China：With an account of the gild merchant or Co-hong of Canton，Longmans，Green and Company，1909，PP.65-66.
[3] 《粤海关志》卷5。
[4] 姚贤镐：《中国近代对外贸易史资料》，中华书局，1962年版，第59页。
[5] 姚贤镐：《中国近代对外贸易史资料》，中华书局，1962年版，第59页。

不过，如前所述，本港洋船的出海贸易在广东并不是目光之焦点，因为在粤海关每年的税收中，外国商船的贡献才是最大的一块蛋糕。乾隆十七年（1752年）、十八年（1753年）、十九年（1754年）连续三年，粤海关的税收都在50万银两以上，其中省城大关以外各口岸所征的国内贸易税仅12万～13万银两，唯广州大关税银40多万银两，“全藉洋船出入，按则征收”[1]。所以粤海关每年征收税数，“向视洋船多寡以定盈细”[2]。广州最为世人所瞩目的，是这里聚集了来自西方各国的贸易商船，一口通商以后更是名正言顺成为唯一的通商口岸。根据《粤海关志》卷二十四的记录，自乾隆十四年（1749年）至道光十八年（1838年）的90年间，来广州贸易的西方商船总计为5266艘[3]。1749—1758年，来广州的西方商船为194艘，1779—1788年，增加到504艘，1809—1818年，增加到807艘，1829—1838年增加到1101艘。其中，1756—1757年是最少的一次，只有7艘；1836—1837年是最多的一次，达到创纪录的213艘。从贸易规模上来看，1764年，广州进出口贸易总值为5545847银两[4]；1792年，进出口贸易总值增加为12560177银两[5]；1830—1833年，进出口贸易总值达到22636249银两[6]。短短70年间，贸易总值增加了大约3倍。18世纪以后，以英美为主体的西方国家的对华贸易，在清前期的外贸体系中占据了主导地位，而且其绝对数值还在以令人震惊的速度不断地攀升。这种对华贸易，在一口通商之前大多发生在广州，在一口通商之后只能发生在广州，因而具有垄断性质。正因如此，尽管自秦汉以来广州就是全国数一数二的贸易大港，而且是唯一的历久不衰的贸易大港，但清中叶（1757—1840年）的一口通商，才使广州登上城市发展史上最辉煌的巅峰。乾隆年间的诗人李调元有《南海竹枝词》赞曰：“自是繁华地不同，鱼鳞万户海城中。人家尽蓄珊瑚岛，高挂栏杆碧玉笼。奇珍大半出西洋，番舶归时亦置装。新出牛郎印光缎，花边钱满十三行。”

[1] 和珅等：乾隆十六年八月二十五日折，中国第一历史档案馆藏。

[2] 李侍尧：乾隆二十五年三月初九日折，中国第一历史档案馆藏。

[3] 《粤海关志》卷24。

[4] 严中平：《中国近代经济史统计资料选辑》，科学出版社，1955年版，第4—5页。

[5] 马士（H. B. Morse）：《东印度公司对华贸易编年史》第一、二卷，中山大学出版社，1991年版，第518页。

[6] 严中平：《中国近代经济史统计资料选辑》，科学出版社，1955年版，第4—5页。

乾隆元年（1736年）至道光二十年（1840年）四大海关年均税收表（单位：银两）[1]

关期	粤海关	闽海关	浙海关	江海关
1736—1756	449048.33	269454.47	89790.235	62483.6
1757—1766	426345.7	342512.2	89414.39	71452.6
1767—1776	558662.5	362114.8	89658.28	72055.14
1777—1786	635924	385193.4	90075.88	72542.6
1787—1796	1023935.3	306912.6	90275.31	72867.95
1797—1806	1250706.3	205232	72731.48	73111.88
1807—1816	1425864.8	193360.43	79701.2	73600.31
1817—1826	1406489.6	195187.17	79691.94	73651.15
1827—1836	1547295.1	180000.67	79385.98	73313.17
1837—1840	1365685.33	176910	79178.69	70355
平均	1071212.11	260824.78	83345.91	72550

广州对外贸易之盛，还可从粤海关的税收增长略窥一二。一口通商之前，粤海关的洋税银就占总数的五分之四强。一口通商以后，国内贸易的部分基本可以忽略不计，因为对外贸易的规模在以惊人的速度增长。根据《粤海关志》的记录，1757年粤海关的税收为320531银两，此后逐年递增，1788年突破100万银两，1802年以后基本保持在140万～150万银两的水平，其中最高的是1836—1837年度，粤海关的税收达到1789424银两。1799年以后，粤海关每年的税收都在100万银两以上，然而沿海贸易的税收还是10多万银两。与此同时，一口通商以后，其他三大海关的年均税收都在稳定发展的基础上有小幅度提升，可见一口通商对其影响不大。只是在19世纪初叶，闽海关和浙海关都出现明显的下降，其后分别保持在近20万银两和近8万银两的水平，江海关则一直平稳保持在7万银两左右的水平。粤海关与其他三大海关的税收差距，已经不是同一个重量级上的战斗。18世纪下半叶开始，粤海关在全国所有榷关中高居榜首的位置。嘉庆十六年（1811年）粤海关的税收（1165262银两）占全国24个户关税收总额（4276564银两）的27.2%，超过四分之一；十七年（1812年）粤海关的税收（1347937银两）占总数（4479208银两）的30.1%[2]，将近三分之一。由此可知，广州的对外贸易在清前期整个商品流通和贸易体系中

[1] 廖声丰：《试论“一口通商”时期闽海关的商品流通》，《江西财经大学学报》，2010年第2期。

[2] 汇核嘉庆十七年各省钱粮出入清单，《史料旬刊》第28—30期。

都举足轻重。屈大均《广东新语》称其为“金山珠海，天子南库”。1833年的*Chinese repository*描述了广州当时的贸易盛况：“广州的地理形势和中国政府的政策，再加上其他各种原因，使得广州成为对内对外贸易极盛之地。除了俄国队商跨越中国北方边疆，葡萄牙和西班牙的商船往来澳门而外，中华帝国与西方列国的全部贸易都聚会于广州。中国各地物产都运来此地，各省的商贾货栈在此经营着很赚钱的买卖。东京、交趾支那、柬埔寨、缅甸、麻六甲或马来半岛、东印度群岛、印度各口岸、欧洲各国、南北美各国和太平洋诸岛的商货，也都汇集到此城。”[1]乾隆三十四年（1769年），英国人威廉·希克（William Hickey）在其回忆录中描述了对广州的城市观感：“这个城市令人惊讶的豪华壮丽而且风景如画。宏伟而新颖的建筑，经常使外来人士感到惊奇。珠江上船舶穿梭如织的忙碌情景，就象伦敦桥下的泰晤士河。”[2]

广州对外贸易出口最大宗的物品分别是茶叶、生丝和土布（南京布）。18世纪20年代以前，丝的出口居于首位。大约在20年代前后，茶叶取代了生丝，成为贸易的主要商品[3]。茶叶最早是在明末由葡萄牙人和荷兰人运销东南亚及欧洲，然后在欧洲市场大受欢迎，很快就成为欧洲人尤其是英国人的生活必需品。18世纪后期，仅茶叶一项“便提供了英国国库总收入的十分之一左右和东印度公司的全部利润”[4]。18世纪30年代，江南苏州和松江一带出产的手织棉布即所谓南京布（Nankeens），开始经由英国东印度公司出口到欧洲市场[5]。19世纪初，这种紫花布在南

图7.19　珠江繁忙的景色

[1] Chinese repository, Vol II, 1833, P. 289. 转引自姚贤镐：《中国近代对外贸易史资料》，中华书局，1962年版，第305页。

[2] William Hickey: Memoirs of William Hickey, Routledge, 1975, P. 125.

[3] 马士（H. B. Morse）：《东印度公司对华贸易编年史》第一、二卷，中山大学出版社，1991年版，第156页。

[4] 《马克思恩格斯选集》第二卷，第257页。

[5] 马士（H. B. Morse）：《东印度公司对华贸易编年史》第一、二卷，中山大学出版社，1991年版，第223页和第238页。

洋、英、美以至法国都十分流行[1]。广州出的棉布因为报价高质量差，所以不受青睐。英国人特别努力去收购南京布，因为“它们有些比其他的结实，但总比在广州纺织的为好，广州织的洗后会脱色，而真正的南京布则肯定不会”[2]。在广州的对外贸易中，茶叶、生丝和土布这三项货物的出口一般可以占出口总值的80%以上。比如1817年，出口总值19486461银元，其中货物总值15566461银元，占80%，白银出口3920000银元，占20%；在货物出口中，茶叶为10707017银元，占68.8%，生丝635440银元，占4.1%，缎绸984000银元，占6.3%，土布1048940银元，占6.7%，三项合计79.6%。1832年，出口总值为26413939银元，其中货物总值21258198银元，占80.5%，白银输出5155741银元，占19.5%；在货物出口中，茶叶为15241712银元，占71.7%，生丝2132551银元，占10%，土布128825银元，占0.6%，三项合计82.3%[3]。其中，生丝出口是不断增加的，尤其是19世纪以后增长迅速，1800年左右的出口为1000担左右，1820年左右上升为4000担左右，1830年以后增加到8000担以上；土布的出口与之相反，尽管一直到19世纪30年代，“中国盛产的南京布，无论在质地上和成本上，都优于曼彻斯特的棉布”[4]，但1830年以后土布的出口急剧减少，原因是英国以机器大生产为标志的棉纺织业开始占领市场，与此同时英国的机织棉纱棉布开始大量进口中国，不过在整个贸易中的比例仍然微不足道，鸦片战争前夕，广州进口的棉纺织品，总共不过200万元，相当于中国出口丝茶价值的六分之一[5]。至于最大宗的茶叶出口，始终呈直线上升的趋势，1760—1764年，由英国东印度公司出口的茶叶年均为42065担，1830—1833年，这个数字上升为235840担[6]。1836年，从中国输入英国的茶叶高达4852万磅[7]。茶叶、生丝和土布这三项主要出口商品的贸易，由英美两国垄断，占99%左右的份额。其中，英国在茶叶和生丝上占据绝对优势，茶叶约占75%以上，生丝占95%以上，土布由英美两国瓜分，大致你消我长，1800—1809年，美商出口

[1] 转引自汪敬虞：《十九世纪西方资本主义对中国的经济侵略》，人民出版社，1983年版，第14页。

[2] 马士（H.B.Morse）：《东印度公司对华贸易编年史》第一、二卷，中山大学出版社，1991年版，第252页。

[3] 姚贤镐：《中国近代对外贸易史资料》，中华书局，1962年版，第256—257页。

[4] Michael Greenberg: British Trade and the Opening of China, University Press, 1960, P.1.

[5] 转引自汪敬虞：《十九世纪西方资本主义对中国的经济侵略》，人民出版社，1983年版，第18页。

[6] 严中平：《中国近代经济史统计资料选辑》，科学出版社，1955年版，第15页。

[7] Chinese repository, Vol XII, 1843, PP.516-517.转引自姚贤镐：《中国近代对外贸易史资料》，中华书局，1962年版，第284页。

图7.20 茶叶行

的土布约占70%左右，英商则只有22%左右的份额，然而到了1830—1833年，英商控制了82.4%的份额，美商则只有17.0%的份额[1]。

进口商品以毛织品和棉花为大宗。毛织品主要来自英国本土，棉花来自英属印度。这两项在进口贸易总值中，一般占70%[2]。其中，棉花进口是赚钱的买卖，毛织品进口是赔钱的买卖。在马士《东印度公司对华贸易编年史》的记录中，1699年毛纺织品刚刚输入中国时，英国人发现“没有人想买它”，40年后，毛织品依然是“一件非常难卖的商品”，这一年进口的呢绒，超过十四两一匹就无人问津，然而其成本至少在十八两以上。“1800年以前东印度公司向中国贩卖毛织品一直是亏本的，平均每年总得亏上十多万至二十多万两。1800年后没有统计可引用，但我们确知那还是一直亏本的。”即使是加上赚钱的印度棉花，仍然抵不过毛织品的亏损，“于是东印度公司在广州的整个进口生意也就无一年不亏”。英国东印度公司之所以赔钱还要向中国进口毛织品，是因为毛织品是英国本土的主要出口商品，而这笔亏损可以从赚钱的茶叶贸易中得到补偿。东印度公司每年从茶叶贸易中赚取的利润，“大到可以抵补输华商品上的一切亏损以后，每年还有四五十万两至一百余万两的盈余”[3]。丰厚的利润迫使英商必须坚持茶叶贸易，可是没有合适的出口商品来交换。早期的中英贸易，往往以船载白银来进行交易。东印度公司的商船装载，白银经常占90%以上，商货则不足10%[4]。在18世纪初期，“中国作为英国制造品的一个市场来说，是几乎不存在的；从1708年到1712年，对华直接出口贸易每年的平均数字，在商品方面不到5000英镑，在金银方面超过50000英镑”[5]。康熙五十五年（1716年），广东巡抚杨琳在奏折中说：“今岁广州自二月至六月，到有法兰西洋船六只，英吉利洋船二

[1] 严中平：《中国近代经济史统计资料选辑》，科学出版社，1955年版，第16页。
[2] 汪敬虞：《十九世纪西方资本主义对中国的经济侵略》，人民出版社，1983年版，第14页。
[3] 严中平：《中国近代经济史统计资料选辑》，科学出版社，1955年版，第17页。
[4] 严中平：《中国近代经济史统计资料选辑》，科学出版社，1955年版，第18页。
[5] 姚贤镐：《中国近代对外贸易史资料》，中华书局，1962年版，第258页。

只，俱系载银来广置货，甚至全年总共到有外国洋船十一只，共载银约有一百余万两。”在早期的广州对外贸易中，白银流入是主要特征。据统计，自康熙三十九年至乾隆十六年（1700—1751）的51年间，西欧各国输入中国的白银达到68073182元，平均每年为1308401元[1]。然而，19世纪以后，由于走私鸦片大量输入中国，中国的白银开始大量流出。1818—1833年，英国对华贸易进口的鸦片占34%，棉花占22%，其他货物占42%，白银输入仅为2%；出口的货物以茶为大宗，占47%，其他货物占32%，其中大约一半是丝，剩下的21%都是白银输出[2]。“在东印度公司统治下的后几年里，中国贸易逆差越来越大，商品交易中每年必须清偿的债务为1500000～2000000英镑，而在当时唯一的办法是用白银支付。这种情况的出现是鸦片造成的。”[3]在鸦片战争前夕，英国人估计：“英国对华的合法输入品的价值为11200000元，违法进口的鸦片价值为13800000元；中国输出的货物，几乎全为茶和丝，价值约与进口鸦片相等，因此留下11000000元的差额须以现银支付。”[4]在西方各国对华的合法贸易中，即使到了19世纪中国也一直处于贸易顺差的地位，然而加上违法的鸦片走私，就变成了严重的贸易逆差，白银外流和鸦片的泛滥，对中国社会经济的影响不言而喻。不过，这与广州的一口通商着实没有什么关系。

南北贸易的兴盛

中国东部有漫长的海岸线。自北宋开始，北方的密州市舶司与南方各港口之间就不断有商船往来进行南北物资的交换。不过，因为国境的缩小，这种南北贸易在南宋期间不得不中止。到了元代，大规模的北洋漕运占据了主导地位，民间的海上贸易几乎没有生存空间。明代实行的是长期的海禁政策，所以全国各地的沿海港口几乎都处于无所事事的状态，更谈不上有什么贸易。尽管明代初期仍然在辽东与江南之间延续了漕粮海运的传统，但永乐年间漕粮改由运河输送，海运即宣告结束；隆庆开关以后，沿海贸易渐渐复苏，各地港口都开始陆续有小规模和短途的商贸往来。清康熙二十三年（1684年）开海禁之后，全国性的南北贸易开始兴起，尤其是北方的关东、直隶和山东，前代

[1] 余捷琼：《1700—1937年中国银货输出入的一个估计》，商务印书馆，1940年版，第32-34页。

[2] 马士（H.B.Morse）：《中华帝国对外关系史》第一卷，中山大学出版社，1963年版，第105页。

[3] 姚贤镐：《中国近代对外贸易史资料》，中华书局，1962年版，第273页。

[4] 姚贤镐：《中国近代对外贸易史资料》，中华书局，1962年版，第280页。

一直是贸易不到或不甚发达的地区，“自从康熙年间大开海道，始有商贾经过登州海面，直趋天津、奉天，万商辐辏之盛，亘古未有”[1]。清人蓝鼎元在其《漕粮兼资海运疏》中说：“天下舟楫之利，无如闽广，而江南则逊浙江，山东又逊江南。”闽广的海船，俗称鸟船，体型大、载重量大，船体坚固，航速快，适于长距离的远洋航行，故而“上而关东，下而胶州，上海、乍浦、宁波，皆闽广商船贸易之地，来往岁以为常”[2]。譬如由福建厦门开船，顺风十余日即至天津。其他各省的海船，相对体型小、载重量小，更宜于在风平浪静的沿海航行，所以大多在有限的地域范围内活动。

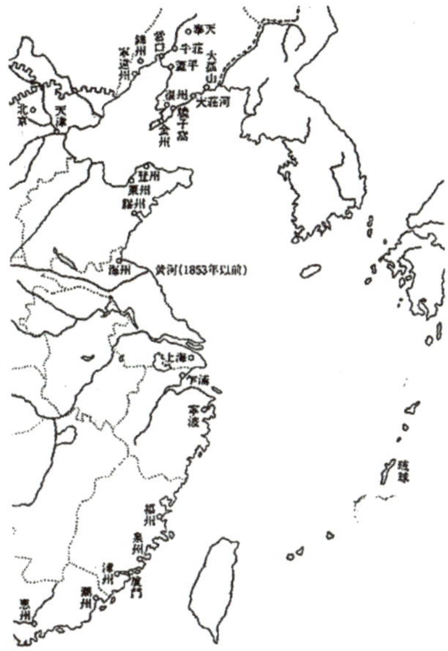

图7.21　清代沿岸图

一般来说，清代的南北贸易以上海为中点，分为北洋航线和南洋航线。从上海出吴淞口“迤南由浙及闽粤”，称为南洋；出吴淞口“迤北由通（通州）、海（海门）、山东、直隶及关东”[3]，皆为北洋。北洋航线和南洋航线所使用的船只种类、运输的货物种类等都有所不同，即所谓“各省之海面不同，船式器具，亦因而有别”[4]。

来往于北洋航线的海船，主要是江南的沙船。因为北洋航线主要是在“内洋行走”，多沙滩和暗沙岭，故所行船只以沙船为宜。齐彦槐《海运南漕议》说：“北洋沙碛，水浅礁硬，非沙船不行。”谢占壬《海运提要》也讲到：“江南海船名曰沙船，以其船底平阔，沙面可行可泊，稍搁无碍。”沙船是北洋贸易的主力，船主多为上海附近一带的商民。乾嘉道年间，“上海、乍浦各口有善走关东、山东海船五千只”[5]，其中，上海一地“约有（沙船）三千五六百号，其船大者载官斛三千石，小者载千五六百石，船主皆崇明、通

[1]　谢占壬：《海运提要序》，《皇朝经世文编》卷48。
[2]　蓝鼎元：《漕粮兼资海运疏》，《皇朝经世文编》卷48。
[3]　齐彦槐：《海运南漕议》，《皇朝经世文编》卷48。
[4]　谢占壬：《海运提要序》，《皇朝经世文编》卷48。
[5]　钱泳：《履园丛话》卷4。

州、南汇、宝山、上海土著之富民”[1]。关于沙船的载重量，大小不一，大约从三千石至百石者皆有，一般认为，江南的沙船较之闽广的鸟船要小。沙船的缺点在于只能顺风驾驶，抗逆风的能力远不及闽粤的鸟船。闽粤海船也有不少直接北上辽东、天津者，“须先至江南尽山停泊。等候西风，向东开行一日。避出浅沙北行。方保无虞”[2]。在北洋航线上，还有一些专走短途海运的北方船，包括山东船、关东船、天津船等，其共同特点是，“船小桅细，只可内洋往来”[3]。天津船，又称卫船，一般是在北洋水域航运，与辽东的奉天往来者居多。据乾隆五十年（1785年）记载，“天津航海商船，领照赴奉者，八百余只”[4]；嘉庆九年（1804年），天津“商船造有三百六十七号”[5]。山东船，亦称东船、登邮，据日本学者松浦章的研究，山东船的航行范围“以东北沿海地区为中心”，向南到“长江口一带”。奉天锦州的马蹄沟海口主要停泊天津船和山东船，乾嘉年间为极盛，“每岁进口船约千余艘”[6]。至于关东船，载运量一般在200～400石之间，体积最小，载量最轻，航行的海域也很有限，主要在奉天沿海以及天津、山东沿海一带活动。由于清代前期来往于奉天贸易的多是外省船如闽粤鸟船、江南沙船以及天津的卫船和山东的东船，所以关东船的数量不会太多。

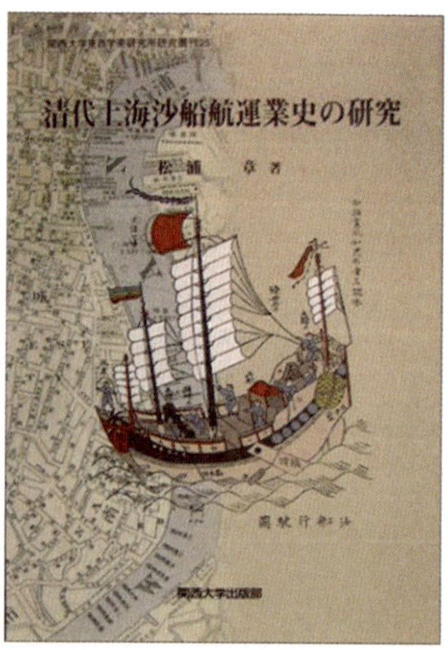

图7.22　清代的沙船

往来于南洋航线的海船，主要是闽广的鸟船，又称舶艚船。按包世臣所言，“南洋多矾岛，水深浪巨，非鸟船不行”[7]。闽广的鸟船，“大于沙船一倍，大者能装三千石，小者能装一千六百石”[8]。其中，福建的海船以厦门为中心，“北至宁波、上海、天津、锦州，南至粤东，对渡台湾，一岁往来数次”。根据航行路线的不同，福建的海船又有横洋船和贩艚船之分。从厦门对渡台湾的海船，因为要横渡

[1] 包世臣：《海运南漕议》，《安吴四种・中衢一勺》卷1。
[2] 谢占壬：《海运提要序》，《皇朝经世文编》卷48。
[3] 乾隆《天津县志》卷21。
[4] 《清高宗实录》卷1240。
[5] 嘉庆十一年十二月初十托津、李如枚折，第一历史档案馆藏。
[6] 民国《锦县志》卷13。
[7] 包世臣：《海运南漕议》，《安吴四种・中衢一勺》卷1。
[8] 齐学裘：《见闻续笔》卷2。

黑水大洋，故称之为横洋船。横洋船也有自台湾再转运北方贸易通商者，统谓之透北船。其中从台湾载糖至天津贸易者，其船较大，谓之糖船。贩艚船也分南艚和北艚。“南艚者，贩货至漳州、南澳、广东各处贸易之船；北艚者，至温州、宁波、上海、天津、登莱、锦州贸易之船。”[1]嘉庆元年（1796年），厦门的贸易已然中落，仍有包括横洋船和贩艚船在内的“洋船、商船千余号”[2]。广东从事南北贸易的海船，以潮州的潮阳、海阳、澄海、饶平、揭阳、普宁、丰顺、惠来八邑为最多。《澄海县志》记载，潮澄的海船“上沂津门，下通琼趾”。清前期已经成为“滨海通衢”的上海，是南洋航线和北洋航线交汇的主要中转地，所以“广东潮州航海通商，帆樯络绎”[3]。嘉庆年间，因潮商益众，在上海建潮州八邑会馆。

此外，还有浙江的海船，也颇具特色。其中最有名的是流行于宁波、定海等口岸的蛋船，因其构造介于艚船和沙船之间，所以又叫三不象船，南北洋皆可行。谢占壬《海运提要》说：“浙江海船名蛋船，又名三不像，亦能过沙，然不敢贴近浅处，以船身重于沙船故也。”

康熙开海以后，在南方地区，江南至闽粤一带的沿海贸易最先发展起来，朝廷在此设立了江、浙、闽、粤四大海关。然而，北方的沿海贸易仍然存在不少禁限。尽管闽广的商船很早就直上关东、天津、胶州一带，但规模相对较小。原因在于清初对关东的粮食贩运一直都有所管制，而北洋贸易以粮食贩运最为重要。关东的豆粮，山东的豆石，江南的棉花和布，闽广的糖，是南北贸易物资交换的主要商品。其中，关东的大豆和粮食，在北洋贸易中占据主导地位。据今人的统计，在东北、华北、江浙和闽广四个地区市场的商品交流运输中，商品粮食的运输占有主导地位。粗略估算，嘉庆时期东北粮食外运量年均为1270万石；华北粮食外运量年均为480万石；闽广、江浙间的粮食交流运量年均为300万石。清代前期沿海粮食总运量，嘉庆时年均为2050万石[4]。然而，在康雍年间，关东豆粮贩运关内，仍有数量和地域上的限制。

清初的粮禁主要是为了保证军粮供应充足。比如，康熙二十五年（1686年），上谕“闻有运盛京粮米于山海关内者，又泛海贩粜于山东者多有之。粮米所系最为紧要，况今防戍官军人口众多……宜止其贩粜粮米”[5]。其后，粮

[1]　《厦门志》卷5。
[2]　《厦门志》卷5。
[3]　《上海碑刻资料选辑》，上海人民出版社，1980年版，第326页。
[4]　邓亦兵：《清代前期沿海粮食运销及运量变化趋势》，《中国社会经济史研究》，1994年第2期。
[5]　《清圣祖实录》卷128。

禁时禁时开，依丰歉年份而定，但这时的开放也只限于贩运直隶。实际上天津与奉天之间的粮运一直都未断绝，只是数量多少的问题。官府允许少量的船户经营关东与天津之间的粮运，另外走私贩运（包括天津和山东）也一直存在。乾隆四年（1739年），关东的粮禁基本解除，“嗣后奉天海洋运米赴天津等处之商船，听其流通，不必禁止”，除了贩运到天津之外，奉天的米粮也开始贩运到其他地区，“河间、保定、正定，南至闸河，东至山东登、莱等口，亦俱通贩矣”[1]。东北的奉天也盛产大豆，然则乾隆十四年（1749年）以前，奉天豆石例禁海运，只准经陆路贩入关内[2]。乾隆三十八年（1773年），山海关开征豆税，奉天的豆粮北运从此全部开放，北洋贸易也因此轰轰烈烈地开展了起来。

嘉（庆）道（光）年间，东北输往直隶、山东二省的高粱粟米等粮食每年约一二百万石[3]，而输往江南的豆麦、杂粮数量更大，其中尤以大豆为多。大豆为什么会成为清代南北贸易最重要的流通商品，在今天看来似乎很不可思议。不过，在清代前期，大豆有很多用处，可以打油、磨腐、素食、制酱或榨油，磨腐后豆渣喂猪，榨油后饼可肥田。尤其是江南一带，豆粮消耗颇多，所谓“江省民间磨腐、造酱、打油等项用豆甚广，本地所产不敷所用，向藉东省商豆以资接济”[4]。另外，明代中期以后，江南的苏（州）松（江）地区，成为全国最大的棉花种植和棉布织造基地。豆饼作为基肥被普遍用于棉花、水稻的种植，所以在江南销路甚广。在杭嘉湖蚕桑区，进口的豆货主要用作酱腐素食以及喂养马匹，同样“需豆甚广”。上海因此成为豆粮贸易转运的中心。包世臣说：“关东豆麦每年海运至上海者千余万石。”[5]谢占壬也说：“凡北方所产粮、豆、枣、梨，运来江浙，每年不下一千万石。”[6]除了上海的沙船和闽粤的鸟船，江苏、浙江的商船也多行驶于关东、直隶、山东以至上海的北洋航线上，“江苏之苏松常镇，浙江之杭嘉湖等府属，滨临大海，商船装载货物，驶至北洋，在山东、直隶、奉天各口岸卸运售卖，一岁之中，乘风开放，每每往来数次”[7]。

从北洋贸易的三大区域来看，嘉道年间，山海关每年征收关税11万～12万两，90%以上来自沿海各口；天津关税、海税共征银12万～15万两，其中有三

[1] 同治《续天津县志》卷6。
[2] 光绪《大清会典事例》卷629。
[3] 许檀：《清代前期流通格局的变化》，《清史研究》，1999年第3期。
[4] 乾隆十四年五月二十九日，江苏巡抚觉罗尔哈善折，《朱批奏折》，中国第一历史档案馆藏。
[5] 包世臣：《海运十宜》，《安吴四种·中衢一勺》卷3。
[6] 谢占壬：《海运提要序》，《皇朝经世文编》卷48。
[7] 《清宣宗实录》卷79。

分之二来自沿海贸易；山海关的关税，天津关税与天津海税，以及山东船税，三项合计，在康熙后期还不足1万两，乾隆中叶增至9万～11万两，嘉道年间翻倍为20万～24万两[1]。可见豆粮开禁之后，北洋贸易随之而繁盛。

大约在乾隆、嘉庆和道光年间，北自辽东、南至闽粤的南北贸易进入到一种大规模发展的时期。据今人的估算，清代中叶沿海贸易的南北海船合计在4000艘左右，总吨位为50万～70万吨[2]。也有学者认为，当时中国沿海贸易的帆船有5800多只，南北贸易的年贸易总额达2600多万银元（华北地区沿海帆船的贸易数字因为缺乏资料未被计入）[3]。清人黄叔璥在其《台海使槎录》中，对当时欣欣向荣的南北贸易有一段生动的描述：

“海船多漳、泉商贾，贸易于漳州，则载丝线、漳纱、剪绒、纸料、烟、布、草席、砖瓦、小杉料、鼎铛、雨伞、柑、柚、青果、桔饼、柿饼；泉州则载瓷器、纸张；兴化则载杉板、砖瓦；福州则载大小杉料、干笋、香菇；建宁则载茶。回时载米、麦、菽、豆、黑白糖饧、番薯、鹿肉，售于厦门诸海口；或载糖、靛、鱼翅至上海，小艇拨运姑苏行市。船回则载布匹、纱缎、枲绵、凉暖帽子、牛油、金腿、包酒、惠泉酒；至浙江则载绫罗、绵绸、绉纱、湖帕、绒线；宁波则载棉花、草席。至山东贩卖粗细碗碟、杉枋、糖、纸、胡椒、苏木，回日则载白蜡、紫草、药材、茧绸、麦、豆、盐、肉、红枣、核桃、柿饼。关东贩卖乌茶、黄茶、绸缎、布匹、碗、纸、糖、曲、胡椒、苏木，回日则载药材、瓜子、松子、榛子、海参、银鱼、蛏干、海壖弹丸，商旅辐辏，器物流通，实有资于内地。”

北方的港口

早在康熙开海之初，为了开发盛京这块“龙兴”之地，清廷一方面鼓励关内移民到关外种田，另一方面采取优惠政策，招揽南方海船赴东北贸易。康熙三十二年（1693年），康熙皇帝诏谕各地海船北上关东贸易，“至则预给运直，货物只征正税”，所以“一时商贾靡不踊跃趋事”，奉天府各个通海口岸“海舶大集”，“山东、天津、浙、闽商船前后转运以达盛京者数十万有奇”[4]。不过，由于此时仍有豆禁和粮禁，奉天的进口要远大于出口，商船南

[1] 许檀：《乾隆—道光年间的北洋贸易与上海的崛起》，《学术月刊》，2011年第11期。
[2] 许檀：《清代前期流通格局的变化》，《清史研究》，1999年第3期。
[3] 田汝康：《再论十七至十九世纪中叶中国帆船业的发展》，《历史研究》，1957年第12期。
[4] 《钦定盛京通志》卷33。

运不能满载，所以海运的规模仍属有限。乾嘉年间，奉天由海上贩运的豆粮贸易达到鼎盛。中国第一历史档案馆所藏关税档案中的一份嘉庆年间的“清单”显示，嘉庆三年（1798年），山海关所属海口进出各类船只共3286只，嘉庆二年（1797年）为3413只。其中，锦州和牛庄是最重要的贸易口岸。嘉庆三年，在锦州属的两个海口出入的外省船（沙船、鸟船、卫船）共有1365只；牛庄二海口出入的外省船为728只。嘉庆二年，锦州出入的外省商船为1090只，牛庄出入的外省商船为1053只。锦州的天桥厂海口主要停泊来自南方的闽广海船和江南的沙船，在豆货开禁之前以输出瓜子为大宗，丰收之年“瓜子车辆竟至有数千辆或盈万辆之多”，南方进口的货物则以茶叶和布匹为多，“道咸间称极盛，每岁进口商船约千余艘”[1]；锦州的马蹄沟海口主要停泊天津的卫船和山东的东船，在乾嘉时每年也有千余艘，入口货为天津、山东两处之麦子，出口货以杂粮为大宗。牛庄位于辽河的三岔河附近，靠近辽河通海口，是仅次于锦州的海运码头。康熙四十六年（1707年），山海关监督三泰奏称：“越关所漏之货船，皆从海上直抵关外，沿海牛庄等处起卸，每船不下百余车。”[2]乾隆中叶以后，由于辽河淤塞，河道变浅，海船进出不便，海船码头遂向下游不断迁移，最后迁至营口。所以说，牛庄和营口其实是同一地点的通海港口，只是时间先后的区分而已。由于辽河水道纵贯东北平原，牛庄（营口）的腹地范围远较锦州广阔，所以随着东北流域的不断开发，最迟在道光末咸丰初，营口已经取代锦州，成为东北地区最大的海运口岸[3]。

天津在清前期已经是北方最重要的贸易港口。《畿辅通志》载，天津“地当九河津要，路通七省舟车……江淮赋税由此达，燕赵鱼盐由此给，当海河之要冲，为畿辅之门户，俨然一大都会也”。天津的兴起首先是因为运河水道的关系，“南运数百万之漕，悉道经于此，舟楫之所式临，商贾之所萃集，五方之民所杂处”[4]。明清运河漕运都以天津为终点，海禁之时，运河是南来北往商货往来的主要通道，故而“南艘鳞集，商有兴贩之利”。清初的天津已经是北方重要的水陆交通枢纽和商品集散中心。康熙开海以后，沿海贸易开始兴起。直隶当时有天津、宁河、乐亭三海口，“只有天津海口一处为海船往来贸易之所，货物较多”[5]。乾隆中叶以后，由于运河水量不足，为保证漕运，对民间商船开始限制，导致更多的商船选择海路来津，所谓“天津一隅，东南艚

[1] 民国《锦县志略》卷13。
[2] 《山海关榷政便览》卷1。
[3] 许檀：《清代前期的山海关与东北沿海港口》，《中国经济史研究》2001年第4期。
[4] 康熙《天津卫志》序。
[5] 《宫中档乾隆朝奏折》第38辑，第726页。

舶鳞集，其下去海不过百里，风帆驰骤，远自闽、浙，近自登、辽，皆旬日可达”[1]。天津海运贸易中最重要的两大组成部分，一个是与辽东的粮食贸易，另一个是闽广商船的杂货贸易。这一点从天津的关税收入也可得到印证。天津的关税构成，一部分来自户部直辖的天津（钞）关征收的关税，另一部分是天津海税（属地方商税）。天津（钞）关的税银收入，“闽广洋船及粮船装载货税居其大半”[2]；而天津海税向来以“奉天米粮为正税”[3]。康熙年间，天津赴东北贩粮的商船不过十数艘，乾隆年间，渐增至数百艘[4]。嘉庆年间，“天津一县，向来以商贩东省粮石营生者，每岁约船六百余只，每船往返各四五次或五六次不等”[5]。另一方面，闽广的商船早在康熙年间就已经北上天津贸易，其后数量不断增加，乾嘉时已有上百艘的规模。雍正初年，福建漳浦人蓝鼎元称：“春夏之交，南风盛发，扬帆北上，经闽省出，烽火流江，翱翔乎宁波、上海，然后穷尽山花岛，过黑水大洋，游奕登、莱、关东、天津间，不过旬有五日耳。”[6]闽广商船通常在天津卸货，然后赴奉天载运豆粮，再转至山东放洋回返。因为闽广商船对天津的海运贸易特别重要，所以天津关对其实

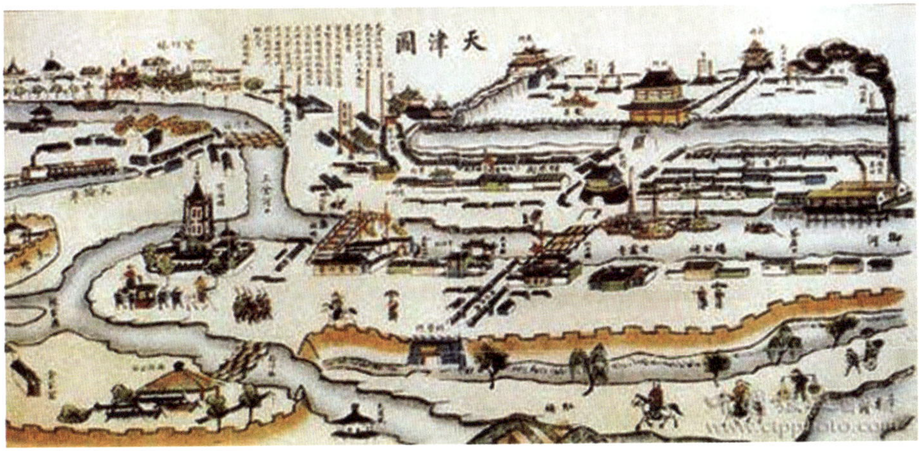

图7.23　清代的天津

[1]　乾隆《天津府志》卷6。

[2]　道光二十六年十一月二十四日，长芦盐政沈拱辰奏为天津关税应仍照旧征银毋庸银钱兼收事，军机处录副奏折，03-3168-047。

[3]　道光十二年十二月十一日，直隶总督琦善折，《朱批奏折》（关税），中国第一历史档案馆藏。

[4]　同治《续天津县志》卷6。

[5]　光绪《栖霞县志》卷9。

[6]　蓝鼎元：《潮州海防图说》，《鹿洲公案》卷上。

行特别的宽税政策，以示招揽之意。天津从东北输入的主要是粮食，从南方江浙、闽广输入的商品有糖、茶、纸张、瓷器、药材、苏木、胡椒、果品、洋广杂货等。这些商品大部分转运北京，也有一部分沿运河南下销往直隶各府。道光年间天津已发展为一个近10万人口的商贸中心城市[1]。

山东沿海有大小“海口四十一处”[2]，“各海口皆有商船往来。惟闽广、江浙之船在莱阳、胶州进口为多；天津卫船则在昌邑进口；关东之船则在蓬莱进口”[3]。山东出口的货物以大豆、豆油、豆饼为大宗，主要流向是江南地区。明万历年间的商书《三台万用正宗》在介绍豆货品种时，称“（山东）胶州之鹅黄、海白、海青，干净精神，可谓上等”，将其列为豆品之首。雍正十二年（1734年），山东巡抚岳浚奏称，江南商船载货到山东发卖之后，“即买青白二豆，带回江省者十居六七”[4]。乾隆十年（1745年），江苏巡抚雅尔哈善奏称，江南海关每年征收的豆税银为“二万八九千两”，山东豆货占三分之二[5]。与东北各地的贸易，则以棉布出口为主。进口的货物，主要包括东北的粮食、山茧，南方的瓷器、纸张、竹木、糖、茶、棉花、棉布等。山东沿海的港口分布比较多，登、莱二府历来都是北方重要的通海口。以船税征收情况来说，清前期山东半岛最大的港口是莱州府的胶州。“三江两浙八闽”的商船都来胶州贸易，“往来络绎，熙熙然南门之外”[6]。雍正初年，定胶州船税为7540两，相当于康熙年间山东全省沿海18州县卫所船税总额786.81两的9.6倍[7]。位居第二的莱阳所收船税仅为770两，与胶州相差悬殊，由此也可知胶州在山东沿海贸易中的重要性。不过在道光末年，登州府的福山（今山东烟台）后来者居上，取代胶州成为山东半岛最重要的港口。

南方的港口

在南方地区，江南与闽粤之间，形成花布、绸缎与蔗糖、洋广杂货的对流格局。

浙江比较重要的沿海口岸有宁波、乍浦、温州等处。宁波是浙海关所在

[1] 道光《津门保甲图说》，县城内图说第一，《天津通志·旧志点校》卷下，第435页。
[2] 《宫中档乾隆朝奏折》第38辑，第730页。
[3] 《宫中档雍正朝奏折》第4辑，第133页。
[4] 雍正十二年八月初八日，山东巡抚岳浚折，《宫中档雍正朝奏折》第23辑。
[5] 乾隆十四年五月二十九日，江苏巡抚雅尔哈善折，中国第一历史档案馆藏。
[6] 道光《胶州志》卷39。
[7] 雍正《山东通志》卷12。

地，宋元以来一直都是江浙沿海最重要的对外贸易港口。南北贸易兴起之后，宁波也成为南来北往的商船汇集之地，其中与闽广的关系最为密切。光绪《鄞县志》称："鄞之商贾聚于甬江。嘉道以来，云集辐辏，闽人最多，粤人、吴人次之，旧称鱼盐粮食码头。"19世纪30年代，在宁波从事南北贸易的商业船帮不下六七十家，其中势力较大的有福建帮15家，宁波北号9家，宁波南号10余家，加上山东帮数家，计30余家；最盛时共有大小海船约400艘[1]。这些商业船帮，是宁波海运贸易的主体。另据R.M.Martin（1847年）的记载，鸦片战争之前，宁波的南北贸易十分活跃，每年大约有670艘商船从山东和辽东来到这里，运来各种豆油、杂粮、白酒、土布、药材、水果等，还有大约560艘商船从福建和海南运来糖、胡椒、红茶、铁、木材、靛青和水果等，另有约25艘商船从广州载来冰糖、棉花和上述的商品。此外，每年还有近4000艘小船从内地的河道和运河来到宁波，大量的木材和木炭则从宁波运到上海[2]。

除了宁波，乍浦在清前期也是一个重要的转口贸易港，"乍浦为各洋要口，往来商贾颇多"[3]，尤其是闽广的商船往来最为频繁。康熙四十五年（1706年），福州的海商就在乍浦建立了三山会馆。其后，又陆续有福建兴化、广东潮州等地的海商在此建立会馆、公所等[4]。《乍浦备志》称："康熙驰海禁以后，生齿日多，闽粤瓯越诸商贾，雁户云集。"到乾隆二十年（1755年）左右，乍浦已是"五方辐辏，千骑云屯，积今七十余年，极炽而丰，俨然东南一雄镇"[5]。乍浦的兴起主要是因为转口贸易。来自闽粤和日本的商货经由乍浦，转运苏杭各地。清前期的苏州、杭州、嘉兴都是商贩云集之地，又都与乍浦一水相通，"办运尤可便捷"[6]。经乍浦出口的货物主要有布匹、牛骨、豆饼等。布匹多为"就近女工所出"，唯"紫白标"来自上海；牛骨系江北所出，经苏州和无锡贩至乍浦；北洋贸易的商船通常不到乍浦，所以乍浦出口的豆饼向由"关东、山东船带至上洋（上海），乍浦又从上洋办来"[7]。乍浦与上海相隔仅百余里，"往来船只一潮可达，甚为近便"[8]。然而，乍浦与江南腹地的联系始终不如上海便捷，港口外又有浅滩横亘，退潮时"商船难拢

[1] 《宁波港史》，人民交通出版社，1989年版，第115页。
[2] R.M.Martin: China, Political, Commercial and Social, Vol II, London: James Madden, 1847, PP.307-310.
[3] 《宫中档雍正朝奏折》第16辑，第103页。
[4] 《乍浦志》卷1。
[5] 《乍浦志》卷1。
[6] 《宫中档乾隆朝奏折》，第64辑，第321页。
[7] 《乍浦备志》卷6。
[8] 《宫中档乾隆朝奏折》，第64辑，第237页。

口岸"[1]，所以贸易规模受到制约。五口通商以后，上海迅速崛起为全国第一大港，港口的辐射范围和能力都大为增强，连宁波都成为上海的支线港，乍浦更加地位不保。

福建"海关税口并巡查小口共六十处，延袤二千里"[2]，不过，"闽海关钱粮，厦口居其过半"。清前期的厦门是福建沿海最大的贸易港。对外，厦门是福建唯一的"通洋正口"，对内，在五口并开之前，"厦门为往来台、澎、南北挂验出入之正口"[3]。《厦门志》载："厦门通商重地，岁往台湾及南北洋贸易者以发计。"蓝鼎元《漕粮兼资海运疏》说："商贾造舟置货，由福建厦门开船，顺风十余日，即至天津。上而关东，下而胶州。上海乍浦宁波，皆闽广商船贸易之地。来往岁以为常。"[4]。自康熙开海直到乾隆四十九年（1784年）的百年间，厦门是闽台贸易的唯一指定口岸，仅渡台的横洋船就"向来千余号"。福建山多田少，历来是缺粮地区，所以"闽省第一要务，无如筹划仓储一事，盖缘闽省与腹内各省运道不通，惟海洋一路可以转运"[5]。福建的粮食除了从国外如暹罗等地进口之外，最主要的就是依靠台湾供给。乾隆初年，台湾每年输闽稻米"不下八九十万（石）"[6]。自厦门赴台的商船，往往在台湾置货，再北上宁波、上海、胶州、天津甚至盛京等地贸易，往返半年以上[7]。台湾本地操控南北贸易的所谓郊商，亦多为闽商。台湾的商船，皆"漳、泉富民所制"，"大者可载六七千石，南至南洋，北至宁波、上海、天津、牛庄，贩运之利，颇操其益"[8]。

乾隆四十九年（1784年），福建蚶江口与台湾鹿仔港设口开渡；乾隆五十五年（1790年），台湾八里坌与福建五虎门设口开渡。道光四年（1824年），又奏开台湾彰化之五条港（即海丰港）、噶玛兰之乌石港。自此，五口通行，厦门不再垄断对台贸易。嘉庆元年（1796年），厦门的海运贸易已经不及乾隆时期的兴盛，但"尚有洋行八家、大小商行三十余家、洋船商船千余号"。道光十一年（1831年）7月，从厦门出发的商船在浙江之普陀山遭遇飓

[1] 《乍浦备志》卷6。
[2] 乾隆十六年六月二十一日福建将军马尔拜折，《朱批奏折》（关税），中国第一历史档案馆藏。
[3] 《厦门志》卷6。
[4] 蓝鼎元：《漕粮兼资海运疏》，《皇朝经世文编》卷48。
[5] 中国第一历史档案馆：《乾隆年间由泰国进口大米史料选》，《历史档案》，1985年第3期。
[6] 《明清史料》戊编，第九本，第821页。
[7] 姚莹：《东槎记略》卷1。
[8] 连横：《台湾通史》卷19。

风，“沉船七十余号”，《厦门志》称其为“商船半伤”，可见此时厦门经营南北贸易的商船为一百四十艘左右。另外，由于五口并行，并以鹿耳门沙线改易，从厦门渡台贸易的横洋船也大为减少，道光十二年（1832年），仅存“四、五十余号矣”。不过，厦门贸易的中落，主要是因为垄断地位被打破，并不意味着福建沿海贸易的中落。1846年的*Chinese Repository*记载厦门开埠前的情况，说这里仍然有大约三百条不同大小的帆船从事贸易，其中有些与中国北方和南方的港口进行贸易，有些与台湾、新加坡海峡以及该地区的各港口进行贸易。可见鸦片战争之前，厦门的海运贸易仍然保持了一定的规模。

清代前期，随着台湾的开发，台湾与大陆的贸易也迅速发展起来。糖和稻米是台湾出口的大宗物品。稻米除了供应福建，也向浙江、天津等地输出。糖主要销往上海、宁波、天津、牛庄等地。台湾的蔗糖，“较闽粤诸郡为尤佳”，故“全台仰望资生，四方奔趋图息，莫此为甚”[1]。《台湾志略》说，“台船岁往江、浙、锦、盖诸州者以千计”。《淡水厅志》记载：“商人择地所宜雇船装贩，近则福州、漳泉、厦门，远则宁波、上海、乍浦、天津以及广东。凡港路可通，争相贸易。所售之值或易他货而还”。台湾从大陆输入的商品主要是布匹绸缎和手工艺品，“百货皆取资于内地”[2]。由于南北贸易的兴盛，台湾的大小港口也开始发展起来。《噶玛兰厅志》记载：“台湾广不满二百里，绵长二千余里，滨海之鹿耳门、鹿仔港、八里坌、五条港，商船辐辏，资重不下数十百万金。”在1840年前后，台湾有大约900只糖船，载重量从1000石到5000石，有双倍数目（1800只）左右的粮船，以及100只左右的杂货船，运载樟脑、大麻以及沙丁鱼等，来往于台湾与大陆各省之间。其中，粮

图7.24　清乾隆《福建台湾地理全图》

[1]　黄叔璥：《台海使槎录》卷3，卷1。
[2]　李元春：《台湾志略》。

船每年往返两次或三次[1]。

广东的海上贸易一直都很发达。除了西方国家的贸易商船聚集广州之外，国内各省的海船也都来广东贸易。《粤海关志》卷十一记载的税则当中，有“江南沙船”“琼高雷廉船”“潮州惠州福州船”“闽浙江南天津山东船”“宁波辽东船”等不同船种的征收定例。R.M.Martin（1847年）记载，1831年，与澳门、江门贸易或经过该地暂时停泊的沿海贸易船只如下：来自福建厦门者80艘，来自福建漳州府者150艘，来自广东惠州府与潮州府者300艘，来往于江门与福建者300艘，从广州到天津、满洲以及辽东者16艘[2]。合计为846艘。广东的商船也北上宁波、上海、天津等地贸易，其中似乎以潮澄海商最为活跃。澄海在潮州海运贸易中最为重要，因为它是广东各地北上贸易的必经之处。凡兴贩外地之船，“千艘万舶悉由澄分达诸邑”[3]。糖是广东参与南北贸易的主要商品之一，“而榨糖兴贩皆闽人（潮人）专之”[4]。广糖的北运基本被潮商所包办。《乍浦备志》称，广东糖商皆潮州人，终年坐庄乍浦。《澄海县志》记载，潮州府之富商巨贾“候二三月好南风，租舶艚船，装所货糖包，由海道上苏州、天津；至秋，东北风起，贩棉花、色布回邑；下通雷、琼等府，一往一来，获利几倍”[5]。不过，广州作为广东的中心城市，尽管以对外贸易为主要，但沿海贸易的规模也不算小。1840年前后，广州有数以百计的大帆船，每年装载价值不下八百万元的本地货物，北航天津和上海，又从上海和辽东运回大批北方货物。据说这是广州最赚钱的贸易之一[6]。如果不是清廷规定，出口的大宗货品丝和茶叶不能由海路运往广州，或许广州的沿海贸易可以更加兴盛。

前奏曲：上海时代的来临

上海在元代曾有短暂的亮相，后因航道淤浅而衰落。明永乐年间，户部尚书夏元吉主持太湖流域治水工程，疏浚范家浜等河道，经多次整治形成今天的

[1] R.M.Martin：China，Political，Commercial and Social，Vol II，London：James Madden，1847，PP.134-135.

[2] R.M.Martin：China，Political，Commercial and Social，Vol II，London：James Madden，1847，P.137.

[3] 嘉庆《澄海县志》卷8。

[4] 康熙《恩平县志》卷7。

[5] 嘉庆《澄海县志》卷6。

[6] R.M.Martin：China，Political，Commercial and Social，Vol II，London：James Madden，1847，P.132.

黄浦江，河道宽深、水量充沛，从而取代吴淞江的干流地位，并为上海港的再次出场奠定了基础。康熙二十三年（1684年）开海禁之后，相继设立四大海关，其中江海关设于上海。嘉庆《上海县志》称："自海关设立，凡远物贸迁，皆由吴淞口进，泊黄浦城东门外，舳舻相衔，帆樯比栉，不减仪征、汉口。"上海港因此再次兴起。

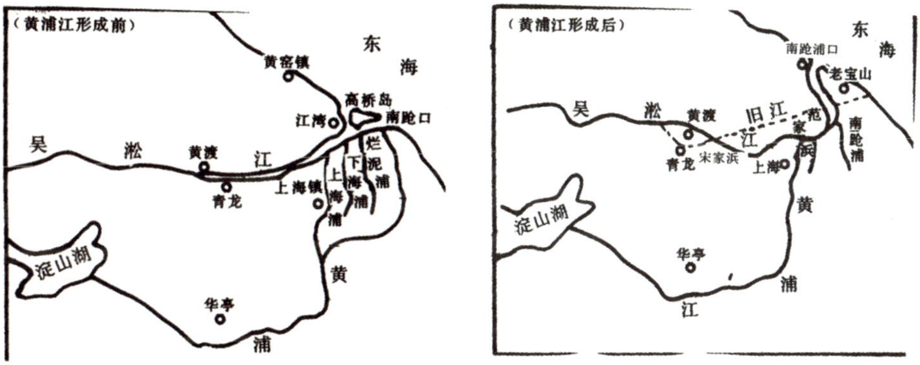

图7.25　黄浦江形成前后对比

不过，清初的上海，主要是南方商船入泊的口岸。因为江海关有明文规定："通商行驶闽省商船，名曰鸟船，熟于浙台洋面，不入北洋，来江俱收上海口子；江省商船名曰沙船，熟于奉东洋面，不入南洋，来江俱收刘河口子各设榷关收税，守口员弁，易于稽查，永为定例。"[1]刘河口即元明时期的刘家港，号称"六国码头"，商贸基础较上海更为雄厚。江海关将南北洋航线的商船分开停放，原因在于闽广的鸟船其船尖底，黄浦深港可泊；江南的沙船其底平稍浅，而刘家港当时已现淤浅之势，故可以停泊刘家港。乾隆中叶以前，北方山东至江南的豆石贸易十分繁荣，刘河镇每年进口沙船约有2000艘，据说该镇"海舟停泊，稠密如城"，"自海关至外口十余里商船相接"[2]。上海港停泊的主要是闽广商船和少量往来日本、南洋一带的贸易商船。清人姚廷遴在《历年记》中说："康熙二十（四）年仍设海关于上海，至今十五年矣。洋货闽广货物俱在上海发客，小东门外竟为大码头，此又市面之一变也。"在江南地区，刘家港和上海港因为分管南北洋航线而平分秋色。不过，由于北洋航线较南洋航线更加繁忙，刘家港的地位似比上海港更为突出。

乾隆中叶以后，刘家港急剧衰落，原因是刘河淤塞以及刘河口拦门沙隆起

［1］　《刘河镇记略》卷3。
［2］　《刘河镇记略》卷5。

日益严重，海船进出不便，乾隆五十年（1785年），海船入口必须要等到潮涨才行。尽管屡经疏浚，但仍不能遏制浏河淤塞之势。乾隆末年，除了江苏赣榆青口镇的豆船不得不按规定在刘河对渡，其他往来于奉天和山东洋面的千余号沙船纷纷转泊上海[1]。嘉庆初年，青口豆船“见各省货船越收上海，亦思改辙”，嘉庆五年（1800年），原本应该收泊刘河口的275艘青口豆船，有270艘越口收泊上海大关。嘉庆十九年（1822年），官方公开表示各地商船“或收刘河，或收上海，均听商民自便”，于是刘河镇的“南北商人皆席卷而去”[2]。南北贸易的商船从此全都收泊上海大关，“自此以后，刘河一口竟无一船之至矣”[3]。上海则一跃成为江南地区最大的口岸，以及全国南北贸易的枢纽港。嘉庆《上海县志》说：“自海关通贸易，闽粤浙齐辽海，间及海国舶，虑刘河淤滞，辄由吴淞入舣，城东隅舳舻尾衔，帆樯如栉，似都会焉。”[4]

上海港地位的上升，北洋贸易着实功不可没。自唐宋以来的海上贸易，东南贸易一直是重中之重，而北方的港口通常考虑较多的是政治和军事需要，经济贸易一直都不发达。因此，江南地区的物资流向也向南海方向倾斜，宁波既是中日航路的主要对接点，又邻近闽粤沿海，于是成为江南主要的对外贸易港就显得十分正常。清代上海之所以异军突起，无疑是因为南北贸易的活跃，尤其是北洋贸易的繁盛，南北物资交换得以大规模进行，而上海“适介南北之中，最为冲要，故贸易兴旺，非他处所能埒[5]。

上海地处长江流域的出海口，早期一直执行的是苏州外港的功能。清前期的苏州，地位十分显要。一则它位于运河水道的要津，又有四通八达的水网与江南各地区相联系，内河航运十分便捷；二来苏州是长江三角洲最大的商贸城市，是江南棉布、丝绸及其他各类手工业品的生产制造中心，江南各城镇半成品或成品的加工中心，以及布、丝、米及其他产品的集散转运中心[6]。所以，清初康熙年间的上海，“海外百货俱集，然皆运至吴门发贩，海邑之民，殊无甚利”[7]。不过，嘉道年间，运河不畅，大量在苏州置货，然后沿运河北上的商船改由海道北上贸易。海运比内河航运有更多的好处。海船相对运载量大，而且从上海北上天津，只需在江海关上税。如果是从运河北上，沿途所经（苏

[1] 《刘河镇记略》卷5。
[2] 《刘河镇记略》卷5。
[3] 《刘河镇记略》卷3。
[4] 嘉庆《上海县志》卷1。
[5] 《瀛壖杂志》卷6。
[6] 龙登高：《江南市场史——十一至十九世纪的变迁》，清华大学出版社，2003年版，第34页。
[7] 叶梦珠：《阅世篇》卷3。

州）浒墅关、扬州关、淮安关、临清关等都要缴纳关税。然而，在清代前期，从事长途贸易的客商不能自由选择行走的路线，因为清廷在重要的水陆交通要道都设立了榷关，对长途贩运贸易路线有严格的规定，应该内河行走的就不能再走海运。比如："客商到苏州置买茶、布、纸、杂南货，前往京庄、直隶各属及山东腹里之济南等府行销者，向俱比照北来货物之例，应由内河行走，经过浒墅、淮安、扬由、临清各关报税，惟行销闽浙、关东、登莱沿海之货，则归江海关报税。"嘉庆年间，一则因为运河航运能力不足，二来海运较河运便宜许多，所以"今商贩等唯利是图，辄以内河迂远，经历重关，较之由海行运、止纳一关之税，可以扬帆直达者，不但省费数倍，亦且劳逸悬殊。故内地行销南货每多冒称运往关东、登莱，勾串海埠船行出具保结，影射绕越"[1]。道光五年（1825年），由于黄河决口，运河不通，清廷正式允许客商"自苏州贩南杂、茶、布等货前赴上海出口"[2]。于是，上海汇聚的商船，除了南北航线之外，还包括大量的长江河船。此外，道光年间，京杭运河淤塞严重，清廷不得不征江南沙船海运漕粮。仅道光五年（1825年）冬至六年（1826年）夏，官府就征雇沙船1562艘，海运漕粮160万石。为鼓励船商踊跃运粮，清廷制定了一系列优惠政策，如海运沙船载漕粮八成，其余二成自载商货免税外；每运送一石漕粮支付运费银四钱，并补贴耗米八升。船商因此大受鼓舞，"增造沙船三百余只，以备今岁海运之用"[3]。漕粮海运促使上海的北洋航线更加繁盛，也进一步加固了上海南北洋贸易枢纽港的地位。

图7.26　从事沿海埠际贸易运输的沙船

上海从东北、山东输入大豆、杂粮。乾隆三十八年（1773年）开关东豆禁之后，北洋航线的豆粮贸易更加繁盛。程祖洛《复奏海运疏》说："关东船商，每年装运豆石赴江南售卖，习以为常，行走

[1]　道光四年八月十七日，苏州织造延隆奏折，中国社科院经济研究所藏钞档。

[2]　《查议浒墅关各口征税事宜折》，《林则徐全集》第1册，海峡文艺出版社，2002年版，第460页。

[3]　魏源：《魏源集·复蒋中堂论南漕书》。

直同内河。”[1]包世臣《海运南漕议》写道：“关东豆麦每年海运至上海者千余万石，而布、茶各南货至山东、直隶、关东者，亦由沙船载而北行。”[2]1840年左右，上海每年转口输出的豆饼货值达一千万元，或二百五十万英镑[3]。闽粤商船输入的主要是蔗糖，其次是南果及进口洋货等。王韬《瀛壖杂志》记言：“闽粤大商多在沪之东关外，粤则从汕头，闽则从台湾运糖至沪，所售动以数百万金。”从上海输出的，主要是江南地区所产的棉布、棉花、丝绸等物。比如崇明所产的棉布，以“贸之青口、牛庄，为生计大宗”，其中运销青口者称“青庄布”，运销牛庄洋河者为“关庄布”[4]。另外，通过长江水道，江西、湖广等省的稻米、纸张、茶叶、瓷器等商品也大量运抵上海，然后北上京津、关东，南下闽广。嘉庆年间，上海的沙船多至3500多只，再加上闽粤的鸟船，浙江的宁船等，“帆樯如林，蔚为奇观”，“每日满载东北闽广各地土货而来，易取上海所有百货而去”[5]。据今人的估算，嘉道年间的上海，其货物年吞吐量计为170余万吨[6]。上海因此被誉为“江海之要津，东南之都会”[7]。

在外国人的眼中，鸦片战争前夕的上海，虽然“外貌比不上宁波，但却是中国沿海最重要的贸易港口”，“经由水路交通，它就能够和三分之一以上的中国联系起来。上海实际上是中华帝国的主要入口。这里有来自中国沿海各地的船只和帆船，以及来自新加坡、婆罗洲、槟榔屿、麻六甲、爪哇和其他各地的船只。很多人把这部分地区叫做扬子江流域，无数河流和水道使（上海）交通惊人地便利……据说每年有五千三百只船沿着扬子江把准备出口的货物载到上海来，由于这些船均不出海，所以另外每年还有七千只船载运货物和旅客到海外去。即令统计数字并不精确且有夸大之处，但上海的商业、贸易和运输量都是非常庞大的”[8]。R.M.Martin（1847年）也认为，上海街道狭窄而污秽，但店铺多得惊人，各处商业繁盛。一进黄浦江就看到江上帆樯如林。据说在1月份，县城对面的黄浦江上常常可以见到3000只左右的帆船。不过，经由海

[1] 程祖洛：《复奏海运疏》，《皇朝经世文编》卷48。
[2] 包世臣：《海运南漕议》，《安吴四种·中衢一勺》卷1。
[3] R.M.Martin：China，Political，Commercial and Social，Vol II，London：James Madden，1847，P.314.
[4] 民国《崇明县志》卷4。
[5] 《上海钱庄史料》，上海人民出版社，1960年版，第6页。
[6] 许檀：《清代前期流通格局的变化》，《清史研究》，1999年第3期。
[7] 嘉庆《上海县志》序。
[8] H.C.Sirr：China and the Chinese，VolI，PP.221-224.转引自姚贤镐：《中国近代对外贸易史资料》，中华书局，1962年版，第558—559页。

关进口的船只，每年大约为1600只。其中，北洋船900只，福建船300只，广东船400只。另外，每年从长江及各个支流开到上海的内河船只大约为5400艘[1]。

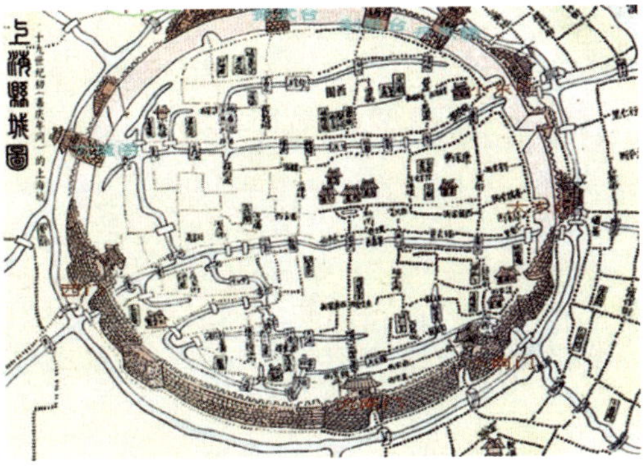

图7.27 嘉庆年间上海县城图

总的来说，开埠之前，上海显然已经成为仅次于广州的东南沿海最大的内贸港口。诚如《枭林小史》所言："迢迢申浦，商贾之集，海艘大小以万计，城内外无隙地。"尽管城市建设还未跟上，但上海的区位优势无疑已经开始显现。大约在19世纪50年代，上海正式取代广州，成为全国第一大港和对外贸易的中心。时人评之曰："中外通商，昔以广州为首冲，今以上海为首冲，缘长江各口岸遍开商埠，而上海居长江入海之处，商轮由海入口，必于是焉始，是为江之关系。曩者外洋贸易，皆自印度洋而来，今则太平洋之贸易尤盛，而上海在太平洋西岸，南北适中之地，是为海之关系。故上海为中外通商第一口岸，亦形势使然云。"[2]

图片来源：

[1]http://www.hinews.cn/pic/0/14/34/81/14348186_148349.jpg，2013年6月7日访问。

[2]《清代十三行记略》，广东人民出版社，2006年版，第10页。

[3]中国第一历史档案馆：《清宫广州十三行档案精选》，广东经济出版社，2002年版，第36页。

[4]http://cul.shangdu.com/chinacul/20110517/P_309910_0__1444296612.jpg，2013年6月6日访问。

[5]http://www.fjsen.com/yhzh/attachement/jpg/site2/20120828/002564aac91611a6be7e21.jpg，2013年6月6日访问。

[6]http://202.107.212.146/picture/pic11096507609.jpg，2013年6月6日访问。

[7]http://202.107.212.146/homepage/tp2/Hw0045.jpg，2013年6月6日访问。

[8]http://amuseum.cdstm.cn/AMuseum/ship/image/history/trade/rt13.jpg，2013年6月6日访问。

[9]http://amuseum.cdstm.cn/AMuseum/ship/image/history/time1/zt02.jpg，2013年6月6日访问。

[10]http://amuseum.cdstm.cn/AMuseum/ship/image/history/trade/rt14.jpg，2013年6月6日访问。

[11]广州博物馆编：《广州历史文化图册》，广东人民出版社，1996年版，第116页。

[12]清光绪《平湖县志》。

[13]http://image48.360doc.com/DownloadImg/2012/01/0519/20548949_5.jpg，2013年6月6日访问。

---

[1] R.M.Martin：China，Political，Commercial and Social，Vol II，London：James Madden，1847，PP.311-313.

[2] 民国《上海县续志》卷1。

[14]陈国栋：《清代中叶厦门的海上贸易》，载于吴剑雄主编：《中国海洋发展史论文集》第四辑，台北：中央研究院中山人文社会科学研究所，1991年版。
[15]http://www.lwa.com.cn/13H/tupianji/image/5guankuo052.jpg，2013年5月31日访问。
[16]http://hkmasvr.lcsd.gov.hk/HKMACS_DATA/web/Object.nsf/0/9e3a1ef08727435d48257068000c398b/Img_Picture/0.E6?OpenElement&FieldElemFormat=gif，2013年6月1日访问。
[17]《清代十三行记略》，广东人民出版社，2006年版，第85页。
[18]http://www.lwa.com.cn/13H/tupianji/image/5guankuo030.jpg，2013年6月1日访问。
[19]香港艺术馆：《珠江风貌——澳门，广州及香港》，香港市政局，1996年版，第167页。
[20]http://www.lwa.com.cn/13H/tupianji/image/6jidao017.jpg，2013年6月1日访问。
[21]松浦章：《清代における沿岸贸易について—帆船と商品流通》，载于小野和子编：《明清时代の政治と社会》，京都大学人文科学研究所，1983年版，第616页。
[22]http://ecx.images-amazon.com/images/I/51ZJ9GZ65AL.jpg，2013年6月6日访问。
[23]http://img.lotour.com/photo/201106/20110627185034890125O.jpg，2013年6月7日访问。
[24]http://a4.att.hudong.com/68/92/01200000228089134442924522336.jpg，2013年6月7日访问。
[25]http://img0.ph.126.net/uQL_VuOrJyQ5NxOI5c5x_w==/1554867771366881500.jpg，http://img4.ph.126.net/wVBJM3Uf9FSv42CPCGGsqA==/2688367502580690264.jpg，2013年6月7日访问。
[26]http://www.shtong.gov.cn/node2/node4/node2249/nanshi/node43774/node43782/node43784/images/00006313.JPG，2013年6月4日访问。
[27]http://www.qjtrip.com/BBSUploadfile/UploadFile/2011329959672.jpg，2013年6月7日访问。

参考文献

[1] [英] C.R.博克舍编注.十六世纪中国南部行纪.何高济译.北京：中华书局，1990.

[2] [法] 裴化行（H.Bernard）.天主教十六世纪在华传教志.萧濬华，译.北京：商务印书馆,1937.

[3] 台湾省文献委员会编印.巴达维亚城日志第三册.台中：台湾省文献委员会，1990.

[4] [日] 滨下武志.中国、东亚与全球经济——区域和历史的视角.王玉茹等译.北京：社会科学文献出版社，2009.

[5] [荷] 包乐史（Leonard Bluss é ）.中荷交往史（1601—1999）.庄国土，程绍刚译.荷兰.路口店出版社，1999.

[6] 蔡鸿生主编.广州与海洋文明.广州：中山大学出版社，1997.

[7] 晁中辰.明代海禁与海上贸易.北京：人民出版社，2005.

[8] 陈高华，吴泰.宋元时期的海外贸易.天津：天津人民出版社，1981。

[9] 陈尚胜.怀夷与通商：明代海洋力量兴衰研究.济南：山东人民出版社，1997.

[10] 陈希育.中国帆船与海外贸易.厦门：厦门大学出版社，1991.

[11] [日] 大庭脩.江户时代日中秘话.徐世虹译.北京：中华书局，1980.

[12] 戴鞍钢.港口，城市，腹地——上海与长江流域经济关系的历史考察.上海：复旦大学出版社，1998.

[13] 程浩编著.广州港史（近代部分）.北京：海洋出版社，1985.

[14] 邓端本编著.广州港史（古代部分）.北京：海洋出版社，1986.

[15] 邓开颂，黄启臣编.澳门港史资料汇编1553-1986.广州：广东人民出版社，1991.

[16] 樊百川.中国轮船航运业的兴起.北京：中国社会科学出版社，2007.

[17] 樊铧.政治决策与明代海运.北京：社会科学文献出版社，2009.

[18] [美] 费正清.中国的世界秩序——传统中国的对外关系.杜继东译.北京：中国社会科学出版社，2010

[19] [意] 马可波罗（Polo.M.）.马可波罗行纪.冯承钧译.上海：上海书店出版社，2001.
[20] 冯承钧.中国南洋交通史.北京：商务印书馆，1998.
[21] 林开明主编.福建航运史（古近代部分）.北京：人民交通出版社，1994.
[22] 傅筑夫.中国封建社会经济史第四卷.北京：人民出版社，1986
[23] 叶显恩主编.广东航运史（古代部分）.北京：人民交通出版社，1989.
[24] 马依，舒瑞萍主编.广西航运史.北京：人民交通出版社，1991.
[25] [英] M.格林堡.鸦片战争前中英通商史.康成译.北京.商务印书馆，1961.
[26] 金陈宋主编.海门港史.北京：人民交通出版社，1995.
[27] 韩振华.航海交通贸易研究.香港：香港大学亚洲研究中心，2002.
[28]《航运史话》编写组.航运史话.上海：上海科学技术出版社，1978.
[29] 吴振华编著.杭州古港史.北京：人民交通出版社，1989.
[30] 侯长纯，郑承龙主编.黑龙江航运史（古、近代部分）.北京：人民交通出版社，1988.
[31] [美] 亨特.广州番鬼录；旧中国杂记.冯树铁，沈正邦译.广州：广东人民出版社，2009。
[32] 洪卜仁主编.厦门航运百年.厦门：厦门大学出版社，2010.
[33] 黄国盛.鸦片战争前的东南四省海关.福州：福建人民出版社，2000.
[34] 黄启臣.澳门通史.广州：广东教育出版社，1999.
[35] 黄启臣主编.广东海上丝绸之路史.广州：广东经济出版社，2003.
[36] 邱树森主编.江苏航运史（古代部分）.北京：人民交通出版社，1989.
[37] 金普森主编.浙江通史（明代卷）.杭州：浙江人民出版社，2005。
[38] 李冀平，朱学群，王连茂主编.泉州文化与海上丝绸之路.北京：社会科学文献出版社，2007.
[39] 李金明，廖大珂.中国古代海外贸易史.南宁：广西人民出版社，1995.
[40] 李云泉.朝贡制度史论——中国古代对外关系体制研究.北京：新华出版社，2004.
[41] 徐德济主编.连云港港史（古近代部分）.北京：人民交通出版社，1987.
[42] 梁方仲.梁方仲经济史论文集.北京：中华书局，1989.
[43] 梁嘉彬.广东十三行考.广州：广东人民出版社，1999.
[44] 廖大珂.福建海外交通史.福州：福建人民出版社，2002.
[45] 林仁川.明末清初私人海上贸易.上海：华东师范大学出版社，1987.
[46] 刘凤鸣.山东半岛与东方海上丝绸之路.北京：人民出版社，2007.

[47] [瑞典] 龙思泰.早期澳门史.吴义雄等译.北京：东方出版社，1997.
[48] [摩洛哥] 伊本.白图泰.伊本.白图泰游记.马金鹏译.银川：宁夏人民出版社，1985.
[49] [美] 马士（H.B.Morse）.东印度公司对华贸易编年史全三册.区宗华等译.广州：中山大学出版社，1991.
[50] [美] 马士（H.B.Morse）.中华帝国对外关系史全三卷.张汇文等译.北京：商务印书馆，1963.
[51] 中国第一历史档案馆，澳门基金会，暨南大学古籍研究所合编.明清时期澳门问题档案文献汇编（一）.北京：人民出版社，1999.
[52] 墨川.南宋大航海时代.北京：经济管理出版社，2008.
[53] [美] 牟复礼，[英] 崔瑞德.剑桥中国明代史（上卷）.张书生等译.北京：中国社会科学出版社，1992.
[54] 穆根来等译.中国印度见闻录.北京：中华书局，1983.[原文是根据印度商人的见闻所写的手抄本，没有具体作者，而且中译本是合并了法译本（第一卷）和日译本（第二卷）而成。]
[55] [日] 木宫泰彦.日中文化交流史.胡锡年译.北京：商务印书馆，1984.
[56] 倪玉平.清代漕粮海运与社会变迁.上海：上海书店出版社，2005.
[57] 聂宝璋编.中国近代航运史资料第一辑（1840—1895）上册.上海：上海人民出版社，1983.
[58] 郑绍昌主编.宁波港史.北京：人民交通出版社，1989.
[59] 黄景海主编.秦皇岛港史（古近代部分）.北京：人民交通出版社，1985.
[60] 寿杨宾主编.青岛海港史（古代部分）.北京：人民交通出版社，1989.
[61]《泉州港与古代海外交通》编写组编.泉州港与古代海外交通.北京：文物出版社，1982.
[62] 全汉升.中国经济史研究.北京：中华书局，2011.
[63] 全汉升.中国经济史论丛.北京：中华书局，2012.
[64] [日] 桑原骘藏.蒲寿庚考.陈裕菁译.上海：中华书局，1929.
[65] [日] 桑原骘藏.唐宋贸易港研究.杨炼译.北京：商务印书馆，1935.
[66] [日] 山脇悌二郎.长崎の唐人貿易.东京：吉川弘文馆，1964.
[67]《上海港史话》编写组编.上海港史话.上海：上海人民出版社，1979.
[68] 沈光耀.中国古代对外贸易史.广州：广东人民出版社，1985.
[69] 孙光圻.中国古代航海史.北京：海洋出版社，2005.
[70] 台湾银行经济研究室编印.十七世纪台湾英国贸易史料.台北：众文图书公

司印行，1960.
[71] 李华彬主编.天津港史（古近代部分）.北京：人民交通出版社，1986.
[72] 田汝康.中国帆船贸易与对外关系史论集.杭州：浙江人民出版社，1987.
[73] [日] 藤家礼之助.日中交流二千年.张俊彦，卞立强译.北京：北京大学出版社，1982.
[74] [日] 藤田丰八.宋代之市舶司与市舶条例.魏重庆译.北京：商务印书馆，1936.
[75] [日] 藤田丰八.中国南海古代交通丛考.何健民译.北京：商务印书馆，1936.
[76] 万明.中国融入世界的步履—明与清前期海外政策比较研究.北京：社会科学文献出版社，2000.
[77] 王川.市舶太监与南海贸易.北京：人民出版社，2010.
[78] 汪敬虞.十九世纪西方资本主义对中国的经济侵略.北京：人民出版社，1983.
[79] 王育民.中国历史地理概论.北京：人民教育出版社，1987.
[80] 王仲荦.魏晋南北朝史.上海：上海人民出版社，1979.
[81] 汶江主编.古代中国与亚非地区的海上交通.成都：四川省社会科学院出版社，1989.
[82] 周厚才编著.温州港史.北京：人民交通出版社，1990.
[83] 吴剑雄主编.中国海洋发展史论文集第四辑.台北：中央研究院中山人文社会科学研究所，1991.
[84] 武堉干.中国国际贸易史.北京：商务印书馆，1928.
[85] 吴松弟主编.中国百年经济拼图：港口城市及其腹地与中国现代化.济南：山东画报出版社，2006.
[86] [意] 雅各・德安科纳.光明之城.杨民等译.上海：上海人民出版社，1999.
[87] 严耕望.唐史研究丛稿.香港：新亚研究所，1969.
[88] 严中平.中国近代经济史统计资料选辑.北京：科学出版社，1955.
[89] 杨万秀，钟卓安主编.广州简史.广州：广东人民出版社，1996.
[90] 吴家兴主编.扬州古港史.北京：人民交通出版社，1988.
[91] 姚贤镐.中国近代对外贸易史资料.北京：中华书局，1962.
[92] 邓景福主编.营口港史.北京：人民交通出版社，1995.
[93] 喻常森.元代海外贸易.西安：西北大学出版社，1994.
[94] 张彬村、刘石吉主编.中国海洋发展史论文集第五辑.台北："中央研究院"中山人文社会科学研究所，1993.

[95] 张天泽.中葡早期通商史.姚楠，钱江译.香港：中华书局香港分局，1988.

[96] 张维华.明代海外贸易简论.上海：上海人民出版社，1956.

[97] 张维华.明清之际中西关系史.济南：齐鲁书社，1987.

[98] 张星烺.中西交通史料汇编全六册.北京：中华书局，1977–1979.

[99] 章巽.我国古代的海上交通.北京：商务印书馆，1986.

[100] 张炎宪主编.中国海洋发展史论文集第三辑.台北：中央研究院三民主义研究所，1988年。

[101] 厦门大学郑成功历史调查研究组编.郑成功收复台湾史料选编.福州：福建人民出版社，1962.

[102] 郑梁生.明代中日关系研究：以明史日本传所见几个问题为中心.台北：文史哲出版社，1985.

[103] 郑学稼.日本史（三）.台北：台北黎明文化事业公司，1977.

[104] 郑永常.来自海洋的挑战—明代海贸政策演变研究.台北：稻乡出版社，2004.

[105] 东北地区中日关系史研究会编.中日关系史论丛第一辑.沈阳：辽宁人民出版社，1982.

[106] 中外关系史学会编.中外关系史译丛第二辑.上海：上海译文出版社，1985.

[107] 中外关系史学会编.中外关系史译丛第四辑.上海：上海译文出版社，1988.

[108] 周景濂.中葡外交史.北京：商务印书馆，1936.

[109] 朱江.海上丝绸之路的著名港口——扬州.北京：海洋出版社，1986.

[110] Blusse Leonard.Strange Company：Chinese Settlers，Mestizo Women and the Dutch in VOC Batavia.Dordrent：Foris Publications，1986.

[111] C.F.Davidson.Trade and Travel in the Far East.London：Madden and Malcolm，1846.

[112] C.R.Boxer.The Great Ship from Amacon：Annals of Macao and the Old Japan Trade，1555~1640.Lisboa：Centro de Estudos Historicos Ularamarinos，1963.

[113] H.B.Morse.The Gilds of China：With an account of the gild merchant or Co–hong of Canton.London：Longmans，Green and Company，1909.

[114] H.H.Lindsay，K.A.G ü tzlaff.Report of Proceedings on a Voyage to the Northern Ports of China，in the Ship Lord Amherst.London：B.Fellowes，1833.

[115] John K.Whitmore.Vietnam and the Monetary Flow of Eastern Asia.J.F.Richards. Precious Metals in the Later Medieval and Early Modern Worlds.N.C.：Carolina

Academic Press, 1983.
[116] John Phipps.A Practical Treatise on the China and Eastern Trade.Calcutta: Baptist Mission Press, 1835.
[117] Michael Greenberg.British Trade and the Opening of China1800–42. Cambridge: University Press, 1951.
[118] Peter.Auber.China.London: Parbury, Allen and Company, 1834.
[119] Pierre Channu.Les Philippines et le Pacipique des Iberiques.Paris: Sevpen, 1960.
[120] R.M.Martin.China, Political, Commercial and Social, Vol II.London: James Madden, 1847.
[121] Sarasin Viraphol.Tribute and Profit, Sino–Siamese Trade 1652–1853.Boston: Harvard University Press, 1977.
[122] W.S.Atwell.International Bullion Flow and the Chinese Economy circa 1530–1650, Past and Present, No.95, pp.68–95.
[123] William Hickey.Memoirs of William Hickey.London: Routledge & Kegan Paul Books, 1975.